绿色经济与绿色发展丛书

编 委 会

广西大学马克思主义生态经济发展研究院、商学院特别委托项目

国家出版基金项目
NATIONAL PUBLICATION FOUNDATION

"十二五"国家重点图书出版规划项目

绿色经济与绿色发展丛书 / 刘思华 · 主编

绿色生产

GREEN PRODUCTION

杨文进 著

中国环境出版社 · 北京

图书在版编目（CIP）数据

绿色生产/杨文进著. —北京：中国环境出版社，2015.12（2017.12 重印）
（绿色经济与绿色发展丛书/刘思华主编）
ISBN 978-7-5111-2654-2

Ⅰ. ①绿…　Ⅱ. ①杨…　Ⅲ. ①绿色经济—研究
Ⅳ. ①F062.2

中国版本图书馆 CIP 数据核字（2015）第 310859 号

出 版 人	王新程
策　　划	沈　建　陈金华
责任编辑	陈金华
助理编辑	宾银平
责任校对	尹　芳
封面设计	耀午设计　彭　杉

出版发行	中国环境出版社 （100062　北京市东城区广渠门内大街 16 号） 网　　址：http://www.cesp.com.cn 电子邮箱：bjgl@cesp.com.cn 联系电话：010-67112765（编辑管理部） 　　　　　010-67113412（教材图书出版中心） 发行热线：010-67125803，010-67113405（传真）
印　　刷	北京中科印刷有限公司
经　　销	各地新华书店
版　　次	2015 年 12 月第 1 版
印　　次	2017 年 12 月第 2 次印刷
开　　本	787×960　1/16
印　　张	15.5
字　　数	268 千字
定　　价	45.00 元

总 序

迈向生态文明绿色经济发展新时代

在党的十七大提出的“建设生态文明”的基础上，党的十八大进一步确立了社会主义生态文明的创新理论，构建了建设社会主义生态文明的宏伟蓝图，制定了社会主义生态文明建设的基本任务、战略目标、总体要求、着力点和行动方案，并向全党全国人民发出了“努力走向社会主义生态文明新时代”的伟大号召。按照生态马克思主义经济学观点，走向社会主义生态文明新时代，就是迈向生态文明与绿色经济发展新时代。这既是中华文明演进和中国特色社会主义经济社会发展规律与演化逻辑的必然走向和内在要求，又是人类文明演进和世界经济社会发展规律与演化逻辑的必然走向和内在要求。因此，绿色经济与绿色发展是21世纪人类文明演进与世界经济社会发展的大趋势、大方向，集中表达了当今人类努力超越工业文明黑色经济发展的旧时代而迈进生态文明绿色经济发展新时代的意愿和价值期盼，已成为人类文明演进和世界经济社会发展的必然选择和时代潮流。据此，建设绿色文明、发展绿色经济、实现绿色发展，是全人类的共同道路、共同战略、共同目标，是生态文明绿色经济及新时代赋予我们的神圣使命与历史任务。毫无疑问，当今世界和当代中国一个生态文明绿色经济发展时代正在到来。为了响应党的十八大提出的“努力走向社会主义生态文明新时代”的伟大号召，迎接生态文明绿色经济发展新时代的来临，中国环境出版社特意推出“十二五”国家重点图书出版规划项目“绿色经济与绿色发展丛书”（以下简称“丛书”）。笔者作为“丛书”主编，并鉴于目前“半绿色经济论”“伪绿色经济发展论”日渐盛行，故就“中国智慧”创立的绿色经济理论与绿色发展学说的几个重大问题添列数语，是为序。

一、关于绿色经济的理论本质问题

绿色经济的本质属性即理论本质：不是环境经济学的范畴，而是生态经济学与可持续发展经济学的范畴。西方绿色思想史表明，“绿色经济”这个词汇最早见于英国环境经济学家大卫·皮尔斯1989年出版的第一本小册子《绿色经济的蓝图》（后称“蓝图1”）的书名中。其后“蓝图2”的第二章的第一节两次使用了“绿色经济”这个名词，直到1995年出版“蓝图4”，也没有对绿色经济作出界定，这就是说4本小册子都没有明确定义绿色经济及诠释其本质内涵。对此，方时姣教授从世界绿色经济思想发展史的视角进行了全面评述：[①]“蓝图1”主要介绍英国的环境问题和环境政策制定，正如作者指出的“我们的整个讨论都是环境政策的问题，尤其是英国的环境政策”。“蓝图2”1991年出版，是把“蓝图1”的环境政策思想拓展到世界及全球性环境问题和环境政策。“蓝图3”1993年出版，又回到“蓝图1”的主题，即英国的环境经济与可持续发展问题的综合。“蓝图4”则又回到“蓝图2”讨论的主题，正如作者在前言中所指出的“绿色经济的蓝图从环境的角度，阐述了环境保护及改善问题”。因此，从“蓝图1”到“蓝图4”，对绿色经济的新概念、新思想、新理论，没有作任何诠释的论述，仅仅只是借用了绿色经济这个名词，来表达过去的25年环境经济学流派发展的新综合，确实是“有关环境问题的严肃书籍”。

皮尔斯等人在当今世界率先使用“绿色经济”这一词汇并得到了广泛传播，但基本上只是提及了这个概念，没有深入研究，尤其是理论研究。因此，在西方世界的整个20世纪90年代至2008年爆发国际金融危机的这一时期，仍然主要是环境经济学界的学者使用绿色经济概念，从环境经济学的视角阐述环境保护、治理与改善等绿色议题，其核心问题是讨论经济与环境相互作用、相互影响的环境经济政策问题，而关注点集中于环境污染治理的经济手段。在我国首先使用皮尔斯等人的绿色经济概念的是环境污染与保护工作者，并对其进行界定。例如，原国家环境保护局首任局长曲格平先生在1992年出版的《中国的环境与发展》一书中指出：“绿色经济是指以环境保护为基础的经济，主要表现在：一是以治理污染和改善生态为特征的环保产业的兴起；二是因环境保护而引起的工业和农业生产方式的变

① 方时姣：《绿色经济思想的历史与现实纵深论》，载《马克思主义研究》2010年第6期，第55～62页。

革，从而带动了绿色产业的勃发。"①在这里，十分清楚地表明了曲格平先生同皮尔斯等人一样，是借用绿色经济的概念来诠释环境保护、治理和改善的问题。其后，我国学界有一些学者把绿色经济当作环境经济的代名词，借用绿色经济之名，表达环境经济之实。总之，长期以来，国内外不少学者按照皮尔斯等人的学术路径，对绿色经济作了狭隘的理解而被看作是环境经济学的新概括，把它纳入环境经济学的理论框架之中，成为环境经济学的理论范畴。这就必然遮盖了绿色经济的本来面目，极大地扭曲了它的本质内容与基本特征，不仅产生了一些不良的学术影响，而且会误导人们的生态与经济实践。正如方时姣教授指出的："把绿色经济纳入环境经济学的理论框架来指导实践，最多只能缓解生态环境危机，是不可能从根本上解决生态环境问题的，也不可能克服生态环境危机，也就谈不上实现生态经济可持续发展。"②

20世纪90年代，我国生态经济学界就有学者用绿色经济这一术语概括生态环境建设绿色议题和生态经济协调发展研究的新进展，论述重点是"一切都将围绕改善生态环境而发展，核心问题是要实现人和自然的和谐、经济与生态环境的协调发展。"③为此，笔者针对皮尔斯等国内外学者以环境经济学理论范式来回应绿色经济议题，在1994年出版了《当代中国的绿色道路》一书，以生态经济学新范式来回应绿色经济议题，以生态经济协调发展理论平台在深层次上阐述"发展经济必须与发展生态同时并举，经济建设必须与生态建设同步进行，国民经济现代化必须与国民经济生态化协调发展"的绿色发展道路。这就在国内外首次拉开了从学科属性上把绿色经济从环境经济学理论框架中解放出来的序幕。在此基础上，笔者于2000年1月出版的《绿色经济论——经济发展理论变革与中国经济再造》一书，深刻地论述了一系列重大的绿色经济理论前沿和现实前沿问题，科学地揭示了生态经济与知识经济同可持续发展经济之间的本质联系及其发展规律，破解了三者之间相互渗透、融合发展的绿色经济与绿色发展的内在奥秘，成为中国绿色经济理论与绿色发展学说形成的重要标志。尤其是该书把绿色经济看作是生态经济与可持续经济的新概括与代名词，并从这个新高度的最高层次对绿色经济提出了新命题："绿色经济

① 转引自刘学谦、杨多贵、周志强等：《可持续发展前沿问题研究》，北京：科学出版社，2010年版，第126页。

② 方时姣：《绿色经济思想的历史与现实纵深论》，载《马克思主义研究》2010年第6期，第55～62页。

③ 郑明焕：《把握机遇，在大转变中求发展》，1992年3月28日《中国环境报》。

是可持续经济的实现形态和形象概括。它的本质是以生态经济协调发展为核心的可持续发展经济。”[①]这个界定肯定了绿色经济的生态经济属性，揭示了它的可持续经济的本质特征，从学科属性上把它从环境经济学理论框架中彻底解放出来，真正纳入生态经济学与可持续发展经济学的理论体系，成为生态经济学与可持续发展经济学的理论范畴，恢复了绿色经济的本来面目。虽然这个绿色经济的定义十分抽象，却反映了它的本质属性与科学内涵，得到了多数绿色经济研究者的认同和广泛使用。然而时至今日，在我国仍有少数学者尤其在实际工作中也有不少人还在用环境经济学范畴中的绿色经济理念来指导经济实践，这种现象不能继续下去了。

二、关于绿色经济的文明属性问题

绿色经济的文明属性不是工业文明的经济范畴，而是生态文明的经济范畴。世界绿色经济思想史告诉我们，在学科属性上把绿色经济当作环境经济学的新观念与代名词，纳入环境经济学的理论框架，就必然在文明属性上把它纳入工业文明的基本框架，成为工业文明的经济范畴，即发展工业文明的经济模式。这是因为，环境经济学是调整、修补、缓解人与自然的尖锐对立、环境与经济的互损关系的工业文明时代的产物，是工业文明“先污染后治理”经济发展道路的理论概括与学理表现。自皮尔斯等人指出环境经济学范畴的绿色经济概念以来，国内外一个主流绿色经济观点就是对绿色经济的狭隘的认识与把握，只是把它看成是解决工业文明经济发展过程中出现的生态环境问题的新经济观念，是能够克服工业文明的褐色经济或黑色经济弊端的经济模式。在我国这种观点比较流行。例如，有的学者认为：“绿色经济是以市场为导向、以传统产业经济为基础、以经济与环境的和谐为目标而发展起来的一种新型的经济形式即发展模式”，“是现代工业化过程中针对经济发展对环境造成负面影响而产生的新经济概念”。时至今日，这种工业文明经济范畴的绿色经济概念仍被人引用来论证自己的绿色经济观念。因此，在此我要再次强调：工业文明经济范畴的绿色经济观念，在本质上仍是人与自然对立的文明观，并没有从根本上消除工业文明及黑色经济反生态和反人性的黑色基因，丢弃了绿色经济是生态经济协调发展的核心内容和超越工业文明黑色经济、铸造生态文明生态经济的本质属性，从而否定了绿色经济是生态文明生态经济形态的理论内涵与实践价值。因此，

---

① 刘思华：《绿色经济论》，北京：中国财政经济出版社，2001 年版，第 3 页。

以工业文明经济范式或理论平台来回应绿色经济议题，是不可能从根本上触动工业文明黑色经济形态的，是难以走出工业文明黑色经济发展道路的；最多是缓解局部自然环境恶化，是不可能解决当今人类面对的生态经济社会全面危机的。因此，决定了我们必须也应当以生态文明新范式或理论平台在深层次回应绿色经济与发展绿色经济议题，才能顺应21世纪生态文明与绿色经济时代的历史潮流。

生态马克思主义经济学哲学告诉我们：彻底的生态唯物主义者，不仅要在学科属性上把绿色经济从环境经济学的理论框架中解放出来，成为生态经济与可持续发展经济的理论范畴，而且在文明属性上，要把它从工业文明的基本框架中解放出来，作为生态文明的经济范畴。前面提到的笔者所著的《当代中国的绿色道路》《绿色经济论》这两部著作，是实现绿色经济这两个生态解放的成功探索。早在1998年笔者在《发展绿色经济，推进三重转变》一文中就明确提出了发展绿色经济的新的经济文明观，明确指出："人类正在进入生态时代，人类文明形态正在由工业文明向生态文明转变，这是人类发展绿色经济、建设生态文明的一个伟大实践。"[①]邹进泰、熊维明的《绿色经济》一书中指出：绿色经济发展"是从单一的物质文明目标向物质文明、精神文明和生态文明多元目标的转变。发展绿色经济，尤其要避免'石油工业''石油农业'造成的高消耗、高消费、高生态影响的物质文明，而要造就高效率、低消耗、高活力的生态文明"。[②]可见"中国智慧"在世界上最早实现绿色经济的两个生态解放、纳入生态文明的基本框架，是人与自然和谐统一、生态与经济协调发展的建设生态文明的必然产物。下面还要作几点说明：

(1)按照人类文明形态演进和经济社会形态演进一致性的历史唯物主义社会历史观的理论思路，生态文明是继原始文明、农业文明、工业文明（包括后工业文明）之后的全新的人类社会文明形态，它不仅延续了它们的历史血脉，而且创新发展了它们尤其是工业文明的经济社会形态，使工业文明从人与自然相互对立、生态与经济相分裂的工业经济社会形态，朝着生态文明以人与自然和谐统一、生态与经济协调发展的生态经济社会形态演进。这是人类文明经济社会的全方位、最深刻的生态变革与绿色经济转型，可以说是人类文明历史发展以来最伟大的生态经济社会变革运动。

① 刘思华：《刘思华文集》，武汉：湖北人民出版社，2003年版，第403页。

② 邹进泰、熊维明等：《绿色经济》，太原：山西经济出版社，2003年版，第12页。

(2) 我们要深刻认识和正确把握绿色经济的概念属性与本质内涵，正是这个属性和内涵决定了它是生态文明生态经济形态的实现形式与形象概括。世界工业文明发展的历史表明，无论是资本主义工业化，还是社会主义工业化；无论是发达国家工业化，还是发展中国家工业化，都走了一条工业经济黑色化的黑色发展道路，形成了工业文明黑色经济形态。据此，工业文明主导经济形态的工业经济形态的实现形态与形象概括就是黑色经济形态。而生态文明开辟了经济社会发展绿色化即生态化的绿色发展道路，最终形成生态文明绿色经济形态。它是对工业文明及其黑色经济形态的批判、否定和扬弃，是在此基础上的生态变革和绿色创新。这就是说，绿色经济的根本属性与本质内涵是生态经济与可持续发展经济，使它必然在本质上取代工业经济并融合知识经济的一种全新的经济形态，是生态文明新时代的主导经济形态的现实形态。所以，笔者反复指出："绿色经济作为生态文明时代的经济形态，是生态经济形态的现实象征与生动概括。"[①]这不仅肯定了绿色经济是生态经济学与可持续发展经济学的理论范畴，而且界定了绿色经济是生态文明的经济范畴，恢复了绿色经济的本来面目。

(3) 绿色经济实现"两个生态解放"之后，就应当对它重新定位。现在我们可以将绿色经济的科学内涵和外延表述为：以生态文明为价值取向，以自然生态健康和人体生态健康为终极目的，以提高经济社会福祉和自然生态福祉为本质特征，以绿色创新为主要驱动力，以促进人与自然和谐发展和生态与经济协调发展为根本宗旨，实现生态经济社会发展相统一并取得生态经济社会效益相统一的可持续经济。因此，发展绿色经济是广义的，不仅是指广义的生态产业即绿色产业，而且包括低碳经济、循环经济、清洁能源和可再生能源、碳汇经济以及其他节约能源资源与保护环境、建设生态的经济等。[②]这个新界定正确地揭示了绿色经济的本质属性、科学内涵、概念特征与实践主旨，准确地体现了绿色经济历史趋势与时代潮流；绿色经济观念、理论是人与自然和谐统一、生态与经济协调发展的生态文明新时代的理论概括与学理表现。只有这样认识和把握绿色经济，才能真正符合生态文明与绿色经济发展的客观进程与内在逻辑。

(4) 生态文明经济范畴的绿色经济包含两层经济含义：一是它作为理论形态是

---

① 中国社会科学院马克思主义学部：《36 位著名学者纵论中国共产党建党 90 周年》，北京：中国社会科学出版社，2011 年版，第 409 页。

② 刘思华：《生态文明与绿色低碳经济发展总论》，北京：中国财政经济出版社，2001 年版，第 1 页。

生态文明的经济社会形态范畴，是生态文明时代崭新的主导经济，我们称之为绿色经济形态。二是它作为实践形态是生态文明的经济发展模式，是生态文明崭新时代的经济发展模式，我们称之为绿色经济发展模式。这就决定了建设生态文明、发展绿色经济的双重战略任务，既要形成生态和谐、经济和谐、社会和谐一体化的绿色经济形态，又要形成生态效益、经济效益、社会效益最佳统一的绿色经济发展模式。据此，建设生态文明、发展绿色经济应当是经济社会形态和经济社会发展模式的双重绿色创新转型发展过程，这是革工业文明的黑色经济形态和经济发展模式之故、鼎生态文明的绿色经济形态和经济发展模式之新的过程。因此，每个战略任务都是双重绿色使命：一方面背负着克服、消除工业文明的黑色经济形态与发展模式的黑色弊端，对它们进行生态变革、绿色重构与转型，改造成为绿色经济形态与绿色经济发展模式；另一方面担负着创造人类文明发展的新形态，即超越资本主义工业文明（包括高度发达的后工业文明）的社会主义生态文明，构建与生态文明相适应的绿色经济形态和绿色经济发展模式。这是生态文明建设的中心环节，是绿色经济发展的实践指向，因此双重绿色经济就是我们迈向生态文明与绿色经济发展新时代，也是推动人类文明形态和经济社会形态与发展模式同步演进的双重时代使命与实践目标。实现双重时代使命所推动的变革不仅仅是工业文明形态及其黑色经济形态与发展模式本身的变革，而且是超越工业文明的生态文明及其他的经济形态与发展模式的生态变迁与绿色构建。这才符合生态文明与绿色经济的本质属性与实践主旨。

三、关于绿色发展理论与道路的探索问题

自 2002 年以来的 10 多年间，一直流传着联合国开发计划署在《2002 年中国人类发展报告：让绿色发展成为一种选择》中首先提出绿色发展，中国应当选择绿色发展之路。这个“首先”之说不知是何人的说法，是根本不符合绿色发展思想理论发展的历史事实的，是一种学术误传。

1．我们很有必要对中国绿色发展思想理论发展的历史作简要回顾

如前所述，1994 年笔者在《当代中国的绿色道路》一书中，以生态经济学新范式及生态经济协调发展的新理论平台来回应绿色发展道路议题，阐述了绿色发展的一系列主要理论与实践问题，明确提出中国绿色发展道路的核心问题是“经济发展生态化之路”，“一切都应当围绕着改善生态环境而发展，使市场经济发展建立在

生态环境资源的承载力所允许的牢固基础之上，达到有益于生态环境的经济社会发展。”[①]1995 年著名学者戴星翼在《走向绿色的发展》一书中首次从“经济学理解绿色发展”的角度，明确使用“绿色发展”这一词汇，诠释可持续发展的一系列主要理论与实践问题，并认为“通往绿色发展之路”的根本途径在于“可持续性的不断增加”。[②]在这里，绿色发展成为可持续发展的新概括。2012 年著名学者胡鞍钢出版的《中国：创新绿色发展》一书，创新性地提出了绿色发展理念，开创性地系统阐述了绿色发展理论体系，总结了中国绿色发展实践，设计了中国绿色现代化蓝图。所以，笔者认为该书虽有不足之处，但从总体上说，丰富、创新、发展了中国绿色发展学说的理论内涵和实际价值，提出了一条符合生态文明时代特征的新发展道路——绿色发展之路。总之，中国学者探索绿色发展的理念、理论与道路的历史轨迹表明，在此领域“中国智慧”要比“西方智慧”高明，这就在于绿色发展在发展理念、理论、道路上突破了可持续发展的局限性，“将成为可持续发展之后人类发展理论的又一次创新，并将成为 21 世纪促进人类社会发生翻天覆地变革的又一次大创造。”[③]

2. 21 世纪的绿色经济与绿色发展观

进入 21 世纪以后，绿色经济与绿色发展观念逐步从学界视野走进政界视野，尤其是面对 2008 年国际金融危机催化下世界绿色浪潮的新形势，以胡锦涛为总书记的中央领导集体正确把握当今世界发展绿色低碳转型的新态势、未来世界绿色发展的大趋势，站在与世界各国共建和谐世界与绿色世界的发展前沿上，直面中国特色社会主义的基本国情，提出了绿色经济与绿色发展的一系列新思想、新观点、新理论，揭示了发展绿色经济、推进绿色发展是当今世界发展的时代潮流。正如习近平同志所指出的：“绿色发展和可持续发展是当今世界的时代潮流”，其“根本目的是改善人民生活环境和生活水平，推动人的全面发展。”[④]李克强还指出：“培育壮大绿色经济，着力推动绿色发展”，“要加快形成有利于绿色发展的体制机制，通过政策激励和制度约束，增强推动绿色发展的自觉性、主动性，抑制不顾资源环境承

① 刘思华：《当代中国的绿色道路》，武汉：湖北人民出版社，1994 年版，第 86 页、第 101 页。

② 戴星翼：《走向绿色的发展》，上海：复旦大学出版社，1998 年版，第 1～23 页。

③ 胡鞍钢：《中国：创新绿色发展》，北京：中国人民大学出版社，2012 年版，第 20 页。

④ 习近平：《携手推进亚洲绿色发展和可持续发展》，2010 年 4 月 11 日《光明日报》。

载能力盲目追求增长的短期行为。”[①]笔者曾发文把以胡锦涛为总书记的中央领导集体的绿色发展理念概括为“四论”，即绿色和谐发展论、国策战略绿色论、绿色文明发展道路论、国际绿色合作发展论。[②]在此我们还要重视的是胡锦涛同志在2003年中央经济工作会议上明确指出：“经济增长不能以浪费资源、破坏环境和牺牲子孙后代利益为代价。”其后，他进一步指出：“我国是社会主义国家，我们的发展不能以牺牲精神文明为代价，不能以牺牲生态环境为代价，更不能以牺牲人的生命为代价。”“我们一定要痛定思痛，深刻吸取血的教训。”[③]胡锦涛提出的不能以“四个牺牲为代价”换取经济发展的绿色原则，反映了改革开放以来，我国经济发展的基本经验和严重教训，这实质上是实现科学发展的四项重要原则，是推进绿色发展的四项重要原则。凡是以“四个牺牲为代价”换取的经济发展就是不和谐的、不可持续的非科学发展，这种发展可以称为黑色发展；凡是没有以“四个牺牲为代价”的经济发展就是和谐的、可持续的科学发展，这种发展可以称为绿色发展。正是在这个意义上说，不能以“四个牺牲为代价”是区分黑色发展和绿色发展的四项绿色原则。

3. 依法治国新政理念：发展绿色经济、推进绿色发展

当下中国执政者对绿色经济与绿色发展的认识与把握，已不只是学界那样把发展绿色经济、推进绿色发展视为全新的思想理论，而是一种崭新的全面依法治国的执政理念、发展道路与发展战略。党的十八大首次把绿色发展（包括循环发展、低碳发展）写入党代会报告，是绿色发展成为具有普遍合法性的中国特色社会主义生态文明发展道路的绿色政治表达，标志着实现中华民族伟大复兴的中国梦所开辟的中国特色社会主义生态文明建设道路是绿色发展与绿色崛起的科学发展道路。这条道路的理论体系就是“中国智慧”创立的绿色经济理论与绿色发展学说。它既是适应世界文明发展进步，更是适应中国特色社会主义文明发展进步需要而产生的科学发展学说，甚至可以说，是一种划时代的全新科学发展学说。对此，近几年来，我多次强调指出：绿色经济理论与绿色发展学说不是引进的西方经济发展思想，而是中国学界和政界马克思主义学人自主创立的科学发展新学说。它是立足中国、面向世界、通向未来的马克思主义发展学说，必将指引着中国特色社会主义沿着绿色发展与绿色崛起的科学发展道路不断前进。

---

① 李克强：《推动绿色发展　促进世界经济健康复苏和可持续发展》，2010年5月9日《光明日报》。

② 刘思华：《科学发展观视域中的绿色发展》，载《当代经济研究》2011年第5期，第65～70页。

③ 中共中央文献研究室：《科学发展观重要论述摘编》，北京：中央文献出版社，2008年版，第34页、第29页。

“中国智慧”不仅从绿色经济的根本属性与本质内涵论证了绿色经济是生态文明的经济范畴，而且从绿色发展的根本属性与本质内涵界定了绿色发展是生态文明的发展范畴。故笔者把绿色发展表述为：“以生态和谐为价值取向，以生态承载力为基础，以有益于自然生态健康和人体生态健康为终极目的，以追求人与自然、人与人、人与社会、人与自身和谐发展为根本宗旨，以绿色创新为主要驱动力，以经济社会各个领域和全过程的全面生态化为实践路径，实现代价最小、成效最大的生态经济社会有机整体全面和谐协调可持续发展，因此，绿色发展必将使人类文明进步和经济社会发展更加符合自然生态规律、社会经济规律和人自身的规律，即支配人本身的肉体存在和精神存在的规律（恩格斯语）”[①]或者说“更加符合三大规律内在统一的”自然、人、社会有机整体和谐协调发展的客观规律。现在我要进一步指出的是，从学理层面上说，绿色发展的理论本质是“生态经济社会有机整体全面和谐协调可持续发展”；从实践层面上看，绿色发展的实践主旨是实现“生态经济社会有机整体全面和谐协调可持续发展”。现在我们完全可以作出一个理论结论：绿色发展是生态经济社会有机整体全面和谐协调可持续发展的形象概括与现实形态。正是在这个意义上说，绿色发展是永恒的经济社会发展。这是客观真理。

4. 绿色发展学说中若干基本理论观点和现实问题

(1) 绿色发展的经济学诠释，就是绿色经济与绿色发展内在统一的绿色经济发展。笔者在 2002 年《发展绿色经济的理论与实践探索》的学术报告中，首次提出了绿色经济发展新观念和构建了绿色经济发展理论的基本框架，明确指出：“发展绿色经济是建设生态文明的客观基础和根本问题”，“绿色经济发展是人类文明时代的工业文明时代进入生态文明时代的必然进程”，“是推进现代经济的‘绿色转变’，走出一条中国特色的绿色经济建设之路”，“必将引起 21 世纪中国现代经济发展的全方位的深刻变革，是中国经济再造的伟大革命”，还强调指出：“只有建立生态市场经济制度才能真正走出一条中国特色的绿色经济发展道路。”[②]因此，21 世纪中国绿色发展道路在经济领域内，就是绿色经济发展道路，这是中国特色社会主义经济发展道路走向未来的必由之路。

(2) 20 世纪人类文明发展事实表明工业文明发展黑色化是常态，故工业文明确实是黑色文明，其发展是黑色发展，它的一切光辉成就的取得，说到底是以牺牲

---

① 刘思华：《生态马克思主义经济学原理》（修订版），北京：人民出版社，2014 年版，第 578～579 页。

② 刘思华：《刘思华文集》，武汉：湖北人民出版社，2003 年版，第 607～612 页。

自然生态、社会生态和人体生态为代价，创造着黑色的文明史。因此，生态马克思主义经济学哲学得出一个人类文明时代发展特征的结论："工业文明是黑色发展时代，生态文明是绿色发展时代……'中国智慧'对从工业文明黑色发展向生态文明绿色发展巨大变革的认识，是21世纪中华文明发展头等重要的发现，是科学的最大贡献。"[①]从工业文明黑色发展走向生态文明绿色发展是生态经济社会有机整体的全方位生态变革与全面绿色创新转变，是人类文明发展史上最伟大的最深刻的生态经济社会革命。它的中心环节是要实现工业文明黑色发展道路向生态文明绿色发展道路的彻底转轨，其关键所在是要实现工业文明黑色发展模式向生态文明绿色发展模式的全面转型。[②]只有实现这两个"根本转变"，人类文明形态演进和经济社会形态演进才能真正迈向生态文明与绿色经济发展新时代。

(3) 和谐发展和绿色发展是生态文明的根本属性与本质特征的两种体现，是生态文明时代生态经济社会有机整体全面和谐协调可持续发展的两个方面。这是因为：① 生态马克思主义经济学哲学告诉我们，人类文明进步和经济社会发展的实质就是自然、人、社会有机整体价值的协调与和谐统一，是实现人与自然、人与人、人与社会、人与自身的全面和谐协调，成为人类文明进步与经济社会发展的历史趋势和终极价值追求。因此，笔者在《生态马克思主义经济学原理》一书中就指出了狭义与广义生态和谐论，指出"狭义生态和谐"就是人与自然的和谐发展即自然生态和谐，这是狭义生态文明的核心理念。而和谐发展不仅是人与自然的和谐发展，还包括人与人、人与社会及个人的身心和谐发展，于是我把这"四大生态和谐"称之为"广义的生态和谐"的全面和谐发展。这是广义生态文明的根本属性与本质特征，就必然成为生态文明的绿色经济形态与绿色发展模式的根本属性与本质特征。② 生态马克思主义经济学哲学还认为，从自然、人、社会有机整体的四大生态和谐协调发展意义上说，生态和谐协调发展已成为当今中国和谐协调发展的根基。这是绿色发展的核心与灵魂。因此，建设生态文明、发展绿色经济、推进绿色发展，必须贯穿于中国生态经济社会有机整体发展的全过程和各个领域，不断追求和递进实现"四大生态关系"的全面和谐发展，这是绿色发展的真谛。

---

① 刘思华：《生态马克思主义经济学原理》（修订版），北京：人民出版社，2014年版，第579页。

② 胡鞍钢教授在《中国：创新绿色发展》一书中认为："以高消耗、高污染、高排放为基本特征的发展，即黑色发展模式。"我认为应当以高投入、高消耗、高排放、高污染、高代价为基本特征的发展就是工业文明黑色发展模式，而以"五高"黑色发展模式为基本内容与发展思路就是工业文明黑色发展道路。

（4）全面生态化或绿色化是绿色发展的主要内容与基本路径。2011 年夏，中国绿色发展战略研究组课题组撰写的《关于全面实施绿色发展战略向十八大报告的几点建议》一书指出：按照马克思主义生态文明世界观和方法论，生态化应当写入党代会报告，使中国特色社会主义旗帜上彰显着社会主义现代文明的生态化发展理念，这是建设社会主义生态文明的必然逻辑，是发展绿色经济、实现绿色发展的客观要求，是构建社会主义和谐社会的必然选择。这里所说的生态化发展理念，就是绿色发展理念。后者是前者的现实形态与形象概括，在此我们很有必要作进一步论述：

- ☞ 生态化是一个综合科学的概念，是前苏联学者首创的现代生态学的新观念：早在 1973 年苏联哲学家 B. A. 罗西在《哲学问题》杂志上发表的《论现代科学的“生态学化”》一文中，就将生态化称为“生态学化”，其本质含义是“人类实践活动及经济社会运行与发展反映现代生态学真理”。以此观之，生态化主要是指运用现代生态学的世界观和方法论，尤其依据“自然、人、社会”复合生态系统整体性观点考察和理解现实世界，用人与自然和谐协调发展的观点去思考和认识人类社会的全部实践活动，最优地处理人与自然的自然生态关系、人与人的经济生态关系、人与社会的社会生态关系和人与自身的人体生态关系，最终实现生态经济社会有机整体全面和谐协调可持续的绿色发展”。[①]生态化这个术语是国内外学者，尤其在中国新兴、交叉学科的学者广泛使用的新概念，其论著中使用的频率最高，当代中国已经出现新兴、交叉经济学生态化趋势。因此，这个界定从学理上说，我们可以作出一个合乎逻辑的结论：生态化应当是生态文明与绿色发展的重要范畴，甚至是基本范畴。
- ☞ 当今人类生存与发展需要进行一场深刻的生态经济社会革命，走绿色发展新道路，推进人类生存与发展的生产方式和生活方式的生态化转型，实现人类生存方式的全面生态化。它就内在要求人类社会的经济、科技、文教、政治、社会活动等经济社会运行与发展的全面生态化。在当代中国就是使中国特色社会主义生态经济社会体系运行朝着生态

① 刘思华：《论新型工业化、城镇化道路的生态化转型发展》，载《毛泽东邓小平理论研究》2013 年第 7 期，第 8～13 页。

化转型的方向发展。这种生态化转型发展就成为生态经济社会运行与发展的内在机制、主要内容、基本路径与绿色结果。这样的当代中国走生态化转型发展之路，是走绿色发展的必由之路与基本走向。可以说，“顺应生态化转型者昌，违背生态化转型者亡。”[①]这不仅是当今人类文明进步和世界经济社会发展，而且是中国特色社会主义文明进步和当代中国经济社会发展的势不可当的生态化即绿色化发展大趋势。

☞ 生态马克思主义经济学哲学强调生态文明是广义和狭义生态文明的内在统一，[②]并把广义生态文明称为绿色文明，既然生态化是生态文明的一个重要范畴，那么它就同生态文明，也是广义与狭义生态化的内在统一；这样说，可以把广义生态化称之为绿色化。两者的本质内涵是完全一致的。2015 年 3 月 24 日，中共中央政治局审议通过的《关于加快推进生态文明建设的意见》首次使用了绿色化这一术语，要求在当前和今后一个时期内，协同推进新型工业化、城镇化、信息化、农业现代化和绿色化。如果说绿色发展（包括循环发展和低碳发展）是生态文明建设的基本途径，那么可以说生态化发展是生态文明建设的内在机制和基本内容与途径。这是因为生态文明建设的理论本质是以生态为本，即主要是以增强提高自然生态系统适应现代经济社会发展的生态供给能力（包括资源环境供给能力）为出发点和落脚点，既要构建优化自然生态系统，又要推进社会经济运行与发展的全面生态化，建立起具有生态合理性的绿色创新经济社会发展模式。所以“生态文明建设的实践指向，是谋求生态建设、经济建设、政治建设、文化建设与社会建设相互关联、相互促进，相得益彰、不可分割的统一整体文明建设，用生态理性绿化整个社会文明建设结构，实现物质文明建设、政治文明建设、精神文明建设、和谐社会建设的生态化发展。这是中国特色社会主义生态文明建设的真谛。”[③]

☞ 笔者借写“丛书”总序之机，代表中国绿色发展战略研究组课题组和“丛书”的作者们向党中央建议：两年后把“绿色化”或“生态化”

① 刘本炬：《论实践生态主义》，北京：中国社会科学出版社，2007 年版，第 136 页。
② 刘思华：《生态马克思主义经济学原理》（修订版），北京：人民出版社，2014 年版，第 540～542 页。
③ 刘思华：《生态马克思主义经济学原理》（修订版），北京：人民出版社，2014 年版，第 549 页。

写入党的十九大报告，使它成为中国特色社会主义道路从工业文明黑色发展道路向生态文明绿色发展道路全面转轨的一个象征，成为当今中国社会主义经济社会发展模式从工业文明黑色发展模式向生态文明绿色发展模式全面转型的一个标志，成为中国特色社会主义文明迈向社会主义生态文明与绿色经济发展新时代的一个时代标识。

四、关于迈向生态文明绿色发展的使命与任务问题

自 2008 年国际金融危机以来，绿色经济与绿色发展迅速兴起，是有着深刻的生态、经济和社会历史背景的。应当说，首先是发源于回应工业文明黑色发展道路与模式的负外部效应所积累的全球范围“黑色危机”越来越严重，已经走到历史的巅峰。“物极必反”，工业文明黑色发展道路与模式的历史命运也逃避不了这个历史的辩证法。它在其黑色发展过程中自我否定因素不断生成，形成向绿色经济与绿色发展转型的因素日渐清晰彰显，使我们看到了绿色经济与绿色发展的时代晨光，人类正在迎来生态文明绿色发展的绿色黎明。这是人类实现生态经济社会全面和谐协调可持续发展的历史起点。

1. 我们必须深刻认识和正确把握生态文明的绿色发展道路与模式的时代特征

迈向生态文明绿色经济发展新时代的时代特色应是反正两层含义：一是当今世界仍然处于黑色文明且达到了全面异化的巨大危机之中，使当今人类面临着前所未有的工业文明黑色危机的巨大挑战；二是巨大危机是巨大变革的历史起点，开启了绿色文明绿色发展的新格局、新征途，使人类面临着前所未有的绿色发展历史机遇，并给予全面生态变革与绿色转型的强大动力。因此，当今人类正处于工业文明黑色发展衰落向生态文明绿色发展兴起的更替时期。这是危机创新时代，黑色发展危机逼进绿色创新发展，绿色创新发展走出黑色发展危机。毫无疑问，当今世界和当代中国的一个生态文明绿色创新发展时代正在到来。对此，我们必须从工业文明黑色发展危机来认识与把握生态文明绿色发展道路与模式的历史必然性和现实必要性与可能性。

(1) 历史和现实已经表明，自 18 世纪资本主义工业革命以来，在工业文明（包括其最高阶段的后工业文明）时代资本主义文明及工业文明成功地按照自身发展的工业文明发展模式塑造全世界，将世界各国都引入工业文明黑色经济与黑色发展道路与模式，形成了全球黑色经济与黑色发展体系。当今中外多学科学者在对工业文

明黑色发展的反思与批判中，有一个共识：黑色文明发展一方面使物质世界日益发展，物质财富不断增加；另一方面使精神世界正在坍塌，自然世界濒临崩溃，人的世界正在衰败。它不仅是自然异化，而且是人的物化、异化和社会的物化、异化。当今世界的南北两极分化加剧，以美国为首的国际垄断资本主义势力为掠夺自然资源不断发动地区战争，没有硝烟的经济战和经济意识形态战频发；恐怖主义嚣张，物质主义、拜金主义、消费主义盛行，道德堕落和精神与理智崩溃，无论是发达国家还是发展中国家内部的贫富悬殊、两极分化正在加剧，各种社会不公正与不平等的社会生态关系恶化加深，已成为当今世界的社会生态黑色发展现实。因此，当今工业文明黑色发展的黑色效应已经全面地、极大地显露出来了，使工业文明黑色发展成为当今世界以及大多数国家和民族发展的现状特征。正是在这个意义上，我们完全可以说，当今人类已经陷入工业文明发展全面异化危机及黑色深渊，使今日之工业文明黑色发展达到了可以自我毁灭的地步，同时也包含着克服、超越工业文明黑色发展险境的绿色发展机遇和种种因素条件，也就预示着黑色发展道路与模式的生态变革与绿色转型是历史的必然。这就是说，如果人类不想自我毁灭的话，就必须自觉地走超越工业文明的生态文明绿色发展的新道路，及构建绿色发展的新模式。这是历史发展的必然道路，是化解当今工业文明黑色发展危机的人类自觉的选择，也是唯一正确的选择。

(2) 深刻认识和真正承认开创生态文明绿色发展道路与模式的现实必要性和紧迫性。这首先在于当今世界系统运行是依靠“环境透支”“生态赤字”来维持，使自然生态系统的生态赤字仍在扩大，将世界各国都绑在工业文明黑色发展之舟上航行。工业文明发展的一切辉煌成就的取得，都是以自然、人、社会的巨大损害为代价，尤其是以毁灭自然生态环境为代价的，这是西方各学科的进步学者的共识，也是中国有社会良知的学者的共识。在 1961 年人类一年只消耗大约 2/3 的地球年度可再生资源，世界大多数国家还有生态盈余。大约从 1970 年起，人类经济社会活动对自然生态的需求就逐步接近自然生态供给能力的极限值，自 1980 年首次突破极限形成“过冲”以来，人类生活中的大自然的生态赤字不断扩大，到 2012 年已经需要 1.5 个地球才能满足人类正常的生存与发展需要。因此，《增长的极限》一书的第 2 版即 1992 年版译者序就明确指出：“人类在许多方面已经超出了地球的承载能力之外，已经超越了极限，世界经济的发展已经处于不可持续的状况。”足见工业文明黑色发展确实是一种征服自然、掠夺自然、不惜以牺牲自然生态来换取经济发展的黑色发展道路，使“今天世界上的每一个自然系统都在走向衰落”。[①]进入21世纪的15年间，生态赤字继续扩大、自然生态危机及黑色发展危机日益加深。对此，《自然》杂志发文说：“地球生态系统将很快进入不可逆转的崩溃状态。”[②]联合国环境规划署2012年6月6日在北京发布全球环境展望报告中指出，当今世界仍沿着一条不可持续之路加速前行，用中国学者的话说，就是人类仍在继续沿着工业文明黑色发展道路加速前行。因此，从全球范围来看，“目前还没有一个国家真正迈入了‘绿色国家的门槛’”[③]，这是不可否认的客观事实。据报道，今年春季欧洲大面积雾霾污染重返欧洲蓝天，使巴黎咳嗽、伦敦窒息、布鲁塞尔得眼疾……这是今春西欧地区空气污染现状大致勾勒出的一幅形象的画面。这就意味着这些欧洲各城市又重新回到大气危机的黑色轨道上来了，因此，人们发出了西欧“霾害根除”还只是个传说之声。这的确是事实，欧洲遭遇空气污染已经不是新鲜事。2011年9月7日英国《卫报》网站曾报道，欧洲空气质量研究报告称空气污染导致欧洲每年有50万人提前死亡，全欧用于处理空气污染的费用高达每年7 900亿欧元。2014年11月19日西班牙《阿贝赛报》报道，欧洲环境署公布的空气质量年度报告显示空气污染问题造成欧洲每年大约45万人过早死亡，其中约有43万人的死因是生活在充满$PM_{2.5}$的环境中。2014年4月初，英国环境部门监测到伦敦空气污染达10级，是1952年以来最严重的污染，引发全国逾162万人哮喘病发[④]。近年来欧洲大面积雾霾污染事件，击碎了英国、法国、比利时等发达国家是“深绿发展水平国家”的神话。

(3) 一个国家和民族或地区经济社会运行，从生态盈余走向生态赤字并不断扩大的发展道路，就是工业文明的黑色发展道路，其自然生态环境必然是不断恶化的，没有绿色发展可言。与此相反，从生态赤字逐步减少走向生态盈余的发展道路，就是迈向生态文明的绿色发展道路，其自然生态环境不断朝着和谐协调绿色发展的方向前行。因此，逐步实现生态赤字到生态盈余的根本转变，构成判断是不是绿色发展及一个国家和民族及地区是不是“绿色国家”的一个基础根据与根本标准。据此，抛弃工业文明黑色发展模式，坚定不移走绿色发展道路，其根本的、最终的目标与

---

① 保罗·替肯：《商业生态学》（中译本），上海：上海译文出版社，2001年版，第26页。

② 详见2012年7月28日《参考消息》，第7版。

③ 杨多费、高飞鹏：《绿色发展道路的理论解析》，载《科学管理研究》第24卷第5期，第20～23页。

④ 戴军：《英国：“霾害根除”还只是个传说》，2015年3月22日《光明日报》。

首要任务就是尽快扭转自然生态环境恶化趋势，实现生态赤字到生态盈余的根本转变，达到生态资本存量保持非减性并有所增殖，这是人类生态生存之基、绿色发展之源。

2. 开创绿色经济发展新时代的绿色使命与历史任务

当今人类发展已经奏响绿色经济与绿色发展的新乐章。发展绿色经济、推进绿色发展是开创绿色经济发展新时代的绿色使命与历史任务，必将成为人类文明演进与经济社会发展的时代潮流。从全球范围来看，迄今为止，世界上还没有一个国家或地区真正是生态文明的绿色国家或绿色地区，中国也不例外。但是当今世界主要发达国家和发展中国家，已经奏响经济社会发展绿色低碳转型的主旋律，开始朝着建设绿色国家或地区，推进绿色发展的方向前行。在此我们要指出的是，发展绿色经济、推进绿色发展是世界各国的共同目标和绿色使命。2010 年美国学者范•琼斯出版的《绿领经济》一书谈到美国兴起的绿色浪潮时说："不管是蓝色旗帜下的民主党人还是红色旗帜下的共和党人，一夜之间都摇起了绿色的旗帜。"[①]奥巴马政府实行绿色新政，主打绿色大牌，实施绿色经济发展战略，其战略目标是要促进经济社会发展的绿色低碳转型，再造以美国为中心的国际政治经济秩序。以北欧为代表的部分国家如瑞典、丹麦等在实施绿色能源计划方面走在世界前列。日本推进以向低碳经济转型为核心的绿色发展战略总体规划，力图把日本打造成全球第一个绿色低碳国家。韩国制定和实施低碳绿色增进的经济振兴国家战略，使韩国跻身全球"绿色大国"之列。尤其是在绿色新政席卷全球时，不仅美国而且英、德、法等主要发达国家，都企图引领世界绿色潮流。这些事实充分表明发展绿色经济、推进绿色低碳转型、实现绿色发展，是世界发展的新未来、新道路，已成为 21 世纪人类文明进步和经济社会发展的主旋律即绿色发展主旋律，标志着当今人类发展已经开启了迈向绿色经济发展新时代的新航程。

然而，历史发展不是一条直线，而是螺旋式上升的曲线。当今人类历史仍处在资本主义文明及工业文明占主导地位的时代，主要资本主义国家仍有很强的调整生产关系、分配关系和社会关系的能力和活力。因此，主要资本主义国家尤其是西方发达资本主义国家，在工业文明基本框架内对生态环境与绿色经济的认识，制定和实行生态环境保护、治理与生态建设政策、措施和行动，并发展绿色经济，来调节、

① 范•琼斯：《绿领经济》（胡晓姣、罗俏鹃、贾西贝译），北京：中信出版社，2010 年版，第 55 页。

缓解资本主义生态经济社会矛盾，力图走出工业文明发展全面异化危机即黑色发展困境。但是，正如一些学者所指出的，“事实的真相”则是到目前为止，西方发达资本主义国家所实施的绿色经济发展战略和自然生态环境治理与修复的思路与方案，主要是在工业文明基本框架内进行[①]，仍然没有根本触动工业文明也无法超越现存资本主义文明的黑色经济社会体系。这主要表现在两个方面：一是西方发达资本主义国家对内实行绿色资本主义的发展路线。目前西方发达国家主要是在不根本触动资本主义文明及工业文明黑色经济体系与发展模式的前提下，通过单纯的技术路线来治理、修复、改善自然生态环境，寻求自然生态环境和资本主义协调发展，缓解人与自然的尖锐矛盾，并在对高度现代化的工业文明重新塑造的基础上走有限的“生态化或绿色化转型发展道路”，即绿色发展道路，实践已经论证，这是不可能走出工业文明黑色危机的。今春欧洲大面积雾霾污染重返欧洲蓝天就是有力佐证。二是目前西方发达资本主义国家对外实行生态帝国主义政策，主要有3种形式：资源掠夺、污染输出和生态战争，使发达资本主义大多数踏上了生态帝国主义黑色之路，使西方发达国家的黑色发展道路与模式所付出的高昂生态环境成本即发生巨大黑色成本由发展中国家为他们“买单”。因此，我们从现实中可以看到，绿色资本主义和生态帝国主义的路线与实践不仅可以成功地改善资本主义国家国内的自然生态环境，缓解甚至能够度过“生存危机”，而且可以“在承担着创造后工业文明时代资本主义的‘绿色经济增长’和‘绿色政治合法性’新机遇的使命。”[②]

当今人类虽然正在迎来生态文明即绿色文明的黎明，但人类文明发展却是在迂回曲折中前进的。自2008年国际金融危机之后，先是美国实行“再工业化战略”，推进“制造业回归”。随后欧洲发达国家纷纷宣称要“再工业化”，不仅把包括绿色能源战略在内的绿色经济发展战略纳入经济复苏的轨道，而且还针对经济虚拟化、产业空心化，试图通过实施“再工业化战略”和“回归实体经济”，重塑日益衰落的工业文明生态缺位的黑色经济，重新走上工业文明增长的经济发展道路。这是向高度现代化的工业文明发展的回归，阻碍着人类文明发展迈向生态文明绿色经济发展新时代。

按照生态马克思主义经济学哲学观点，在资本主义文明及工业文明框架的范围

---

① 张孝德：《生态文明模式：中国的使命与抉择》，载《人民论坛》2010年第1期，第24～27页。

② 郇庆治：《“包容互鉴”：全球视野下的“社会主义生态文明”》，载《当代世界与社会主义》2013年第2期，第14～22页。

内，是不可能从根本上走出工业文明发展全面异化危机即黑色危机的深渊。对此，连西方学者也认为：在资本主义文明及工业文明的“基本框架内对经济运行方式、政治体制、技术发展和价值观念所作的任何修补和完善，都只能暂时缓解人类的生存压力，而不可能从根本上解决困扰工业文明的生态危机。”①这就是说，绿色资本主义和生态帝国主义的推行会使全球自然生态、社会生态和人类生态的黑色危机越来越严重。这与20世纪90年代以来世界各国在工业文明框架内实施可持续发展一样，其结果是“20多年来的可持续发展，并没有有效遏制全球范围的环境与生态危机，危机反而越来越严重，越来越危及人类安全。”②因此，世界人民有理由把更多的目光集聚到社会主义中国，将开创工业文明黑色发展道路与模式转向生态文明绿色发展道路与模式，这一人类共同的绿色使命与历史任务寄托于中国建设社会主义生态文明。2011年在美国召开的生态文明国际论坛上有位美国学者说道：“所有迹象表明，美国政府依然将在错误的道路上越走越远。”“所有目光都聚到了中国。放眼全球，只有中国不仅可以，而且愿意在打破旧的发展模式、建立新的发展模式上有所作为。中国政府将生态文明纳入其发展指导原则中，这是实现生态经济所必需的，并使得其实现变为可能，是一个高瞻远瞩的规划。”③

3．中国在当今世界已经率先拉开超越工业文明的社会主义生态文明绿色经济发展新时代的序幕，引领全人类朝着生态文明绿色经济形态与绿色发展模式的方向发展

我国改革开放以来，始终坚持保护环境和节约资源的基本国策，实施可持续发展战略，一些省市和地区实行“生态立省（市）、环境优先、发展与环境、生态与经济双赢”的战略方针。从发展生态农业、生态工业到建设生态省、生态城市、生态乡村；从坚持走生产发展、生活富裕、生态良好的文明发展道路，建设资源节约型、环境友好型经济社会，到发展绿色经济、循环经济、低碳经济；从大力推进生态文明建设到着力推进绿色发展、循环发展、低碳发展等，都取得了明显进展和积极成效。特别是党的十八大确立了社会主义生态文明科学理论，提出和规定了建设

① 转引自杨通进：《现代文明的生态转向》，重庆：重庆出版社，2007年版，总序第4页。

② 胡鞍钢：《中国：创新绿色发展》，北京：中国人民大学出版社，2012年版，第9页。

③ 《第五届生态文明国际论坛会议论文集（中英文）》，April 28-29，2011，Claremont，CA，USA，Fifth International Forum on Ecological Civilization：toward an Ecological Economics。

中国特色社会主义的两个“五位一体”[①]：建设中国特色社会主义“五位一体”总体目标，使中国特色社会主义道路的基本内涵更加丰富；建设中国特色社会主义“五位一体”总体布局，使中国特色社会主义的基本纲领更加完善。这不仅是奏响我们党“领导人民建设社会主义生态文明”（新党章语）的新乐章，而且标志着全国人民踏上社会主义生态文明绿色发展道路的新征途。因此，党的十八大明确提出“努力建设美丽中国”是社会主义生态文明建设的战略目标，即建设美丽中国首先是建设绿色中国，其中心环节就是走出一条生态文明绿色经济发展道路，构建绿色经济形态与发展模式。据此而言，党的十八大向全党全国人民发出的“努力走向社会主义生态文明新时代”的伟大号召，意味着中国特色社会主义文明发展要努力迈向生态文明绿色经济与绿色发展新时代。为此，《中共中央　国务院关于加快推进生态文明建设的意见》中又提出把经济社会绿色化作为生态文明建设与绿色发展的核心内容与基本途径，从而在当今世界率先开拓了从工业文明黑色发展道路与模式转向生态文明绿色发展道路与模式，使当下中国朝着生态文明绿色经济形态与发展模式的方向发展，努力成为成功走出工业文明的新型工业化道路、真正进入生态文明的绿色化发展道路的榜样国家。

当然，当今中国的客观现实还是一个加速实现工业化的发展中国家，刚走过发达国家100多年所走过的工业文明发展历程，成为以工业文明为主导形态的工业大国。在这几十年间，中国工业化、现代化道路的探索，尽管在一定程度上符合中国国情和实际情况，但仍然走的是工业文明黑色发展与黑色崛起道路，它在本质上是沿袭了西方发达资本主义文明所走过的高碳高熵高代价的工业文明——“先污染后治理、边污染边治理”的黑色发展道路。因此，我们“不得不承认，我们原先走在黑色发展和崛起的征途上，所以尽管我们即使按西方工业文明的标准未达到发展与崛起的程度，但是黑色发展和崛起的一切代价和后果我们都已尝到了。”[②]历史经验教训值得重视，党的十八大之前的20多年里，我们在没有根本触动刚刚形成的工业文明经济社会形态前提下，换言之，在工业文明基本框架内实施可持续发展战略、生态环境治理与修复，建设生态省市，走文明发展道路以及发展绿色经济等，是不可能有效遏制、克服工业文明黑色发展道路与模式的黑色效应，工业文明发展异化

① 刘思华：《生态马克思主义经济学原理》（修订版），北京：人民出版社，2014年版，第561～566页。

② 陈学明：《生态文明论》，重庆：重庆出版社，2008年版，第22页。

危机即黑色危机反而日益严重。它突出体现在 3 个方面[①]：一是当下中国自然生态恶化状况从总体上看，范围在扩大、程度在加深、危害在加重；二是城乡地区差距不断扩大、分配不公与物质财富占有的贫富悬殊已成常态；三是平民百姓生活质量相对变差等社会生态恶化，公众健康相对变差的国民人体生态恶化等，使得生态经济社会矛盾不断积累与日益突出甚至不同程度的激化，已成为建设美丽中国、全面建成小康社会的重大“瓶颈”，是实现绿色中国梦的最大桎梏。因此，我们必须正视当下中国“自然、人、社会”复合生态系统的客观现实，深刻认识与正确把握当今中国从工业文明黑色发展道路向生态文明绿色发展道路的全面转轨，从工业文明黑色发展模式向生态文明绿色发展模式的全面转型的必要性、迫切性、重要性与艰巨性。事实上，近年来，我国学术界有人为了所谓填补研究空白、标新立异，制造一些伪绿色发展论，不仅把西方主要发达国家说成是“深绿色发展国家”，掩盖当今资本主义国家工业文明发展全面恶化危机即黑色危机的客观现实；而且把处于“十面霾伏”的雾霾污染重灾区的京津冀、长三角、珠三角的一些城市界定为“高绿色城镇化”，这完全不符合客观事实的假命题，否定不了当下中国及城市自然生态危机仍在加深的严峻事实，动摇不了我国以壮士断腕的决心和信心，打好大气、水体、土壤污染的攻坚战和持久战。

所谓攻坚战和持久战，就在于当前国内外事实表明，大气、水体、土壤污染治理与修复已成为世界性的难题。而当今中国大气、水体、土壤污染日益严重，应当说是长期中国工业化、城市化黑色发展积累的必然恶果，是中国工业文明黑色发展道路与模式对自然生态损害的直观展示，是对中国过去 GDP 至上主义发展的严厉惩罚及严重警示。改革开放 30 多年，中国经济发展规模迅速扩大，快速成长为工业文明经济大国，这是世所罕见的。然而，它所付出的自然生态环境代价也是世所罕见的。当今世界上很少有国家像中国这样，以如此之高的激情加速折旧自己的生态环境未来，已经是世界头号污染排放大国，正如国内外学者所指出的，中国已经成为世界上最大的“黑猫”，“全球最大的生态‘负债国’”[②]。目前中国生态足迹是生物承载力的两倍，生态系统整体生态服务功能不断退化，生态赤字还在扩大。中

① 刘思华：《论新型工业化、城镇化道路的生态化转型发展》，载《毛泽东邓小平理论研究》2013 年第 7 期，第 8～13 页。

② 卢映西：《出口导向型发展战略已不可持续——全球经济危机背景下的理论反思》，载《海派经济学》2009 年第 26 辑，第 81 页。

国生态系统的生态负荷已达到临界状态，一些资源与环境容量已达支撑极限，经济社会发展是依靠“环境透支”与“生态赤字”来维持。因而，生态赤字不断扩大，生态（包括资源环境）承载力日益下降，在大中城市尤其是大城市十分突出，如上海市人均生态足迹是人均生态承载力的46倍，广州市为31倍，北京市为26倍。在存在生态赤字的国家中，日本是8倍，其他国家均在2～3倍，中国大城市特大城市普遍存在巨大的生态赤字，都面临比其他国家更为严峻的自然生态危机[①]。由此要进一步指出，目前全国600多个大中城市，特别是大城市，其高速发展不仅正在遭遇各种环境污染，如水、土、气三大污染之困，而且正在遭遇“垃圾围城”之痛，有2/3的城市陷入垃圾的包围之中，有1/4的城市已没有适合场所堆放垃圾，从而加剧了城市生态系统的黑色危机。近日有学者发文认为，“中国城镇化离绿色发展要求的内涵、绿色发展的模式相去甚远”，“中国的绿色发展目标尚未实现”[②]。这就是说，迄今为止，我国还没有一个大中城市真正走入按照社会主义生态文明的本质属性与实践指向所要求的生态文明绿色城市的门槛，这是不容争辩的客观事实。

综上所述，无论当今世界还是今日中国，生态足迹不断增加，生态赤字日益扩大，这是自然生态危机的核心问题与根本表现。而当下中国各类环境污染呈现高发态势，已成民生之患、民心之痛、发展之殇；生态赤字与生态资本短缺仍在加重，使我国进入生态“还债”高发期，良好的自然生态环境已经成为最为短缺的生活要素、生产要素及生存发展要素。这就决定了生态环境问题是严重制约中国生态经济社会有机整体、全面和谐协调可持续发展的最短板，是建设美丽中国、实现绿色中国梦的最大阻碍，是中国绿色发展与绿色崛起面临的最大挑战与绿色压力。因此，我们要直面这一严峻现实，必须也应当摆脱与摒弃过去所走过的工业文明高碳高熵高代价的黑色发展道路，与工业文明黑色发展模式彻底决裂，积极探索生态文明低碳低熵低代价的绿色发展道路及发展模式，使中国特色社会主义文明发展尽早实现从工业文明黑色发展道路与模式向生态文明绿色发展道路与模式的根本转变，成功地建成生态文明绿色强国。

---

① 齐明珠、李月：《北京市城市发展与生态赤字的国内外比较研究》，载《北京社会科学》2013年第3期，第128～134页。

② 庄贵阳、谢海生：《破解资源环境约束的城镇化转型路径研究》，载《中国地质大学学报（社科版）》2015年第2期，第1～10页。

五、关于“绿色经济与绿色发展丛书”的几点说明

“绿色经济与绿色发展丛书”是目前世界和中国规模最大的绿色社会科学研究与出版工程，覆盖数十个社会科学学科和自然科学学科，是现代经济理论与发展思想学科群绿色化的开篇，故不得不说明几点：

(1)“丛书”站在中国特色社会主义文明从工业文明走向生态文明的文明形态创新、经济社会形态创新、经济发展模式及发展方式创新的新高度，不仅探讨了中国社会主义经济的发展道路、发展战略、发展模式和发展体制机制等生态变革与绿色创新转型即生态化、绿色化发展，而且提出了从国民经济各部门、各行业到经济社会发展各领域等方面，都要朝着生态化、绿色化方向发展。为建设社会主义生态文明和美丽中国，实现把我国建成绿色经济富国、绿色发展强国的绿色中国梦，提供新的科学依据、理论基础和实践框架及路径。

(2)“丛书”力争出版45部，涉及学科很多、内容广泛，理论与实践问题研究较多，大致可以归纳为4个方面：一是深化生态文明和绿色经济与绿色发展的马克思主义基础理论研究；二是若干重大宏观绿色化问题研究；三是主要领域、重要产业与行业发展绿色化问题研究；四是微观绿色化问题研究。因此，整部“丛书”是以建设生态文明为价值取向，以发展绿色经济为主题，以推进绿色发展为主线，比较全面、系统地探讨生态经济社会及各领域、国民经济各部门、各行业与其微观基础的绿色经济与绿色发展理论和实践问题；向世界发出“中国声音”，展示中国的绿色经济发展理论与实践的双重探索与双重创新。

(3)“丛书”是新兴、交叉学科群绿色化多卷本著作，必然涉及整个经济理论与发展学说和马克思主义的基本原理与重要的基本理论问题，并涉及众多的非常重要的现实的前沿话题，难度很大，有些认识还只能是理论的假设与推理，而作者和主编的多学科知识和理论水平又很有限，因而“丛书”作为学科群绿色化的开篇，很难说是一个十分让人满意的开头，只能是给读者和研究者提供一个学术平台继续深入探讨，共同迎接绿色经济理论与绿色发展学说的繁荣与发展。

(4)“丛书”把西方世界最早研究生态文明的专家——美国的罗伊·莫里森所著的《生态民主》译成中文出版。《生态民主》一书于1995年出版英文版，至今已有20年了，中国学界和出版界却无人做这项引进工作，出版中译本。近几年来，在我国研究生态文明的热潮中，很多论文和著作都提到《生态民主》一书，尤其我

国权威媒体记者多次采访莫里森，使这本书在中国有较大影响。然而，众多研究者介绍本书时都没有具体内容，既没有看英文版原版，又无中译本可读，只是相互转抄、添油加醋，就产生了一些学术误传，不利于正确认识世界生态文明思想发展史，更不能正确认识中国马克思主义生态文明理论发展史。因此，笔者下决心请刘仁胜博士译成中文，由中国环境出版社出版，与中国学者见面。在此，我要强调指出的是莫里森先生所写中译本序言和该书一些基本观点，并不代表我作为“丛书”主编的观点，我们出版中译本是表明学术思想的开放性、包容性，为中国学者深入研究生态文明提供思想资料与学术空间，推动社会主义生态文明理论与实践研究不断创新发展。

(5)“丛书”的作者们在梳理前人和他人一些与本领域有关的思想材料、引用观点时，都尽可能将原文在脚注和参考文献中一一列出，也有可能被遗漏，在此深表歉意，请原著者见谅。在此，我们还要指出的是，“丛书”是“十二五”国家重点图书出版规划项目，多数书稿经历了四五年时间才完稿，有的书稿所引用的观点和材料是符合当时实际的。党的十八大后，党和政府对市场经济发展进程中出现的某些经济社会问题，认真地进行治理并有所好转，但在出版时对书稿中过去的材料未作改动，把它作为历史记录保留在书中，特此说明。总之，“丛书”值得商榷之处一定不少，缺点甚至错误在所难免，故热切盼望得到专家指教和广大读者指正。

刘思华

2015 年 7 月

目　录

Contents

第1章 导论

20 世纪下半叶以来，随着人与人以及人与自然关系的日益紧张，倡导生态文明，实施可持续发展战略，发展循环经济、低碳经济等实现人与自然和谐相处的呼声日益高涨，这一切在经济领域的体现就是实施绿色经济发展战略。其中，绿色生产无疑是实现绿色经济目标最重要的一个环节，所以，揭示绿色生产的内涵及其在当今市场经济条件下的运行机制，对实现人与人和人与自然和谐共处目标具有重要的理论与现实意义。

1.1 绿色经济与绿色生产

任何研究都是以确定研究对象的定义与性质为起点的，由于绿色生产是绿色经济的一个有机组成部分，其性质包含在绿色经济中，因此我们的研究首先从确定绿色经济的定义开始。

1.1.1 绿色经济的内涵

作为体现生态文明与可持续经济发展要求的绿色经济，其内涵必须包含体现人与自然和谐相处的自然关怀精神、体现人与人和谐相处的人文关怀精神，同时还必须满足经济学所要求的效率，即收益大于成本的原则。

作为体现自然关怀的经济实践，绿色经济在实施过程中就特别需要保护好生态环境，做到人与自然和谐共处。由于生态环境在工业革命以来的几百年间已经遭受到严重破坏，因此绿色经济不仅需要在实施过程中避免生态环境继续受到破坏，而且要求能够使其得到改善，这也是20世纪60年代开始兴起的环境保护运动的基本目标。要实现这一目标，就需要在再生产的各个环节实施与生态文明要求相一致的生产方式。例如，在生产领域，实施能够有效保护并改善生态环境的生产方式；在分配领域，做到分配的相对公平，公平是保护生态环境最有效的手段，因为生态环境具有公共性质，如果分配上存在较大的差距甚至严重的两极分化，那么就存在人们利用公共性生态环境来换取个人利益的机会，由此也就不可避免地会出现“公地悲剧”的结果，所以只有做到收入分配的相对公平，才能真正有效地保护生态环境；在消费领域，则需要人们改变消费观念，从追求物欲的无限满足转变到物质消费、精神消费与生态消费之间有机平衡的满足上来。显然，要满足绿色经济的再生产要求，不仅需要生产方式的改变，而且需要人们观念与社会制度和文化的改变。

作为人文关怀的体现，绿色经济要求在再生产过程中同情弱者、关爱他人，同时在各方面体现公平精神。可持续发展之所以要将“共同参与”确定为最基本的原则之一，就是因为地球作为宇宙之舟，需要全体人员的同舟共济，而要做到同舟共济，就需要在各方面做到相对公平，尤其是机会与产品分配结果等方面的公平，否则就会出现部分人的不协作甚至破坏而导致全体的覆灭，所以，在再生产各个环节充分体现人文关怀，是现实绿色经济目标的重要保证。

在人类无限欲望与有限资源的矛盾作用下，人类社会是一个追求效率的社会，作为实现这个目标组织形式的绿色经济，自然必须特别讲究效率，这也是它在与其他各种经济组织方式竞争方面必须体现出来的一个方面，否则它也就无法在市场经济条件下存在与发展。绿色经济的这种有效配置资源的方式，体现在再生产的各个方面，包括有效的生产与流通组织方式、有效的产品分配和有效的消费方式等。

根据绿色经济的这些基本内容，我们将绿色经济定义为“充分体现生态文明本质属性与可持续经济发展要求及相应的自然关怀与人文关怀，能够实现人与人和人与自然和谐相处，能够有效利用各种资源以满足人类各种合理需要的一种经济形式”。

很显然，这里对绿色经济的定义，是一种“深绿色”的经济，也就是包含了生态环境保护、可持续经济、生态经济等方面内容的绿色经济。我们知道，在人们定义的各种“绿色经济”中，有一些仅仅是指在再生产过程中能够有效地保护生态环境，同时对人体健康有利的经济活动。这可以说是一种比较狭隘的绿色经济或“浅绿色经济”。这两者的不同，主要反映了人们对生态文明内涵的理解不同。

我们知道，倡导生态文明成为我国近几届政府的一项基本国策，这应该是我们在社会经济发展过程中政策导向转变的重大标志，即由单纯追求经济增长转向经济增长与环境保护协调发展，但略有遗憾的是，我们对生态文明的理解仍然是比较狭隘的，也就是仅仅将生态文明理解为单纯地保护生态环境，即只是人与自然之间的和谐，而没有将人与人之间的和谐统一包含进来，这与生态经济学与可持续经济学对生态文明的理解不完全一致。正如我们曾指出的那样，“‘生态’一词的本义，系指自然界食物链中的能量转换关系，反映物种间的依存和制约关系。反映到社会科学中来，其含义已转化为系统内各部分之间的相互协调与和谐共生，核心就是系统内各部分之间的和谐。具体来说，主要反映两部分内容，一是人与自然的和谐关系，二是人与人之间的和谐关系，两种关系在实际当中是相互依存和制约的。因为人与自然的关系既是人与人关系的基础同时也是其映衬，在一个人与自然关系紧张对立的社会，生存困难，为争夺有限的生存空间，必然发生激烈的人际争斗，历史上每次大的战争或内部斗争无不是人与自然关系紧张的结果。在一个对同类都不友善的社会，必然难以对‘异类’的‘自然’友善，所以说，人与自然和人与人之间的关系是同一事物的两个方面。与此对应，‘生态文明’反映的则是人类在自然关怀与人文关怀伦理指导下，通过体现这种思想的制度安排，合理利用生态环境来满足自身需求的能力。”①正因为这样，我们将反映生态文明与可持续经济要求的绿色经济理解为包含人文关怀与自然关怀相统一的深绿色经济。

1.1.2　绿色生产

显然，作为绿色经济的有机组成部分，绿色生产必须充分体现绿色经济的本质内涵，即必须反映生态文明与可持续经济要求的人文关怀与自然关怀相统一的精神，同时是最有效率的生产组织方式。

作为自然关怀的体现，绿色生产在实施过程中必须充分保护生态环境，无论是

① 杨文进、柳杨青：《论市场经济向生态市场经济的蜕变》，载《中国地质大学学报》2013年第3期，第20～25页。

工艺技术的选择、生产流程的组织、原材料的选用、废弃物的排放等都必须充分考虑环境的承受能力，不污染环境，不造成水土流失等，能够使已遭受严重破坏的生态环境发生逆转，生产出来的产品能够满足人们的需要而不对人们的身体健康造成危害，产品消费后的废弃物能够满足循环经济的要求而不对环境造成损害，同时在此过程中能够使生态资本不断增殖，以实现人与自然的和谐。

作为人文关怀的实现形式，绿色生产在组织过程中必须做到文明生产，如为劳动者提供足够的劳动保护，生产过程不严重损害劳动者的身心健康，劳动者能够分享企业的发展成果，同时在劳动雇佣中能够使有一定劳动能力的伤残人员得到就业机会并获得合理的劳动报酬，所有员工能够得到必要的培训而使他们能够适应不断变化的劳动市场等，以实现人与人之间的和谐。

作为经济活动的核心内容，绿色生产显然必须是有效率的，否则也就无法在实践过程中得到有效实施。我们知道，如果不考虑毁林开荒造成的生态损害，工业革命前以农耕为主的生产方式，尤其是东方社会的生产方式就是一种典型的绿色生产，但其却在工业革命中败北于以石化投入品为主的灰色生产方式，原因就是前者在技术与制度变迁中竞争不过后者，所以绿色经济要取得自己的生存之路，就必须在效率上胜过以石化能源为代表的灰色生产方式。自然，实现这个目标的保证，不仅要求绿色技术取得重大突破，而且要求社会伦理与制度以及反映它们要求的市场价值标准发生重大变革，如环境的价值在核算体系中必须得到充分的反映，人们对一定量不同生产方式的产品价值的评价标准能够反映生态文明与可持续发展的要求等。欣喜的是，这种价值标准正在发生重大的变化，如当今在评价一定生产活动的价值时，不仅会考虑其中的环境代价以及对健康是否有害，而且还要考虑它的整个生产方式是否符合反映生态文明与可持续发展要求的社会伦理，如是否使用了童工、劳动条件是否恶劣等，人们是否愿意为符合生态文明要求的绿色产品支付更高的价格。

根据绿色生产所包含的内容，我们将其定义为“充分体现人文关怀与自然关怀并有效组织生产过程以取得最佳（社会、环境与经济）效益，实现人与人和人与自然和谐统一的生产方式”。

显然，这里对“绿色生产”的定义与时下人们对“绿色生产”的定义是有所不同的。例如，社会上流行的大部分有关绿色生产的定义，都是侧重于环境的保护，在“百度”上搜索到的具有代表性的定义是“绿色生产（Green Production）是指以节能、降耗、减污为目标，以管理和技术为手段，实施工业生产全过程污染控制，使污染物的产生量最少化的一种综合措施。”这种性质的绿色生产只能算是“浅绿色生产”，实际上也就是所谓的“清洁生产”或“无公害生产”。这种理解也与人们将“生态文明”理解为“单纯的人与自然的关系”是一脉相承的。

1.1.3　生产与绿色生产

所谓生产，就是人类利用工具对劳动对象进行改造或加工使其满足人类社会需要的过程或活动。从这个意义上说，绿色生产是一般生产的一种特殊形态。这种情况说明，人类社会的生产有不同的形态。正如我们将工业革命以来以石化投入为主要原料并造成生态环境严重破坏和人与人关系紧张的生产形态称为灰色生产，将工业革命以前的生产方式称为传统生产方式一样。

作为一般生产的特殊形态，与其他生产方式相比，绿色生产显然有自己的特殊性，也就是如上面指出的那样，绿色生产是以生态文明为自己的伦理基础，注重自然关怀与人文关怀，以实现人类社会持续发展为目标的一种新兴生产方式。与之相比，无论是传统的生产方式还是以工业革命为代表的生产方式，不是缺乏这些方面的内容就是极其薄弱，如传统生产方式，受人口流动性弱的限制，会比较强调对生存环境的保护，但却缺乏人文关怀的内容；正是针对这种不足，以文艺复兴为起点的资本主义就是打着人文关怀的旗帜来对传统封建社会进行批判的，但它却走上了破坏生态环境的道路，同时由于制度的缺乏，以人文关怀为起点的制度建设最终却又带来了日益严重的两极分化等一系列社会弊端，结果遭到了以空想社会主义思想为代表的强烈批评。作为在对以往社会进行深刻反思与合理摒弃基础上产生的以体现生态文明伦理精神的绿色经济与绿色生产，就是要实现自然关怀与人文关怀的统一，所以绿色生产是一种与以往生产方式不同的新的生产方式。

1.1.4　现代绿色生产与传统绿色生产

如果从狭义的角度，也就是从单纯的人与自然的关系来理解绿色生产，那么传统生产方式，尤其以东方农耕为代表的传统生产方式就是一种具有典型代表的绿色生产，如生产中的投入或者是自然出产的产品（种子等），或者是人畜排放的经发酵的有机废弃物，按今天的标准来衡量，不仅生产过程是绿色有机的，而且产品也是绿色有机的。正因为如此，当今一些富裕起来但饱受污染之苦的城市人愿意付高价格到未受污染之害的偏远山区寻找传统方式生产出来的农副产品。不过，这种生产方式不能算是今天意义上的绿色生产。这不仅因为这种生产方式的效率太低，使其在产出方面无法满足当今社会的需要，正是来自于社会需要与这种生产方式供给有限的矛盾，它才会被以石化产品投入为基础的资本主义“灰色生产方式”所取代，更主要的是，这种生产方式在空间与广度上受到限制，无法有效地扩展人类活动，同时也缺乏应有的人文关怀内容。

与传统绿色生产不同，今天意义上的绿色生产，不仅包括农业生产领域，而且包括所有领域的生产活动，更主要的是，它是一种利用现代技术的高效率生产，能够较好地满足整个社会日益增长的合理需求，同时它不仅包含深厚的自然关怀，而且包含丰富的人文关怀，以促进社会的共同富裕为目标。只有在共同富裕的基础上，生态环境的保护才有可能真实，由此说明现代绿色经济是比对传统绿色经济进行合理摒弃更加高级的绿色经济。因此，绿色生产在本质上是生态文明社会生产的方式，是生态文明社会的绿色生产方式的常态。

1.2 现代绿色生产的社会条件

历史上各种生产方式之间的转换，说明一切生产方式都具有历史的暂时性。一种生产方式向另一种生产方式转换，一定是其在原有基础上难以继续下去的结果。

绿色经济与绿色生产之所以会成为当代人们热切期望的社会生产组织方式，正是建立在传统的以石化能源为基础的“灰色生产方式”无法持续下去的现实之上。资本主义产生以来，虽然社会生产力及其生产的社会财富如马克思在《共产党宣言》中指出的那样如幻术般涌现出来，然而人类在享受工业革命带来的极其丰富的物质福利的同时，也使得生态环境遭受了严重的破坏，如水土流失严重、水被污染、空气质量恶化，以至人类在科学技术达到空前水平，人均寿命也创历史新高的情况下，却面临日益严峻的因环境恶化带来的持续生存问题，也就是说，当今人类面临的最大威胁并不是原子弹等大规模杀伤性武器，而是生态环境破坏导致的生命之网瓦解的可能。这是因为，各种生命之间如同渔网上的各环节一样是相互依存的，每一种生物都依赖多种生物来维系，一种生物的灭绝，将导致与其有紧密联系的多种生物的消亡。我们知道，近百年来，尤其是近几十年来，生物的灭绝，尤其是一些高级生物甚至处于食物链顶级的生物，如华南虎等物种的灭绝以前所未有的速度进行，这种灭绝最终会影响到作为生物之网环节之一的人类。实际上，从生命形态看，人类的生存能力并不是很高，近几十年来，随着生活方式的改变以及化工产品的大量使用，在人口大规模增加与人均寿命大幅度提高的同时，人类的持续生存能力却每况愈下，如代表人类生存能力指标的男性精子数量与质量正快速下降，以至在几十年前就有人大声疾呼要“拯救精子”，女性的生育状况也同样如此。与此同时，人类社会内部的矛盾也日益尖锐，如国与国之间、社会内部各阶级之间、城乡之间等方面的差距或两极分化日益明显，社会竞争程度有增无减，生活节奏日趋紧张，由此无论富国穷国、富人穷人都生活在充满焦虑的环境中，患精神疾病的人口比例不断增加，自杀率也呈升高趋势，社会分裂现象日益明显，由此引发的社会不稳定现象在世界各地普遍存在且呈现加强趋势。由此使得各国最先进的生产力不仅用来造福人类，也可能用来杀人或摧毁人类，是一把“双刃剑”。这些情况说明，社会生产力的发展以及日益丰富的物质财富并不一定能给人类带来希望的理想结果。正是这种矛盾促使人类对此不断地进行反省，要求实现人文关怀与自然关怀相统一的绿色生产方式。

作为对工业文明黑色生产方式深刻反思的绿色生产产生的条件：

（1）社会伦理的变革。社会伦理是构成一切社会的基础与归宿，也是一切社会科学的起点与归宿。绿色经济与绿色生产的伦理，就是人文关怀与自然关怀相统一的，以实现人类持续发展和最大福利的新兴伦理，这种伦理将指导社会经济活动的每一个方面。

（2）将生态伦理加以实施的制度变革。没有制度的实施，社会伦理难以从意识形态上升为整个社会的行动指南。个人的行为是由体现一定社会伦理价值的制度安排决定的。因为制度确定了什么样的行为可以得到社会的褒奖或惩罚，所以制度是保证伦理得以实现的手段。绿色生产的实现需要现存的工业文明，包括以后工业文明的社会制度的变革为前提条件。

（3）评价一定生产活动效率的价值指标体系的改变。在当今利益社会中，人们的行为是追求利益的，在市场经济中，利益是受一定的价值标准支配的，只有当反映绿色经济利益诉求的价值标准取代传统那种建立在人与自然对抗基础上的价值标准时，绿色经济与绿色生产才能真正建立起来。欣慰的是，随着环境保护运动与可持续发展运动在世界范围内的兴起，这种反映新兴生态伦理的价值标准正在建立，如正有越来越多的法规建立起了生态环境变化的价值评价标准并将其纳入国民经济核算体系，对产品以及企业的价值评价不仅包含其对环境的影响，而且包含其劳动条件以及对待一切生命价值的态度等；人们愿意为符合生态伦理的产品支付更高的市场价格等。

（4）绿色生产技术取得重大进展，使其在与其他生产方式的竞争中能够立于不败之地。随着生态环境恶化与劳动保护要求程度的提高，近几十年来，满足绿色生产的技术取得长足进步，如太阳能与风能的利用已具有一定的竞争能力，许多领域的循环经济生产方式比传统的生产方式有更高的效果等。

此外，人们意识观念的转变、传统资源日益严峻的约束等，也是绿色生产产生的必要条件。

1.3 绿色生产的主要内容

作为生态文明与可持续发展在生产过程中作用形式的绿色生产，其内容是多方面的。

1.3.1 以反映新伦理的价值标准为资源配置标准

价值标准是引导资源配置的指南，不同的生产方式有不同的价值标准，显然，以反映生态伦理来实现人与人和人与自然和谐相处为目标的绿色生产，就必然要有不同于传统生产方式的价值标准。绿色生产的价值标准，应该是能充分体现人文关怀与自然关怀的伦理取向，将生态、社会与经济效益相统一的价值取向体现在衡量资源配置效益好坏的价值标准上面。

显然，绿色生产的价值标准，不同于传统资本主义建立在人与自然对立基础上的价值尺度，它是建立在人与自然和人与人之间相互和谐基础上的，充分反映资源环境价值与人们建立在物质消费、精神文化消费与生态消费之间相对平衡以实现最大福利基础上的。

1.3.2 服从于特殊分配与消费目的的资源配置

从最终目的看，任何社会生产都服从于社会需要，这种需要最集中的体现就是消费，只不过在“文明”社会，这种消费是有阶级性的，同时在市场经济中，消费的最终目的被掩盖在获取利润的目标下，但却只有满足（符合主导阶级利益的）消费目标才能获得相应的利润，所以无论表现形式如何，消费都是社会生产的最终目标。在阶级社会，消费的实现首先是通过一定的分配方式达到的。在市场经济中，社会分配关系不仅由对要素的占有以及市场的供求关系决定，而且由一定的社会分配政策决定。一定的分配政策由反映统治阶级利益的社会伦理以及相应的制度政策决定。只不过在这里，假定在绿色经济社会占主导地位的统治阶级具有现代生态伦理意识并能够在制度政策上保证绿色经济的有效实现。

有一点需要特别指出的，就是市场经济中的分配关系与消费关系之间往往并不一致，有时差别甚至会非常大。这是因为，市场经济表现出来的生产目的并不是消费而是利润，也就是说，资本家的生产目的并不是要占有生产出来的产品而只是占有其中的剩余价值或利润，而利润的最终使用目的又只是为了获得更多的利润，也就是进行所谓的资本积累，而资本积累在本质上其价值或对应的社会产品是由被资本利用的人消费的，通俗地说，所谓资本积累就是资本家将获得的利润用于增加工人的消费，所以在市场经济中，分配关系与消费关系之间存在着巨大差异。这种情况说明，在绿色经济社会，虽然通过收入分配的公平化政策来缩小人们之间的收入差别，但更应该通过合理的资本积累政策与消费政策等来缩小不同收入人们之间的消费差别。

与传统生产仅仅注重物质消费与部分精神文化消费而忽视生态消费不同，绿色生产是服务于人作为物质、精神与生态三者统一因而需要三种消费并且相互之间需相对平衡这个角度来进行生产的，因此在资源配置中，就需要特别在三种产品生产中的合理配置。

生产与分配和消费之间的这种关系说明，对绿色生产的研究不能孤立进行，而必须结合整个的再生产过程，从系统的角度来进行研究。

1.3.3 绿色生产过程

在确定了价值标准以及为谁生产和生产什么的问题后，如何进行有效的生产就成为问题的关键。

作为自然关怀在生产领域的体现，绿色生产显然应该采用最有效于生态环境保护与体现生命关怀的生产技术与工艺流程等，同时在确保不对生态环境造成长期不良后果的前提下不断地进行技术创新与生态创新等，以尽可能地提高生产效率。

作为人文关怀在生产领域的实践，绿色生产过程必须是最人道的生产方式，即不仅采用能够有效保护劳动者身心健康的工艺流程，而且工作环境最有利于劳动者创造能力的充分发挥，同时为劳动者提供全面的技能方面培训与提高，使他们成为绿色生产的主人。

作为一种新兴并代表社会发展方向的生产方式，绿色生产显然必须是最有效率的，而且这种效率还必须通过市场来得到实现。这是因为，市场经济已经被证明是人类有史以来最有效率的资源配置方式，所以，绿色生产要证明自己的有效性，也必须通过市场方式来实现。自然，与绿色经济相对应的市场经济，是一种与传统市场经济相比已发生蜕变的新兴市场经济——生态市场经济。因为如上面指出的那样，其价值标准发生了重大改变，所以引导的资源配置结果自然与传统的市场经济有重大区别。只是在这里，正如马歇尔所指出的那样，历史是渐进的，传统市场经济向自然市场经济的转变也是一个渐进的过程，是一个逐渐从“灰色”到“浅绿色”再到“深绿色”的转变过程，因此在实践中，价值衡量标准的变化也是与此相对应的，由此我们才会看到，尽管在技术进步中，几乎所有产品在生产过程中都可做到污染物的“零排放”，但却没有一种产品的生产已实现完全的“零”排放，原因就是还无法满足在现有价值标准上的效率。不过，在技术进步的过程中，随着社会伦理不断的“生态化”与制度的演进，这种情况将不断地得到改善。

1.4 绿色生产的作用

作为代表生态伦理在市场经济中促进人与自然和人与人之间和谐统一的一种生产方式，绿色生产在当代社会的作用无疑是巨大的。具体来说，主要有以下四个方面。

1.4.1　促进社会伦理与制度的变革

绿色生产既是社会伦理变革的产物，同时也会影响到社会伦理的变革。因为要进行绿色生产，就必然要对现行阻碍其实施的伦理、制度与政策等进行变革，否则就难以得到有效实施，所以绿色生产的推进，必然会促进社会伦理与制度等向更加体现生态文明的方向转变。

1.4.2　能够有效保护并改善生态环境，实现人与自然的和谐

前面讲到，当前人类面临的最大威胁就是生态环境破坏，这种破坏最主要的原因是传统的灰色生产方式，实施绿色生产的最主要目标是改变这种状况，使生态环境向不断改善的方面转变，由此实现人与自然的和谐。

1.4.3　能够促进人与人之间的和谐

由于人与自然之间与人与人之间的关系是同一事物的两面，因此要促进人与自然的和谐，人与人之间的和谐是前提条件。这种情况说明，要进行有效的绿色生产，就必须建立起充分体现人文关怀的社会经济制度，不仅在生产过程中做到人与人之间的协作共进，而且必须在社会生活的每一个方面都做到人与人之间的和谐共处。我们生活在一个共同的宇宙之舟中，要顺利地到达彼岸，就需要全体人民之间的同心协力，所以，绿色生产的实施必然会促进人与人之间关系的和谐。

1.4.4　能够实现人们消费福利的不断深化

人是社会、生态与物质的有机统一体，要实现人的最大福利，就必须满足人的这三方面需要，然而现实状况却是三种消费之间严重失衡，即物质消费被过度满足，而精神消费与生态消费则严重不足，由此充分反映现有的资源配置是严重失衡的，实施绿色生产就是要改变这种失衡状况，做到三种消费都得到均衡满足，以实现人的最大福利。所以，绿色生产的实施，能够促使人们消费福利向不断深化的方向演进。

1.5 研究对象与主要内容

研究对象与主要内容的确定，是一门学科建立的前提条件。

1.5.1 研究对象

作为论述绿色生产的专著，本书的研究对象必然是绿色生产的基本原理与作用机制。也就是说，作为一部理论专著，本书只揭示绿色生产过程中的作用机制而不涉及绿色生产的具体实施过程，后者是由生产组织者与工程技术人员根据市场情况来确定的。

本书虽然以再生产过程中的生产为中心，但并不是完全狭义的生产，而是与整个系统，即整个再生产过程相联系的生产，或者在某种意义上说就是再生产过程，所以这里的生产是整个社会的再生产过程。

绿色生产的基本原理与作用机制的内容，主要包括绿色生产产生的社会原因，其中包括时代背景、社会对绿色生产的基本要求等；绿色生产如何融合于市场经济，或者说市场经济在什么条件下会促使整个社会的生产方式向绿色生产方式转换，其中的条件及其作用机制是什么等；绿色生产系统中各部分之间的关系是怎样的，要达到绿色生产的社会目标，该如何协调它们之间的关系等；在达到绿色生产社会目标方面，绿色生产的资源配置该如何进行，在不同的条件下，三种资本与三种消费需要之间的资源该如何配置；在实现绿色生产的社会目标方面，市场与政府之间的关系是怎样的等。

1.5.2 主要内容

作为一部探索性专著，本书的主要内容有以下五个方面：

（1）构建绿色经济系统，以为整个研究提供分配基础，其主要任务是为整个研究确定研究对象、分析方法或视角、主要研究内容以及不同因素之间的相互关系等，揭示绿色生产的一般机理等。这些内容构成本书的第 2 章。

（2）分析绿色生产的实现方式，也就是在现实条件下，绿色生产是通过什么方式来得到实现的。为此，就需要分析绿色生产与市场经济、技术进步、资本及其积累、循环经济、低碳经济等之间的关系。这些内容构成本书的第 3 章。

（3）分析绿色经济系统中绿色生产与再生产其他环节之间的关系。本书的绿色生产并不是狭义的绿色生产，而是包含整个再生产过程的绿色生产。再生产的各环节以及支持系统是相互依存与制约的，脱离了其他环节与社会支持系统的扶助，狭义的绿色生产是不可能得到有效实现的，实际上，绿色生产能否得到有效实现的关键是社会伦理与消费意识。所以，要揭示绿色生产在市场经济条件下的作用机制，就必须从整个再生产过程来分析。这些内容构成本书的第 4 章。

（4）对不同绿色生产主体的行为及其在绿色生产中的作用等进行分析。在绿色生产中，厂商、产业园区、城市、区域或国家，各自承担的任务是不同的。虽然国家、城市等虚拟主体不承担具体的生产，但它们在绿色生产方面的作用却比直接生产者的厂商更大。这是因为，任何生产都会产出程度不同的外部影响，空间范围越小的生产的影响越大，空间范围较大的主体则可以通过循环经济等方式而将它们内部化，更主要的是，绿色生产是一个体系，需要其他环节与整个社会的支持，因而范围越大，实施绿色生产的条件就越充分，所以具有的优势也就越明显。这些内容构成本书的第 5 章。

（5）分析绿色生产的实现途径。主要分析在实现条件下如何更有效地使绿色生产得到有效实现，实施绿色生产发展战略无疑是其中最主要的途径。为此，分析了绿色生产发展战略的主要内容及其实现的条件，不同主体绿色生产发展战略的重点等。同时分析了如何提高绿色生产能力以促进绿色生产发展战略的实现。最后分析了如何促进我国的绿色生产。这些内容构成本书的第 6 章，这也是最后一章。

第 2 章

绿色经济系统

从对绿色生产系统内容的分析开始研究绿色生产，是为了在总体上更好地把握对绿色生产的认识，正如“不识庐山真面目，只缘身在此山中”一样，只有从一个更广阔的角度来认识绿色生产，才能对绿色生产的内涵等有更深刻的认识。

从本质上讲，绿色生产系统就是从一种特殊的物质利益或价值角度看待的生产力系统，只不过考虑问题的角度不同，因而对它们之间的理解也就存在一定的差别。

2.1 绿色生产系统

绿色生产系统，也就是从特定角度，即人类持续生存角度看待的社会生产力系统。因为社会生产力系统是经济系统的基础，是人们从事生产和进行各种社会活动的载体，所以要研究经济运动规律，必须首先认识决定它本质的生产力系统的构成和基本内容。

2.1.1 绿色生产要素

任何系统都是由一定的要素构成的，绿色生产系统则是由绿色生产要素构成的。

2.1.1.1 绿色生产要素的性质

从事物的性质讲，生产力要素就是构成生产力不可分解的基本元素。就这个特点而言，绿色生产系统的构成要素是劳动力、劳动资料、劳动对象和生产条件。生产条件包括生态环境和社会环境。从宏观方面看，社会生产条件只有生态环境；在微观方面，社会环境才属于生产条件。因为社会环境是由四要素组成的产物，所以它不属于要素，而是由传统三要素组成的成果。整个生产力系统就是由这四要素在生产力系统的不同层次内，根据生产力的内在要求，按不同的方式组合而成的。

虽然在西方经济理论中，劳动对象包括土地或各种在人类作用力下的自然资源，如矿藏、森林等，但那些未在人类劳动直接作用下的自然资源和生态环境则不属于生产力的范围。生态环境和社会环境对生产力的作用是非常显著的。人类的生存环境，不仅对现有生产能力的发挥状况有巨大的影响，而且决定着社会的生存和生产力的发展状况。例如，在农业生产中，除生产环境外的其他三要素的质量都很好，但环境条件很差，如大气或者水资源污染严重，即使劳动者很努力，也不可能取得好的收成；工业生产过程中这种情况同样明显。这说明，劳动力、劳动工具和劳动对象效率的发挥，依赖于它们存在的环境质量的好坏。好的环境，能使一定量其他生产要素得到更有效的发挥和得到更多的产出；差的环境，则不仅会降低一定量其他生产要素的产出，而且会使这些生产要素本身遭到严重损害，如环境被污染，会使劳动者的身体遭到严重损害，劳动工具被严重锈蚀等。同时，这种理论是将自然作为人的对立物来看待的，如把自然作为人类改造的对象，即使那些生产力范围的矿藏、森林和耕地等这些自然资源也是如此。

生产条件有微观与宏观、有形与无形之分。宏观生产条件最主要的是生态环境（包括自然资源），在某种程度上也包括一定的社会基本制度等在传统上被认为是上层建筑的内容。微观生产条件，则不仅包括生态环境和一定的社会环境，也包括由传统三要素组成的因素，如厂房等各种生产条件；对企业个别劳动者来讲，企业生产过程中的一切都是其生产条件。也就是说，微观生产条件与宏观生产条件是有很大区别的，由传统三要素构成的内容不属于宏观生产条件，但其中的相当部分属于微观生产条件。

传统生产力理论，由于没有把劳动生产条件包含在生产力或生产要素中，不仅使这种生产力理论及建立在这种理论基础之上的经济理论，无法解释许多生产问题和经济问题，如为何在不同的环境下，相同的生产资料和劳动支出会有不同的生产效率等一系列问题，而且促使人们在生产过程中以破坏生产条件来取得狭隘的生产利益，以致在传统生产力得到空前发展的同时，人类却面临有史以来最严重的生存危机，生产力的持续发展能力也不断被削弱等，就充分说明了传统生产力理论的不足。

虽然传统上不属于生产力范围的自然界是生产力的组成部分，但并不是全部自然界都是生产力的组成部分，整个自然界是一个比生产力系统更大的巨系统，生产力系统只是它的一个子系统。

2.1.1.2 四要素间的转换遵循热力学第二定律

四要素间在生产过程中的能量转换并不是守恒的，它遵循热力学第二定律，即有用的能量通过消耗，最终会形成无用的能量。也就是说，在给定的四要素间，并不能维持一种循环不断的简单再生产。这是因为在四要素之间的能量转换中，有相当部分能量会在这种转换中被消耗而不能被人类再利用，虽然这部分能量会为环境所吸收，但它改变的环境却不是使环境由此积累能量而转化为能推动生产力发展的因素，而是会在不同程度上使环境的质量恶化，阻碍生产力的发展。这种情况在以石化能源为主要能量来源的工业生产时代更为突出。在这种非守恒的能量转化中，要维持再生产的正常进行，就必须不断有新的能源和物资来补充。这个来源就是自然界。它不仅包括我们所说的生产条件，而且包括整个地球和人类活动所能涉及的太空。在生产过程中，正是因为人类不断地从自然界中取得新的能量和物资，同时又不断地向自然界排放无用（对人类无用或不能被人类利用）的能量和物质，才保证了社会再生产的正常进行。如果设想将来的某一天出现这种情况：人类在生产过程中消耗的能量和各种有用物质，大于从自然界所能得到的能量和有用物质，那么生产力这台推动人类进步的发动机，将会由于得不到所需的能量和资源而逐渐衰退下去，人类也会在此过程中衰落甚至消亡。这也就是说，如果人类的技术进步速度赶不上生产力对自然界中人类已掌握利用的各种有用资源消耗的更新速度，同时人类又不能从其他星球取得补充资源供应或向这些星球移民，那么人类最终会因自己的成果而埋葬自己。在这种条件下，以消耗能源和有用物质为代表的生产力发展速度越快，人类的毁灭过程也就会越早到来。自然，目前距这一天还很遥远，大自然经过几十亿年积累的有效能量，还能维持人类相当长一段时间的发展。但这种情况也说明，如果人类不能将自己的行动与自然界的生态活动相协调，那么人类将因自己的活动而给自身造成巨大的痛苦。

生产条件中的生态环境，从大的方面讲，也就是整个自然界。在这里，它既是生产要素之一，是社会生产力的组成部分，但又是整个生产力的载体，或者说生产力系统只是它的一个子系统。因为人类本身就是自然巨系统中的一个组成部分，人类的活动也始终被限制在自然系统中，所以由人组成的生产力系统只能是自然系统中的一部分。自然界不仅为人类提供生产与生活必不可少的原料和一些消费品，而且还是补充生产力发展所需物质和能量的源泉，这正如威廉·配第所讲的“劳动是财富之父，土地是财富之母”一样，同时它还是生产力系统释放无用能量和废物的场所。但自然界并不是一个永无止境的自然资源宝库和垃圾场，人类活动的范围或对自然界破坏的程度，一旦超过自然界恢复的能力极限，它就会反过来报复人类，最终会强制限制生产力的作用范围和能力。古丝绸之路的毁灭，两河流域古文明的消失，都是这种情况的结果。这说明，人虽然是自然界的天之骄子，但不管人取得什么样的成就，他都是自然巨系统中的一个有机组成部分，受到其规律的制约。所以在这里，自然界不仅是人类的劳动对象，而且是生产力和人类赖以生存的空间和基础，这个基础如果被破坏，生产力的发展和人类的生存就难以维持。今天，随着人类活动能力的增强，自然界中人的烙印也越来越深，也就是说，人的活动及其劳动成果，越来越融进自然界中，如地球表面的植被，有越来越大的部分是人工栽培的，如山区和平原中的树林；海洋耕种面积也在以越来越快的速度增加；大气、水资源等也同样日益受到人类活动的影响，因此，今天的自然界是一个人与自然相融合的世界。这一方面说明，自然界的状况及其变化越来越受到人类活动的影响或者由其决定；另一方面则说明，曾养育人类的自然界，在人类长期无知的活动中，正变得越来越脆弱，这反过来也使得人类在自身的科学技术水平不断提高，改造自然力量不断加强的同时，生存危机越来越严重，因此转变生产方式和发展方式就显得越来越突出。正是在这种背景下，与自然相融合的绿色生产观念被人们提出来，以取代传统的人与自然相对抗的发展观。

虽然从抽象的观点看，生产力只有四要素，但每一要素都是成系统的，正是这种生产力要素系统间的结合才组成了系统的生产力。生产力各要素内部不仅是成系统的，而且在系统内部还根据质量、数量、空间与时序的结合要求，进行有机排列。

2.1.2 绿色生产系统

绿色四要素系统间的有机结合，就组成了生产力系统或绿色生产系统。除了由自然界自我更新提供的部分生产要素外，生产力必须再生产出组成它的所有要素，即生产力不仅是协调人与自然关系的力量，而且是更新人类自身及协调人类之间关系的力量，是它们的有机统一。

2.1.2.1 绿色生产要素到绿色生产系统是一种质的变化

从系统论知道，系统虽由要素组成，但功能却不等同于要素系统的功能，即当四要素系统发生结合而形成生产系统时，其性质会发生质的变化，复杂性也会极大地加强。在此过程中，不仅会形成产品的生产能力及相应的劳动方式和生产方式，而且会产生出复杂的生产关系，同时还会产生出经济制度、管理体制、文化和社会意识形态、维持生产和生活秩序的法律等各种传统上属于上层建筑的内容。这是因为人的产生及维持生存的生产活动，从一开始就是一种社会过程，所以为了维持这种社会性，就必须有一定的社会组织方式和维持这种方式存在的文化或意识形态、制度等内容。自然，这个过程是逐渐由简单到复杂的，如它由原始社会简单的社会组织形式和生产方式，逐渐发展到今天这种高度复杂的社会组织形式和生产方式，这种过程犹如细胞分裂一样，它在不断产生出新因素或子系统的同时，也使整个系统日益复杂，并且使许多目前称之为上层建筑的内容，如维护社会再生产过程正常进行和协调人际关系的法律、经济体制以及相应的机构、社会文化和意识形态等不断从中产生出来，并成为生产力系统的有机组成部分。正由于生产力或经济系统的这种性质，才会在今天发展出制度经济学、政治经济学等经济学科来。

2.1.2.2 绿色生产系统的组成

绿色生产系统的组成可以根据不同的分类标准来分类，如可根据社会再生产的过程对它进行分类，也可根据不同产品性质的生产对它进行分类，如物质生产、精神生产和生态生产等；也可根据其功能来对它进行分类组合，这里就是以这种标准对它进行分类的，因此将它简化为图 2-1。图中线条既表示各子系统的联系，又表示它们之间能量（包括产品和信息）的交换及转换关系。

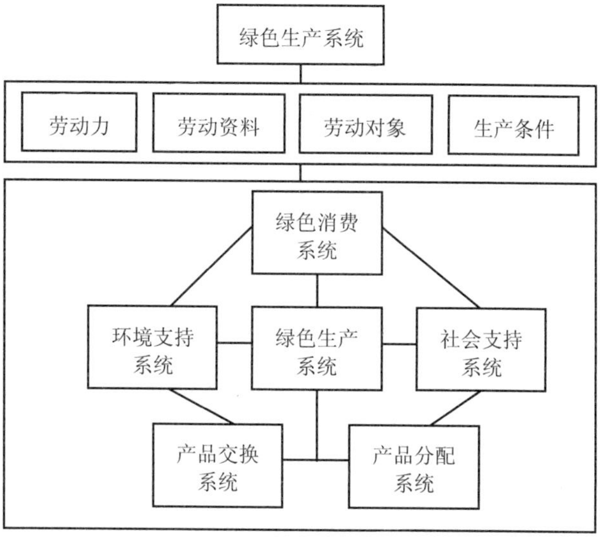

图 2-1　绿色生产系统的组成

绿色生产系统是直接生产商品与劳务的系统，是整个社会的基础；产品交换系统是将系统中各部分连接起来并进行产品、资金、信息、要素等交换的系统，是系统中的纽带；产品分配系统是将产品在各个部门之间、不同厂商之间、不同要素之间等进行分配的系统；消费系统是将最终产品进行消费的部门；“社会支持系统”是指社会对经济发展过程中各种干扰的处理能力；环境支持系统是为指生态环境对经济发展的承载能力。在实际过程中，它们之间是相互依存又相互制约的。前三个系统反映了人与自然的关系，后两个系统则反映了人与人之间的关系。由协同论知道，只有同时处理好这两种关系，使它们之间保持相互协调，绿色生产才能真正实现，如果某一系统与其他系统之间出现失衡，如环境支持系统不能满足经济发展对环境资源的消耗和废弃物的排放，那么整个系统就会因此而萎缩。

显然，绿色生产要素要组合成现实和优化的生产力，就必须按照一定的要素进行组合，如质量组合要素、数量组合要素、空间组合要素和时间组合要素等。

为了保证生产力系统的正常运动，生产力系统的各部分之间就必须不断地进行能量和物质交换，同时在向非生产力系统提供部分能量和物质，以及向自然界排放无用的能量和物质时，它必须不断地从自然界得到等于或大于在此过程中消耗的能量与物质。这说明，人类社会生产维持再生产的一个重要条件，是不断地与自然界进行能量与物质交换，并使这种交换保持在两者都能承受的范围内。如果自然系统受到破坏，不能有效地吸纳生产力在运动中排出的废物和向生产力系统提供所需的补充能源和物质，生产力的发展就会走向衰退。所以，良好的自然环境不仅是生产力发展的基础，而且是生产力系统中的一个重要组成部分。

生产力是一个既具有一定的相对稳定性，但又经常变化的系统实体。随着生产力的发展，会不断有新的子系统从原来的系统中分离出来，犹如细胞分裂一样。生产力越发展，这种情况越普遍。因为系统与系统之间的相互运动及渗透，会引起生产力各要素和系统之间的不断重新组合，产生出新的系统，这正如物种间的杂交会产生出新的物种一样。随着科学技术的不断进步，这种情况会不断加快，所以对待生产力系统要用动态的观点去看，否则我们就不能解释一些新情况的产生，更无法认清其本质。绿色生产系统作为社会和自然巨系统中的一个子系统，还具有很强的开放性，它会不断地与周围环境，如环境系统、政治系统等进行能量交换，并相互渗透和相互影响，正是这种特点，才使绿色生产系统或生产力系统能够在运动中不断发展。

值得注意的是，正是生产力系统内部结构及组合要求等方面的变化，才导致一个社会的生产关系及其相应的社会制度等方面的不断变化，没有生产力系统内由生产技术决定的生产组合方面的变化，社会生产关系和社会制度也不会变化。这说明，生产力系统内部包含了劳动方式、生产方式、生产关系和大部分上层建筑等内容，生产力是这些因素存在的基础。正是生产力系统包含了这些内容，这些因素才会明显地影响生产力或经济的发展。

2.2 绿色经济系统

绿色经济系统也就是绿色生产或生产力系统，但它是从特殊角度去看待的生产力系统，所以两者间有一定的区别。

2.2.1 绿色经济系统构成要素

既然绿色经济系统（以下简称经济系统）是特定形式的生产力系统，那么生产力的组成要素也应是经济系统的组成要素，但由于经济系统毕竟是特定形式的生产力系统，因此会在一些具体方面有自己的特殊性，这种特殊性会使生产力“转换成”经济系统后，在一些方面发生变化，如生产力要素转换成经济要素后就会出现这种情况。

由于经济系统是从人们之间的利益关系看待生产力系统的，从而对经济要素的认识也是从人们之间的物质利益角度去看待各生产力要素是不是经济要素的。传统上，人们判断生产力要素是否成为经济要素的根据，是看它能否给当代特定的人或集团带来经济利益，如果能则是经济要素，否则即使它对生产力的组成和发展的作用很大，仍不能成为经济要素。这正如劳动对象中的一些自然要素，如空气、水、原始森林等是生产力的重要成分，也是人类进行经济活动所不可缺少的，但由于它们不能给特定的人或集团带来经济利益，所以不能成为经济要素。由于绿色经济系统是从人类长期生存和发展这个全人类最高福利的角度去看待经济运动的，因此判断各种生产力要素是不是经济要素，不仅要看它是不是给特定的人或利益集团带来经济利益，而且要看它是否能增进全人类共同的经济利益。

从人类社会的经济利益方面看，组成经济系统的要素，除了传统上的劳动、资本与土地这三要素外，还包括自然环境和生态资源。因为后者不仅对当代人的利益至关重要，而且对后代人的利益也是同样重要的。在实际过程中，由于当今的生产未完全把生态资源的价值反映在产品价值中，因此人们从消费中得到的福利，是远远大于实际的以市场价格反映的福利的（但它是以牺牲后人的利益为代价的），同时也说明社会实际的生产成本要远远大于以货币计量的财务成本。在此，传统土地与生态资源的区分，主要是前者作为直接的劳动对象而存在，并且可给特定的人或利益集团带来经济利益，而后者则不是作为直接的劳动对象，而是作为人类生存和生产的条件而存在，并且一般不给特定的人或利益集团带来额外的经济利益，而是给所有人带来利益。

与此相似，经济要素还包括社会资本。前面讲到，生产力四要素一旦结合，就会发生质的变化，会产生出社会生产组织方式、经济管理体制、生产关系、调节经济关系等方面的法律等社会生产形态来，这些内容对生产力的发展或价值生产具有非常大的作用，甚至是起决定作用的，这正如我国改革开放以来，仅仅由于进行了这方面的改革，就使得我国的生产力得到如梦幻般地发展，这充分说明了这种社会资本的重要性。虽然现在关于社会资本的含义及其具体内容还不十分清楚，但社会资本的存在及其作用，却是得到大部分经济学者认同的。社会资本的性质，同生态环境资本或环境资本一样，不是给特定人带来特殊利益，而是给所有人带来利益的公共性资本。对社会资本的揭示，将能够较好地说明制度改变对经济发展的作用，解释不同国家间的经济发展为什么不同。

由于对要素性质的判断标准不一样，因此生产力要素与经济要素之间并不是完全对应的，经济系统中的资本与土地，就与生产力系统中的劳动工具与劳动对象不完全一致。例如，生产力中的劳动对象，在经济系统中则成了资本与土地；经济系统中的资本，不仅包括全部的劳动工具和那些以货币购买的劳动对象或各种原料性投入品，而且从厂商或资本的角度看，已被厂商购买而处于生产过程中的劳动力也属于资本的范畴，更广泛地看，甚至具有经济价值的自然资源，如空气、水源、各种矿藏等，也属于资本（生态资本）的范畴。在这里将经济要素分为劳动、资本、土地（包括自然资源）、环境资本与社会资本这五类，一是以不同的利益集团或不同人们之间的收入来源为标准划分的，二是以全人类的共同利益为标准划分的，但从生产组织者的角度看，这一切都属于资本的范畴。不过在此，为了分析方便，仍把它们相对分离开来，即我们将劳动力、土地与生态资源从资本中相对独立出来。

2.2.2 绿色经济系统的构成及其内部关系

五种要素系统根据经济系统要求的有机结合，就组成了绿色经济系统（如果从中抽象环境资本系统，它则成了传统的经济系统）。绿色经济系统从其范围来讲，是生产力系统，但由于绿色经济系统是从特定角度看待的生产力系统，所以相对于生产力系统来讲有它自己的特殊性。

绿色经济系统的内部构成，可以从不同的角度去认识。由于本书是研究绿色生产的，因此在这里对绿色经济系统内部的构成，是从更好地服务于研究绿色生产的角度进行的。

以绿色生产为中心，将绿色经济系统抽象化，也就是从人们之间的利益关系看待绿色生产。绿色生产系统，就是将图 2-1 中的内容理解为经济学意义上的绿色生产，为此整个系统由生产、交换、分配与消费四个实体子系统，再加上环境支持与社会支持两个非实体子系统构成。在其中，各系统之间并不是一种单向的联系，而是每个子系统与其他子系统之间以及整体系统之间都形成一种双向甚至多向的联系。

图 2-1 中各子系统之间的连线，反映了它们之间的有关物流与价值流等之间的关系。虽然从经济学的角度看，各种流通都必须转化为价值或货币流量，并通过收益与成本的关系来对它们的效率进行分析，但如果这种抽象过于极端，却有可能失去事物的本来面目，所以在有些方面，要保留部分非价值流量，以更好地反映绿色生产的要求。

绿色生产系统与各子系统之间的关系说明，绿色生产系统既为其他系统提供物质基础（为它们提供所需的产品与价值等），但同时又接受它们的支持，没有这种支持，绿色经济系统是无法存在的。也正是因为这样，所以我们对绿色生产的分析，不是孤立地进行，而是从一个广泛联系的层次进行，这样将能够更好地把握绿色生产的本质与机制。

绿色经济系统的内部运动，不仅是实物、价值、价格等范畴的相互作用及其变动，而且还包含了经济体制和制度、人与自然的关系、人们之间的经济关系和生产关系、生产方式与劳动方式、社会经济意识和文化等各种因素的相互作用和变动，绿色经济系统的运动，是这些因素相互作用及其运动的有机统一。

从系统论或对立统一规律知道，要保持系统的稳定，系统内的任何因素之间都必须保持既排斥又吸引的对立统一关系，并且在其他因素不变时，这种相互矛盾的双方力量对比应该是平衡的。这种情况说明，系统中的每个子系统都与其他系统以及总体系之间形成相互依存与制约的关系，即每个系统或因素对其他系统都具有促进与阻碍的两面性，并且两面性之间的力量对比是大致平衡的。

系统的这种性质告诉我们，要研究绿色生产，必须从绿色经济系统的整个系统与各子系统之间的相互作用关系的角度进行，不能就绿色生产论绿色生产，否则可能陷入片面；同时还告诉我们，在进行选择或决策时，只能在好坏之间进行相对抉择，而难以做到扬长避短，一些我们认为是扬长避短的选择，很可能会走向意愿的反面，计划经济的实践是一个最好的证明，微观经济学提供的许多案例，如以保护穷人利益为目标的房租限制政策，最终却反而会恶化穷人的住房条件。

2.2.3 绿色经济系统的性质

绿色经济系统作为一种特殊形态的经济系统，显然包含了经济系统的一般内容，如生产关系、上层建筑等方面的内容，在此，不对这些一般性内容进行分析，只分析绿色经济系统的特殊性。

绿色经济系统的特有性质，是它包含了人与自然的关系，这种关系是人类内部关系的基础。因为当自然资源非常丰富，可直接满足人类的大部分需要时，就不会产生人们之间的利益矛盾，人们之间的关系也一定是平等和民主的，正是由于自然资源不能直接满足人的利益需要，才会产生人们对自然资源的争夺，并在此基础上产生国家、民族、利益集团等利益矛盾主体，从而产生出阶级、阶层等这些社会利益矛盾的范畴来。这正如今天人们认识到的，在一个利益矛盾冲突严重，或者说两极分化的社会，是不可能有效地保护生态环境和自然资源的。因为在这种社会中，社会下层的人们为了温饱和生存，在没有其他谋生方式的情况下，必然会转向并加强对公共性自然资源和生态环境的掠夺，从而破坏生态环境和自然资源，所以说贫困是生态环境和自然资源的最大破坏因素。这说明，人类要协调好与自然的关系，就必须调整人类自身的内部关系。正因为这一点，绿色经济基础的可持续发展理论才把处理好“代内公平”与“代际公平”和“社会公正”作为其重要组成部分。人与环境关系的调整，必然会导致人类内部各种关系的调整，导致制度的变革，甚至会导致社会形态和政治制度的变革。

绿色经济系统将生态环境和公共性自然资源作为其有机组成部分和要素，说明协调好人与自然的关系，从而协调好经济发展与生态环境和自然资源持续利用的关系，是实现其目的的重要组成部分，而不是像传统经济学那样将两者作为对立面来看待。这种改变，必然会导致人们动力方向的变化。如在传统人与自然关系的认识观下，人们实现利益的主要方式之一，就是如何加强对自然资源的掠夺和向生态环境排放废弃物，而在绿色生产的观念与制度安排下，人们实现利益的主要方式将是如何有效地保护生态环境，提高自然资源的利用效率。

2.2.4 从一般经济发展到绿色经济发展

经济发展到绿色经济发展，虽然从量上看是经济总量的一个持续增长过程，但其实际内容却是整个社会（经济）系统的持续进化过程，是系统整体和各子系统的质变量变过程。这说明，经济发展系统的构成及其内容是会不断变化的。

从历史发展的角度看，一个社会的经济发展是从不发达而逐渐过渡到发达的（这里的发达与不发达是相对的，即它相对于不同历史时期而言），但经济发达却并不一定导致经济的持续增长或发展，它也可能由发达而衰落，如古印加文明的衰落、两河古文明的消亡、古罗马和古希腊文明的衰败等都反映了这种经济发展的非完全持续性，我国传统社会经济发展的周期性运动等也反映了这一点。对有些社会来讲，受各种因素的影响，经济发展到一定程度，在相当长的时期内（该时期可能长达数千年甚至数万年）并不一定会向着更高程度发展，而是会以此为限作周期性运动。如我国传统社会的经济发展，如果没有外国资本主义的冲击，很可能在非常长的时期内过渡不到现代经济，会在传统社会特有的周期中长期运动。一个社会的经济是否能在一种经济形态或生产方式的基础上得到不断的发展，并逐渐过渡到一种更高级的经济形态或生产方式，从而使经济得到持续发展，一方面取决于该社会内部各种因素的可塑性，另一方面取决于是否存在促使这些因素发生质变的外部力量。一般来说，一种社会形态的发展越完备或成熟，如果没有大的技术变革或外部冲击，那么该社会各种促进经济持续发展因素的可塑性就越小，或者说保守程度就越大，该社会对经济持续发展的阻碍力量就越强。例如，我国是世界上传统社会形态最完备和成熟的社会，因此尽管我国在唐宋时期经济发展就达到了传统社会内所能达到的最高水平，并在世界文明进步方面长期处于领先地位，但在各种保守力量的制约下，却不能自然过渡到更高级的资本主义社会。

从经济发展的角度看，一个社会各种关系的可塑性，一方面取决于该社会技术创新的速度及其决定的利益再分配的力量是否足够强大，另一方面取决于该社会内部各阶级之间力量对比的均衡性程度，如果各阶级之间的力量对比过于悬殊，并且在利益分配中占优势地位的阶级或集团的力量过于强大，那么阻碍经济发展的力量就会比较强大，该社会各种关系的可塑性就较弱。在这当中，两者间是相互依赖的。一个社会各阶级间的力量对比越不均衡，在利益分配中占优势地位的阶级力量越强大，该社会技术创新的力量就越小。因为在这种社会中，统治阶级为了避免因技术创新引起的利益再分配损害他们的既得利益，会极力阻碍技术的创新，所以该社会的技术创新速度就较慢。如果阶级力量对比较均衡，那么当技术创新能够给特定阶级带来超额利润时，该阶级就会保护和促进这种技术创新，而利益受损者也没有足够的力量来阻碍这种技术进步，有时为了避免自己在此过程中遭受太大的利益损失，他们甚至会加入该过程，或者会积极进行技术创新，以使其符合自己的利益需要。如果一个社会的技术创新速度慢，该社会内部由利益分配形成的阶级关系就容易在此过程中固定下来并得到强化，其中占优势地位的阶级就会通过政治、法律、意识形态等措施来巩固这种利益分配关系，所以其阶级关系和其他各种关系的可塑性就越小。如果技术创新速度快，其带来的创新利益就会不断破坏原有的利益均衡分配，或者使在原技术条件下形成的利益分配关系没有足够的时间来凝固，社会关系的可塑性就越大，它就越有可能容忍技术的进步。所以在实际过程中，技术进步速度与各阶级间的利益关系状况是密切相关的。

在一个完全封闭而又没有大的自然灾害的社会，一旦某种社会形态经历较长时期，从而使该社会已有的社会关系得以凝固，那么该社会形态及相应的生产方式就可能僵化，在该生产方式内就不可能产生新的并能取代它的生产方式来，结果该生产方式就会在马尔萨斯周期中循环往复。我国的传统社会在某种程度上就具有这种特征，一些与世隔绝的原始部落社会则完全具备这种特征。在开放的经济系统中，社会形态和生产方式僵化的可能性大为减少，因为它不时受到来自外部因素的影响，这种影响会破坏一个社会已形成的平衡，促使其发生变革。

在社会发展过程中，一个社会的发展过程能否持续，不仅取决于该社会的生产关系和社会体制等方面的状况，而且还取决于该社会的生态环境和自然资源的状况，取决于它们是否具有持续再生的能力，如果这种能力被破坏了，即使该社会各方面的关系具有较大的弹性，其发展过程仍然会中断。两河流域古文明和罗马文明的灭绝，固然有它们社会制度和生产关系的问题和原因，但与它们生存基础的生态环境退化和自然资源短缺也是密不可分的。所以在经济发展过程中，协调好人与自然，或者经济发展与自然的关系，是保证一个社会持续生存和发展的前提。这一点在当今社会显得非常迫切。例如，人类在工业革命以来的两百年间，物质财富得到空前增长，人们享受到的物质福利也达到有史以来的最高水平，但由于没有注意自然资源的节约和生态环境的保护，使它们遭到严重破坏，结果也使人类面临最严峻的生存危机，经济的持续发展更是没有保障。正是这种严峻的形势，迫使人类不得不改变生产方式，从而产生出绿色经济思想和实践。

2.3 绿色经济因素分析

经济要素一旦组合成经济系统，就会在性质上发生巨大的变化，各种社会和经济关系都会从中产生，并且会对经济发展产生巨大的影响。

在绿色经济系统中，影响经济发展的基本因素主要有：资本积累、劳动力、资源环境、技术进步、经济结构、社会制度（包括文化等）、经济制度等因素。

2.3.1 资本及资本积累

这里所说的资本及其积累，是指传统上的物质资本（又叫生产资本）及其积累。

资本从物质形态上看，是生产力在发展过程中所形成的部分积累（其他的积累主要体现在人力资本与生态环境的改善上），从人的利益关系上看，则代表着人类社会未来的利益保障；资本在人们之间的分配关系，代表着人们在生产资料所有制方面的利益关系或生产关系（这种关系，传统上人们把它作为阶级关系来看待。在现代社会，这种标准显然不能完整地反映实际的阶级利益关系）。作为资本利益关系体现的利息，是生产力为保存自身已有成果和进一步发展的一种经济手段。不管在任何时代，资本都是社会经济发展的物质基础，资本量的大小决定着该社会今后一段时间的发展能力。在一个资本存量少而又短缺的社会，其生产力的发展水平一定是比较低而又发展缓慢的。

假设其他条件不变，从资本的角度看，一个社会的经济发展主要取决于其资本存量的利用效率和资本积累的速度。资本存量对经济发展的贡献，一是看它的被利用率或就业率，两者间具有正比关系；二是看它的平均生产率。该生产率的高低，一方面取决于人们对它的利用强度，另一方面取决于它的使用结构是否与社会需要一致。当资本的利用效率一定时，经济发展速度就主要取决于资本积累的速度了。资本积累的速度，主要由社会对它的需要强度来决定。在一个资本需要强度高的社会，资本积累的速度一定是比较快的；需要强度弱的社会，资本积累速度也慢，甚至会发生资本的净损耗。实际上，在市场机制的作用下，一个社会会创造出与自身需要相一致的资本积累来。因此在一个较长时期内，经济发展过程中既不会绝对的缺少资本，也不会出现绝对的资本过剩。例如，当资本短缺时，利率会不断提高，它会使储蓄不断地侵蚀消费，同时会吸引国外资本流入，从而提高积累率以满足经济发展的需要。当资本严重过剩时，①会导致存量资本无形损耗的加剧，如在经济危机当中，大量的资本就因缺少需要而被大量淘汰或贬值；②利率的下降会导致储蓄的减少；③会导致资本流出的增加或流入的减少，从而使资本供应与经济发展需要相一致。这说明，资本是在经济发展过程中被创造和消失的，它是与经济发展的需要相一致的。只有在外部影响下，一个社会对经济发展的期望超过内部的资本积累力量时，资本才会出现比较严重的短缺。所以，资本积累是经济发展的物质基础，但资本积累的速度又是由经济发展对它的需要决定的。

在实际过程中，资本积累除了受到经济发展和社会需要的决定以外，还受到其他许多因素的影响，如分配、制度、人口等。一个社会产品分配的公平程度如何，对资本积累的大小有着十分明显的影响。一般地说，产品分配的公平程度与资本积累的关系，具有在一定范围内成正比，超过一定范围成反比的关系。因为当产品的不公平程度超过一定范围时，积累少量的资本就可获得较高的相对福利，有能力的人不会大量地积累资本，而会将大部分收入用在奢侈性消费上，收入低的大部分人则缺少积累的能力，所以该社会的积累率一定是很低的。在这种社会中，即使高收入者有积累的动力和会将相当部分的收入积累起来，但分配不公产生的社会不稳定，也会阻止这部分积累转化为国内资本，而会使这部分积累转移到国外。收入差距较大的南美洲，这两种情况就十分明显。即使这些国家在经济增长较快时，国内积累率仍然不是很高，在国内资本严重短缺、国外资本大量输入时，国内的资本却大量外逃。所以在这种情况下，收入分配向公平方向运动会提高积累率，这正如收入分配较公平的东南亚各国的积累率，就大大高于经济发展水平相近的拉丁美洲各国一样。但如同任何事物超过了一定范围都会物极必反一样，分配的公平程度超过了一定范围，同样会由促进变为阻碍资本积累。因为当公平超过一定范围时，积累资本不能给人带来相应的物质利益，资本积累的动力就会丧失，所以超过一定范围的公平是与资本积累成反比的。

社会制度和经济体制对资本积累的影响则更明显。好的制度和体制，可极大地促进资本积累，而不良的制度和体制，则会将已积累的资本大量消耗。改革开放以来，由于我国进行的体制改革在总体上更符合经济发展的要求，因此这段时间我国的资本积累以极快的速度进行，但同时由于我国国营企业改革严重滞后，与经济发展要求严重不符，结果经过几十年积累的大量国有资产，在此过程中不断流失或被各种方式消耗，一些企业的资产更是被消耗殆尽。

2.3.2 劳动力与人力资本

劳动力是经济发展中最主要的因素。它不仅是组成经济发展的基本要素，也是经济发展中最活跃的力量，而且是经济发展的目的。人类从事经济活动的主要目的，就是为了满足自己在此过程中产生的各种需要，而满足劳动者的各种需要则是发展经济的最好手段。因为劳动力是经济发展的要素，只有劳动力的数量增加和质量提高后，经济发展才能得到实现。虽然我们认为价值和剩余价值是生产力而不是单纯劳动力劳动的结果，但劳动无疑是其中作用最大的因素，它是推动价值生产不断增长的主要源泉，所以从剩余价值生产的角度来看，满足劳动者中的各种需要，是增加剩余价值生产的最主要手段。因为劳动者质量越高，由其组成的生产力的价值增殖力也越高，所以一个社会提高剩余价值率的最好办法，就是不断地提高劳动者的质量，而实现这种目的的方式就是不断提高劳动者的消费水平，使其再生产能够以不断扩大的方式进行。

与资本仅有量的大小区分不同（资本只有在实物上才有质的区别），劳动不仅有量的大小之分，而且有质的高低之分。从对经济发展的作用来看，质量的作用更重要，尤其是在经济发展达到一定水平后更是如此。人们常说劳动是财富的创造者，科学技术是第一生产力，但真正推动经济发展和创造新财富的，只是那些从事创造性或创新劳动的高质量劳动者。科学技术的创造和利用，都是由这些人完成的。低级劳动者则是一种单纯的生产要素，虽然社会的具体财富是他们生产的，但他们却不是该过程中主动性的创造者，而是被动的生产者，所以在经济发展过程中，不断提高人口的质量水平，是推动经济发展最有力的方式。

一个社会的劳动力数量与质量，在经济学中表现为该社会的人力资本量或积累量，单个劳动力的质量表现为人力资本的大小，社会和个人在提高劳动力质量和增加数量方面的努力，表现为人力资本投资和积累。劳动力一旦转化为人力资本后，它们之间质的区别就转化为量的大小差别了。随着生产力的发展主要依靠科技进步和劳动力质量的提高，社会的积累重心正由传统的物质资本积累转向人力资本积累。由于人力资本对生产力的推动作用要大于物质资本，因此生产力的发展速度会不断加快。

实际过程中影响人力资本积累的因素很多，如一个社会人口的数量和经济发展水平、自然资源的丰富程度、产品分配方式及其公平程度、经济体制等。与物质形式的资本积累不同，人力资本的积累，主要是通过人本身的消费来实现的，而人的消费则正是社会生产的目的，所以这种积累是没有限制的，这种情况决定了经济增长也是没有限制的。

2.3.3 土地

这里的土地，主要指那些被个人或集团占有并能给他们带来特定经济利益或者具有市场价值的土地，其中包括被人在法律上或事实上占有的森林、水域、矿藏等。那些不属于这个范围，或者产权不能在个人之间明确划分的土地及其自然界，则属于生产条件之列。

土地不仅是各种绿色植物和动物生长与活动的载体，而且是人类生存和活动的基础。由于土地能生产出满足人类需要的物品，但其数量是非常有限的，因此对它的占有能给人们带来特定的物质利益，这使得土地同其他人类劳动产品一样，具有市场价格。这种市场价格是它今后一段时期内收益现值的资本化表现。人们为得到土地所支付的使用成本也就是地租。虽然从形式上看，土地（不包括附属于土地的各种人类劳动产品或资本积累）是非劳动产物，是大自然对人类的赐予，因而地租和土地资本表现为一种单纯的不劳而获收入，反映了人类社会中一种不平等的社会阶级关系，但从本质上讲，地租和土地资本是在人们之间存在利益矛盾情况下，为保存土地资源生产力或永续生产力而采取的一种社会制度和利益刺激方式。在土地资源有限的情况下，如果没有地租和土地资本化的存在，就不会有人去保护土地资源及其生产力，那么土地的生产力就会在人们的利益争夺中丧失。这正如在公共草地上，为了取得个人在这上面的最大利益，人们会尽量增加在这上面的放牧数量，结果会导致草场生产力的严重退化，并会使所有人的利益都受到损害一样。所以，如果不是从单纯的阶级关系角度来看待土地所有权及其利益表现的地租和土地资本，而是从土地生产力的保护和永续利用的角度去看待这些范畴及其表现的经济利益关系，就会使我们更客观地对待这些范畴以及它们在经济发展中的作用。人们知道，相当部分的人认为，包括土地在内的财产私有制的确定，是资本主义产生的重要条件之一。实际上，它也是土地生产力得到更有效利用的前提之一。如同利息和工资是促使资本与劳动实现优化配置的重要杠杆一样，地租也是实现土地资源优化配置的重要杠杆。只要与那些没有或不能确定产权，因而不给任何人或集团带来特定利益的公共土地和生态资源的利用情况作一比较，就会得出地租和土地资本在经济发展中的积极意义。

2.3.4 生产条件

这里的生产条件，是一个综合性很强的概念或范畴。因为从理论上说，它既包括生产过程中涉及的一切自然条件，如上面狭义的土地和不属于该范围的一切生态环境，也包括一切有关的社会条件，其中包括下面要分析的各种条件。同时它还有宏观与微观之分。宏观生产条件，主要是整个社会经济活动中所涉及的条件，如生态环境、国际政治经济关系、文化制度、经济体制或模式等。微观经济条件，主要是企业生产中的各种软硬件条件，如企业文化、企业内部的生产关系、劳动保护条件、生产场所周围的生态环境质量等。由于下面将许多社会条件作为独立的因素进行单独分析，因此这里的生产条件，主要是生态环境等自然条件。

生态环境的好坏对社会再生产和人民福利的影响是显而易见的。在良好的生态环境中，不仅为达到一定生产目的所需的生产成本更少，而且产品的质量会更好，人们从一定经济活动或支出中得到的福利更多。生态环境质量的恶化，则不仅会提高生产成本，降低人们的福利，而且会威胁人类的生存。今天，随着生态环境在工业经济中遭到严重破坏，生态危机和人类生存危机已空前突出，它对我国社会生产和人民生活造成的严重影响已是触目惊心，如由于生态环境恶化造成的水资源短缺和水资源污染，每年给我国造成数千亿元甚至近万亿元的损失（如果把其间接影响考虑进来，可能更多），给人民生活造成极大的不便和巨大的痛苦，因水污染造成的直接与间接的致残和死亡人数也是巨大的。所以，保护好生态环境已成为当今人类最为迫切的任务。

生态环境的价值表现形成一个社会的生态环境资本，简称为生态资本。在绿色经济中，这种资本有一个最低的数量要求，当其价值量低于该数值时，该社会的经济发展将不可能持续。

2.3.5 科学技术

科学技术对经济发展的重要作用是公认的。科学技术对经济发展的作用，主要表现在它能提高各要素的绩效，能不断改进产品质量，开发新的、功能更齐全的产品等，同时通过技术扩散，能提高劳动力的质量或增加人力资本积累，能改变生产方式和人们的生活方式，引起制度的创新和变革等。

2.3.6 社会资本

就一般性讲，社会资本是各种与经济活动有关的制度、社会经济联系方式、生产组织方式、产品分配方式、公共性的科学技术、社会文化和意识形态等各要素的综合。具体来讲则是由传统文化决定的该社会的人们的心理特征、心理素质和冒险精神、人民群众对社会普遍价值的认同感、人们之间的协作精神、政府对社会的调控能力及其效率、社会经济制度及其对变革的弹性、人民对社会政治活动参与的态度和积极性、专利制度对技术创新及其扩散的制度安排、所有制、司法体系的完善程度、宗教的内容及其对社会的影响程度、对外部变化的承受和反应能力、产品分配方式及其公平程度、生产方式和生产管理方式、市场建设的完善程度、消费行为和消费方式、基础设施的完善程度等。社会资本，虽然从其来源看，是四要素组合产生的，但从整个社会看，它一旦产生出来就具有很强的独立性，并不随着各要素的变动而发生相应的等量改变。社会资本的状况，是决定一定量经济要素能组合成一个多大的经济规模和产生多少可持续收入的决定性因素，它也是决定这些要素变化的核心因素，从而是决定一个社会绿色生产的最关键因素。关于社会资本的内容及其作用，已有不少学者进行了分析，但目前对社会资本的真实内涵、它形成的机制、其大小如何量度等一些关键内容则尚没有达成共识，这是需要经济学界今后认真研究的问题。

从社会资本组成的内容看，不仅上面的产品分配等是其组成部分，而且像目前人们热衷讨论的制度及产权等也是其组成部分，此外，社会意识形态、文化、司法、民族精神等都是社会资本的内容，科技进步既可看作是社会资本的内容，也可看作是它作用的结果。

一个社会经济发展的快慢，主要是其社会资本变化的结果。如我国，改革开放前后的四要素存量变化不大，但经济发展的结果却完全两样，其主要原因就是我们对社会资本的内容进行了变革，使大致相同的四要素组合结果产生了巨大差异。所以，对一个社会经济发展速度的解释，应主要从其社会资本的存量及其变化中去找，四要素的变化也主要是社会资本作用的结果。社会资本的存在及其作用，正是我们在前面讲到的，生产力四要素一旦结合形成现实的生产力，就会发生质的变化，不仅各要素都会失去自己的本性（它们都必须服从系统的要求），而且会产生系统功能，如它不仅会再生产出比自身大的价值，而且会产生出相对独立于它们的社会资本来。

绿色生产要求以上这些因素之间相互协调。如果各因素之间出现不协调，就会导致系统的不稳定或紊乱，就会迫使系统内部进行调整而暂时中止经济的发展。

如果将以上这些因素都抽象为纯经济因素或以价值来表示，那么可将它们分别归类为物质资本、人力资本、土地资本、生态资本和社会资本这五种资本形态，如果将土地资本与生态资本合称为资源资本，则是四类资本形态。

2.4 绿色经济中的三种文明

绿色生产过程实际上是人类文明的进化过程。人类文明从人类的需要来划分，可分为物质文明、精神文明和生态文明。因为人类从事经济活动的目的就是满足自己的需要，而人具有物质、精神或社会与生态三重性质，人类满足这三种需要的过程，也就是人类文明的进化过程，所以经济的发展过程，也是这三种文明进步的统一。

2.4.1 三种文明的内容

物质文明是一个社会生产并满足其人民物质需要的能力。物质文明表现为一个社会在协调人类与自然关系的过程中，在保证生态文明不被削弱的条件下，将自然资源转换为物质产品和满足人民需要的能力，同时它还反映该社会人民之间物质消费关系的公平程度。因为作为一项文明来讲，它不仅表现为该社会利用自然资源生产物质财富能力的大小和它满足该社会需要的绝对水平上，还应该表现在人们之间在物质占用与消费的相对关系上，这种关系应该符合人类的道德水准。如果一个社会的物质财富非常丰富，但财富分配非常不公平，社会财富的绝大部分被小部分人占有和享用，而社会上很大部分人生活水平很低，这样的社会只能被称为物质丰富或物质生产力水平较高，而不能称为物质文明。从发展的过程看，这种物质生产的能力显然是不能长期持续的，因为与这种分配相对应的动态效率是很低的。

精神文明，从人类需要的角度看，是该社会满足其人民精神需要的能力。这种需要，①满足人们对精神文化享受的需要，其中有相当部分属于社会性的精神文化需要；②满足人的智力和劳动技能提高的需要，以增加人们获取物质财富的能力；③满足人类对自然世界和人类社会认识兴趣的需要，尤其是能正确地对待人与自然关系，实现人与自然和谐相处，满足人类持续生存和发展的需要；④为了维持社会稳定而产生的行为规范等方面的需要。因为人类从事再生产的目的是为了满足自己的需要，作为再生产组成内容的三种文明自然也不能脱离这个范围。从具体的方面看，精神文明主要表现为一个社会认识自然世界、生产物质财富和协调人类与自然关系为目的的科学技术的水平程度，人民受教育的平均程度，以满足人类精神文明需要的生产占国民经济的比重，或者人们在这方面的支出占收入或总支出的比重，人们日常生活中的行为举止，调节人们之间相互关系的法律、规范、意识形态等方面的文明程度。这说明精神文明不仅是满足人们的精神食粮，而且还是维持社会稳定、调节人们之间相互关系的稳定器，是实现人与自然和谐相处的调节器，是决定社会物质财富生产能力的关键。

生态文明是社会通过一定的制度安排使生态环境满足人类对生态产品需要的持续能力。前面讲到，人不仅是物质和精神的，而且还是生态的，所以社会满足人类这方面需要的能力，也是该社会的生态文明。由于当今人类对生态环境的影响能力已空前强大，因此生态环境满足人类对它的需要程度，不仅取决于生态环境对生态产品的再生产能力，而且取决于人类对人类环境的态度，或者说对生态环境的保护和创新能力，这可能是更为主要的，正由于此才会出现生态文明这个范畴。因为“文明”是人类社会的特有范畴，所以作为文明范畴的“生态文明”，自然也属于人类社会的范畴，它的文明程度也就是人类的文明程度。生态文明的具体内容包括生态环境的现状、生产和再生产可满足人类需要的生态产品的能力、人类对生态环境的态度和认识程度、人类对生态环境的保护措施和投资力度以及生态环境的变化趋势等内容。

2.4.2 三种文明之间的相互关系

从三种文明内容中可以看到，三种文明之间是相互依存的。例如，物质文明和精神文明都依赖于生态文明的程度，因为生态环境是人类生存和发展的自然基础，人类是生态环境中的一分子，只有在生态环境能够支撑人类生存的基础上，人类才能发展起物质文明和精神文明来。自然，当人类发展到一定程度，生态环境要得到改善，就必须依赖于人类已达到的物质文明和精神文明。因为只有当人类认识到其与自然的关系，认识到自然世界的客观规律，并且有足够的物质和精神力量时，才能对生态环境进行不断创新而促进生态文明的进步。所以在此，可以说生态文明是整个文明的自然基础，物质文明是整个文明的手段，精神文明是整个文明的保证。

虽然在整体上三种文明是相互依存且互为制约的，它们之间应该是共进退的，但由于它们之间又具有一定的相对独立性，因而在特定阶段，也可能会出现它们之间的非均衡运动，甚至会出现以一者或两者牺牲的方式来取得另外两者或一者的进步。人类有史以来的物质文明和精神文明进步，尤其是物质文明进步，很大程度或者说主要是以牺牲生态文明或生态环境为代价实现的，正由于此，我们才认为人类文明史以来的科学技术进步史，基本上是生态环境的破坏史，结果使人类在得到空前丰富的物质和精神文化产品享受的同时，却面临着人类有史以来最严峻的生存危机。这种状况显然是不可能长期持续的，因此才产生了今天的绿色生产思想和实践。这正反映了物质文明和精神文明，一定要建立在生态文明的基础上，三种文明之间不可偏废，否则任何一种文明都不可能持续。这正如历史上的两河流域古文明、古埃及文明、古丝绸之路文明的不持续，都是因为忽视了生态文明、单纯发展物质文明与精神文明。三种文明在建设过程中要相互协调和相互适应，是系统中各部分之间要相互协同和互为制约的反映，这是保持系统稳定存在和发展的必要条件，否则就会破坏系统的稳定甚至瓦解系统的存在。这种情况说明，物质文明和精神文明只有包含生态文明的内容才能得到持续发展。例如，在物质文明的建设过程中，物质建设必须包含对生态环境保护和恢复建设的内容，包含生态物质产品生产的内容等；在精神文明建设中，则必须包含对生态环境及其与人之间关系的认识，包含对生态环境的态度不断向促使生态文明建设的方向转变，包含对促进生态文明建设的科学技术的不断进步等内容。自然，生态文明建设的内容，也必须反映物质文明和精神文明的内容。

三种文明必须相互协调，是人类的三种需要必须得到平衡的反映。人类最基本的特性是它的生态性，然而正是这种最基本的特性，长期以来却一直被人类自身所忽视，这是导致长期来片面追求物质文明建设和精神文明建设，忽视生态文明建设，甚至以牺牲生态环境为代价来换取另外两种文明建设，其结果是人类的平衡被严重破坏，人类被畸形发展，最终导致空前的人类生态危机。例如，在物质财富空前丰富的今天，返璞归真、回归自然的愿望和要求空前强烈，就充分反映了人类的三种需要间的失衡程度。三种需要间的严重失衡，说明人类从当前经济活动中得到的福利并不是最好的，如人类在得到空前的物质和精神福利的同时，却感到前所未有的生态危机和生存危机。对人类来讲，种族的繁衍和发展是最大的福利。生存危机的紧迫性说明了人类从当前经济活动中得到的实际福利是很低的，必须尽快改变这种状况。绿色经济思想的提出及其社会实践，就是响应该要求的结果。

2.5 绿色经济的价值理论

经济学区别于其他学科的地方，在于它是从价值或人类的物质利益关系这个角度去认识社会生产运动过程的，要使这种认识正确地反映客观现实，就必须首先建立起正确的价值理论。正由于此，才使得价值理论能成为经济学的基础。由于绿色经济学与传统经济学对经济运动认识的角度不同，因此传统价值理论不能适应绿色生产的需要，绿色经济学必须建立起独特的价值理论。

2.5.1 绿色经济学的价值本质

前面讲到，绿色经济是从人类作为一种物种的利益角度去认识经济发展的，因此与传统经济学的价值理论相比，它有自己的特殊性。

所谓价值就是经济学对人类物质利益的一种抽象，或者说是人类物质利益的代表。一定的价值量代表着一定量的物质利益，当从价值角度去看这种物质利益时，它就成了经济利益。当人类从物质利益的角度，或者以价值的眼光去看待社会生产过程时，社会生产过程就变成了经济运动。

经济学之所以用价值来反映人类的物质利益，并以价值运动来代表社会生产运动，是因为通过价值这个范畴，在人类生产和消费的物质产品不断增多的情况下，尤其是在社会分工形成的商品经济中，在商品用商品生产的条件下，能够较好地反映人类物质利益的变化，并比较不同人们之间的利益，便于商品交换和经济核算，同时也便于经济学建立起比较严谨的理论体系。在商品经济中，商品是用（其他的）商品生产的，要比较生产过程中的效率和人们从中得到的利益，就必须有某种能将这些具有不同使用价值和不具有直接可比性的商品，转化为具有直接可比性的内容，这就需要价值这种工具；同时在分工条件下，人们之间生产的商品是不相同的，它们满足于人类的不同需要，要使这种单一的生产与多方面需要之间的矛盾得以解决，就必须进行交换，而要使这些具有不同使用价值的商品交换得以进行，并使不同商品生产者得到的利益与付出的代价相一致，也需要价值这个工具来帮助实现。所以价值是在商品生产条件下，人们为了核算生产过程中的效率和比较人们之间的利益关系而发明的一种工具。

价值作为人类利益关系的代表，它不仅代表商品生产者（即商品供给者）之间的关系，而且代表商品需求者的利益，因而是商品供求双方利益的代表，即它必须反映供求双方的利益，并使它们达到均衡。只有使这种利益关系达到均衡的价值，才是符合资源优化配置要求的价值。因此，作为价值代表或表现形式的价格，如果与这种要求的价值规定不一致，就会引起资源的重新配置。

作为对物质利益的一种理论抽象，既可以从个体的角度去看待价值问题，也可以从社会的角度去看待价值问题。由于组成人类社会的各个体之间的利益是不完全一致的，如许多可增加个人利益的活动却可能导致社会利益的损失，许多可使某一集团增加利益的活动也可能会导致其他集团利益的损失，因此社会价值并不是各个体价值的简单总和。这种情况反映，要使价值理论具有全面性，不仅必须有反映个人利益变化及其与他人利益关系的个别价值论，而且必须有反映全社会利益变化的社会价值论，同时还必须将它们有机地统一起来，只有这样，价值理论才能客观地反映人类的利益关系及其变化，从而具有较强的科学性。遗憾的是，这样的价值理论并没有出现过。长期以来，人们一直是从个人（或生产者）物质利益的角度去看待价值的，并将个人价值等同于社会价值，并没有注意到两者的本质区别，或者即使意识到它们之间的区别，如人们很早就注意到个人活动会产生外部影响，从而个人利益不等于社会利益，但却并没有由此产生建立社会价值论的想法和行动。

人类社会之所以不同于动物而能建立起高度文明和富裕的社会，就在于我们人类能进行社会分工，每人只从事某一特定的工作，这些不同的劳动或工作，通过一定的社会协作形成一个有机的整体。这个整体所生产出来的社会总产品数量，要远远大于自然经济条件下各个体生产产品的总和，且品质更好、花色品种更丰富，斯密所举的制针方面的例子最好地说明了这点（在这方面，人们时常都会引用斯密的这个例子，来说明社会分工协作对劳动生产率的贡献，但却都没有从中得到社会价值不等于个别价值的结论），同时也使不同分工的人们之间形成一种密切的依存关系，使他们每人都受到其他成员活动的影响；在有限生存空间和资源的约束下，每个人的活动都会对他人的福利产生不同程度的影响，同时还会对生态环境造成影响，生态环境的社会性则使它会影响到社会所有成员的福利。传统的价值理论明显地不能反映或解释这些情况，或者说在面对这些情况时，它们存在着两个方面的严重缺陷：①不能反映因社会分工协作而产生的“系统效应”，即社会总产品要大于各个体生产产品的简单加和；②不能反映各个体生产过程中的外部影响。前一缺陷，使这种理论难以解释国家等各级社会组织在社会再生产中的作用和应从中得到的产品份额，从而难以解释产品分配是如何进行的等一系列问题；后一缺陷，则使这一理论不能正确地反映各单个活动对社会福利的实际贡献，如那些存在着较明显外部不经济的活动，其从市场得到的要大于它对社会的实际贡献，而那些存在着较明显外部经济的活动从市场得到的则与此相反，这与传统的交换理论明显矛盾。

经济学是研究如何实现资源优化配置的，而作为经济学理论基础的价值理论，对一定量资源配置是否优化的标准都确定不了，建立在此基础之上的经济学又如何能够帮助人们实现资源的优化配置？作为实用学科的经济学，不能在理论上解决这些问题，那么由其指导的资源配置，必然不能很好地反映人类的福利要求和帮助人们实现一定资源配置下的最大福利。例如，在这些理论指导下，产生了人类有史以来最严重的生态环境危机和资源危机，人类在享受不断增长的物质福利的同时，也遭受着最严重的生存危机和精神压力。同时，这些理论无论在对价值的本质、源泉、生产、交换和分配等方面，都存在各种不同的缺陷，从而使建立在此基础之上的理论难以完整。所以，只有对这些价值理论进行合理的扬弃，建立起能反映生态环境、自然资源在人类福利中的作用和外部经济效果等作用的社会价值理论，才能客观地反映一定资源配置对人类福利的影响，促进资源的优化配置，同时也使经济学具有更强的科学性。

与传统的价值理论是从个人利益角度去看待价值的本质及其生产和分配不同，绿色经济学的价值理论是在兼顾个人利益的基础上，主要从社会利益的角度去看待价值的本质和价值的生产与分配，同时不完全从当代人的利益去看待价值问题，而是从人类的长期利益，或者说是从人类作为一个物种持续生存这个最大福利的角度去认识价值。这意味着，绿色经济学对一项活动是否是创造价值的，不是像传统经济学那样，以它是否给个人带来利益，而是看它是否会增加社会的整体利益来判断的，只有那些能增进社会整体利益的活动才是创造价值的活动；那些虽然能给个人带来经济利益，但会减少或损害社会整体利益的活动，如毒品和香烟的生产等，将被看作是无效率或负效率的、不创造价值的活动。绿色经济学的价值理论，不仅要考虑当代人的利益，而且要考虑作为一个物种存在的人类的长远利益，而且把它作为人类最大的福利来对待。从这个角度出发，判断一项活动是否是创造价值或有效率的，不仅应看它是否会增加当代人的整体社会福利，而且要看它是否会增加人类的长远利益。如果一项活动虽然会增加当代人的利益，如当今人类采取的以破坏生态环境来实现自己利益的做法，就会被绿色经济学认为是不经济或效率极低的。这说明，虽然价值的本质是人类的物质利益及其相互关系，这一内容几乎是所有价值理论都承认的，但绿色经济学与传统经济学在这方面却是存在本质区别的。与传统经济学是从个人角度去看待价值本质不同，绿色经济学的价值理论主要是从社会利益的角度去看待价值的本质及其生产和分配。从社会关系上讲，传统价值理论反映的主要是个别人或集团之间的利益关系，绿色经济学的价值理论反映的则是全人类及其内部之间的相互关系。绿色经济学价值理论的这种特点，说明它将被传统经济学忽视的外部影响完全纳入了分析过程，从而极大地拓宽了经济学的研究范围和深度。

从社会角度认识价值，绿色经济学的价值理论不仅将各微观个体在价值生产中的外部影响纳入了分析范围，而且将价值生产过程中的系统效应纳入了分析范围，即充分考虑了价值生产的系统效应。虽然人们对分工协作的作用都给予了高度肯定，但却都没有从中得出系统的价值生产不等于各个体价值，没有得出系统价值大于个体价值之和的结论，从而不能有效地解释剩余价值的起源和解释国家、各种非直接生产的经济组织、企业在价值生产中的作用，不能从理论上有效地解释现实的产品分配等一系列问题。从系统角度来认识价值的生产及其分配，说明绿色经济学的价值理论不仅在方法上更为科学，而且与客观实际更为一致。从系统论角度来认识价值生产，意味着在对价值量的大小、剩余价值的来源、价值的分配等各方面，绿色经济学的价值理论都与传统的价值理论有重大的区别。

绿色经济学价值理论的内容说明，它是一种以社会价值理论为主的价值理论。虽然它也兼顾个人利益或个人价值，但主要是以社会利益为主。前面讲到，完全而科学的价值理论是个人价值与社会价值相统一的价值理论，绿色经济学的价值理论就是要努力建立这样的价值理论。

一定的价值理论是以该社会一定的具有代表性的（道德伦理）价值取向，或者以该学科所要解决的任务为规范性前提的，而价值理论则是经济学的重要理论基础或假设前提。价值理论的改变，必然会导致建立在其基础上的整个经济理论的重大变革。因为经济学是研究资源优化配置的理论，而资源优化配置的衡量标准则是以一定的价值理论为基础的。

2.5.2 绿色经济学价值理论的主要内容

对价值认识的不同，必然会使绿色经济学价值理论的内容在各方面具有自己的特色，同时也与客观实际更为一致。

2.5.2.1 价值源泉

对价值源泉的分析，是要回答价值是由什么创造或生产的。

价值的本质既然是人类的物质利益，那么很显然，凡是能增进人类利益的物品和活动都具有价值，或者说都是价值的源泉。由于只有生产力才能提供或生产出满足人类利益的产品，因此生产力是价值的真正源泉。经济学区别于其他学科的地方，并不是其研究对象的特殊性，而是其研究方法的特殊性，这种方法也就是价值分析方法。从理论上讲，价值的源泉只能是被经济学抽象的研究对象，这个对象也就是社会生产过程或生产力。

不过，如果将生产力像传统那样定义，即将它定义为人类改造自然生产物质产品，那么生产力就不是价值生产的唯一源泉。因为在满足人类需要方面，除了生产力，自然界也为人类提供了许多能满足其福利需要的产品，如它不仅为人类提供了像空气、水及其净化再生功能等这些维持生存的条件，而且还向我们提供部分物质产品，如各种野果、野菜和各种矿产品等，更重要的是，它是人类生存的基础，其状况是人类福利最重要的组成部分，如果它的质量严重恶化，人类的生存就没有保证，而人类作为一个物种来讲，种族的繁衍是最大的福利；同时，自然界还是生产力的载体，是生产力得以运行的物质基础，如生产力的运行依赖于自然界向它提供各种能源和原材料，同时是生产力释放各种废物的容器，所以，自然界或生态环境作为一个整体，以及各种能满足人类福利需要的资源都是价值的源泉，并且是最重要的源泉之一。这也就是说，在绿色经济学中，传统的生产力和自然界都是价值的源泉。由于绿色经济学中的生产力是包含了生态环境和自然资源在内的生产力，而不是传统生产力，所以在绿色经济学中，生产力是生产价值的唯一源泉。不过在这里，劳动、环境资源、土地和资本，只有结合在一起，才能生产出满足人类需要的财富来，而生态和资源系统，则能在脱离其他三要素的情况下独立生产出满足人类需要的生态和资源产品来，所以就这方面讲，生态资源系统在生产满足人类需要的产品方面具有一定的独立性。

生产力也是人类社会生产财富的劳动过程，但要注意的是，该劳动过程是指劳动力在生产过程中利用生产力其他要素形成现实生产力的劳动过程，而不是单纯的劳动本身。单纯的劳动本身或劳动力是不创造价值的，正如资本或土地并不独立创造价值一样，只有当它们结合在一起，形成现实的生产力，生产出满足人类需要的成果来时，才能创造出价值。这说明，价值的源泉是社会生产力，而不是组成该过程的某种要素的单纯耗费或凝结，更明确地讲，价值并不是传统上人们认为的抽象劳动的成果或劳动的凝结，其核心是它能满足人类的利益需要。如果说组成生产力的某种要素是价值的唯一源泉，否认其他要素对价值生产的贡献，那么在逻辑上可以用同样的方法，认为其他某种要素是价值的唯一源泉，而原先人们坚持的某要素则不是，这不仅引起逻辑上的混乱，而且在理论上难以成立，更主要的是它与实际矛盾。因为在实际中，只有生产力才能生产出满足人类需要的商品及其价值，单纯的传统性生产要素，是不能生产出商品与价值的。当这些要素结合成生产力时，它们各自都失去了自己的本来面目，组合成了与自己本质不同的新事物，这正如系统是由各要素或部分组成的，但系统的本质和功能，却与组成它的各部分的本质与功能是不相同的一样；同时，组成系统后的部分的性质和功能，也与它们各自原来的性质和功能不一样。因为在系统中，它们的性质和功能要服从于系统的功能，要服从于相互的依存关系等。价值是由生产力生产的情况说明，组成生产力的各要素都对价值的生产做出了贡献，但都不是价值的源泉本身，而只是价值生产的要素。正由于价值是生产力的结果，各要素都对价值生产做出了贡献，同时各要素在此过程中都失去了自己的本性，转化成了共同的生产力，难以确定各自的具体贡献量，因此如何在各要素间分配价值，历来是一个难以解决的矛盾，是各要素所有者之间斗争的焦点。

虽然有些价值理论也承认自然资源的经济价值，但由于这些理论都是个别性质的，因此对这些理论来说，价值的源泉就是那些能给生产者和需求者，或者特定的人带来利益的社会生产活动和自然活动，后者如森林、矿藏的占有利用等，而那些不给特定人带来利益的活动则不是价值的源泉，即使这些活动的社会利益很大，也被排除在价值生产的范围之外。例如，生态环境保护活动对人类社会有非常大的利益，但由于它们的社会性，使其不能给特定的人和利益集团带来特殊的利益，因此不是价值的源泉；与此对应，人们自然也不能把个别生产活动对环境造成的损害作为生产成本或价值耗费来对待。这是导致人们在生产过程中普遍采取外部不经济做法的主要原因之一，从而是导致生态环境遭到严重破坏的主要原因之一。同时，那些能给生产者和消费者带来一定利益，但会给社会带来巨大不利影响的活动，如毒品、烟草的生产，对环境造成巨大破坏和会造成重大外部不经济的各种生产，即使这些生产及其产品消费产生的社会成本远远大于个别人从中得到的利益，也被个别价值理论看作是价值生产的源泉。

与个别价值理论不同，绿色经济学中的价值理论，只将那些能增进全社会利益的社会生产和自然活动看作是价值生产的源泉。个别活动是否是价值的源泉，取决于它在给个人带来利益的同时，能否增加社会整体的利益。只有那些能增加社会利益的个别活动才是价值的源泉，而那些即使能给个人或集团带来利益，但会使社会总利益减少的生产活动，不仅不是价值生产的源泉，而且是社会价值的耗费。这意味着，在绿色生产价值理论中，一定社会生产活动所形成的社会价值总量，并不是传统价值理论中所有个体生产或所得价值量的简单相加，它还要在此基础上，加上这些生产活动所产生的外部经济这部分价值，同时减去该过程造成的外部不经济这部分价值耗费。同时，在绿色生产价值理论中，那些不给特定人带来特殊经济利益，但对人类利益关系重大，并会影响到所有人利益的生态环境，如空气、水及其环流系统、生命支持系统等都是价值的源泉。因为，不仅它们的产品能满足人类的利益需要，而且它们的完好状况决定人类的生存状况和命运，而人类种族的繁衍和发展是人类的最大利益需要，所以，服务于该目标的生态环境不仅是价值的源泉，而且是其中最重要的组成部分。因为满足人类吃、穿、住、行等一般需要的产品消耗，可通过再生产过程不断地创造出来，而生态环境和生命支持系统的破坏达到一定程度后则具有不可逆性，是人类努力所弥补和挽救不了的，其最终会否定人类本身的存在价值，所以生态环境和其中的生命支持系统是人类社会最主要的价值源泉。对它们的耗费，是社会价值的一种减少，或者说是一种重要的社会成本支出，是必须得到补偿的，如果得不到补偿，社会生产力或经济发展就会因该基础的削弱而难以持续。

从对社会利益的贡献来看一定经济活动所创造价值的大小或判断其效率的高

低，意味着绿色生产价值理论对每一项活动所创造价值量的考察，不是像传统价值理论那样，就局部或该活动的直接影响来分析其对社会总财富的贡献，而是从再生产的全过程来考察它对人类福利的影响。例如，某种产品生产为社会创造的价值，不仅包括该产品的直接消费者从中所得福利的这部分价值，而且包括它消耗资源而减少的这部分负价值存量，该活动对生态环境造成的净影响所增加或减少的这部分价值，它在消费及其残留物处理过程中所造成的外部影响等方面所造成的（负）价值变化。它不像传统价值理论那样，只是从狭隘的生产和消费来看待一定经济活动的效率和价值生产，而是从再生产全过程来看待一定经济活动的效率和价值生产。这正如一些生产活动，仅仅从直接生产过程和消费看是有效率的，如目前与人们生活密切相关的各种塑料包装产品，但从再生产的全过程看，它们却是效率极低甚至是无效率的，如它们造成的遍及城乡的白色污染，已成为令各国棘手并会贻害子孙的严重公害，它们对环境所造成的损害及其对它们的治理费用，可能要远远大于它们的市场交换价值。这意味着，绿色经济学价值理论中的资源配置优化标准，不再是看一定量生产是否给当事人带来最大的经济利益，而是看它能否给社会整体带来最大利益，同时不是看该活动是否能给当代人带来最大利益，而是看它能否给人类带来最大的长期利益。因此绿色经济价值理论不仅关心当代人的利益，而且关心后代人的利益以及他们之间的利益关系。

2.5.2.2 价值量的确定

价值虽然是人类利益的代表，但只有在市场交换中它才被抽象出来，所以价值量一开始就是一种社会现象。商品的价值量不是由生产它的个别劳动生产率决定的，而是由生产该商品的社会平均劳动生产率决定的，同时还要考虑每种商品对社会需要的满足程度。在这方面存在着价值生产与价值实现的问题，两者的吻合程度与社会劳动的分配比例和社会需求等因素有关。

在价值量的分析上，绿色经济学价值理论由于是从社会整体去考察价值的生产与分配，因此它必须充分考虑系统功能对价值生产的作用。这说明，不同层次系统所创造的价值要大于系统内要素价值的耗费或各子系统创造价值的简单加和。

在最简单的个别生产中，即由单个劳动力与其他生产要素结合的生产中，劳动组合所产生的生产结果，一般要大于各生产要素耗费的总量，即该生产创造的价值量，要大于劳动力价值、土地价值、资本价值和生态环境价值消耗的总和，其差额形成该生产对社会的贡献，它是传统社会中国家赋税、地租、资本利息等的来源，这是系统作用的结果。该差额的大小取决于生产力各要素间质与量的组合比例及其效率，其中最主要的是劳动者的生产积极性；同时还取决于社会分工的范围和程度，两者间具有正比关系。例如，剩余产品的产生，就是因为社会生产与国家之间职能分工的结果，没有作为单纯执行国家职能机构的产生，剩余产品也就没有可能产生，所以单个或个别生产的价值增殖力，与社会分工的程度成正比。

在协作生产中，协作劳动或企业生产了多少价值量，不仅取决于其内部各部分生产了多少价值，而且取决于将它们集合起来形成总体生产力的组合劳动的效率，或者说取决于生产过程中的管理水平。在现代协作生产中，由于生产中包含着多个组合层次，因此组合劳动也包含着多个层次。一个企业在生产中创造了多少价值，不完全取决于它在此过程中消费了多少要素或成本，而取决于它形成了一个多大的组合生产力。如果在此过程中，各微观工序的生产效率很高，但由于组织不合理，使各工序间的生产比例不协调，不能形成有效的整体力，那么其结果很可能是各微观工序的生产效率越高，整体的生产效率就越低，从而生产所耗费就很多，但最终形成的价值却很少这么一种结果。因此，在企业生产中，个别劳动并不等于企业劳动，个别劳动能形成多少企业劳动，取决于企业的劳动组合效率，或者说企业生产过程中的管理水平，即

$$Y_2=AY_1$$

式中：Y_2——企业价值或企业劳动生产率；

Y_1——个别价值或个别劳动生产率；

A——个别价值的企业转化率，它是企业管理中各因素的函数。

正常情况下，由于分工产生的规模经济和系统效应，企业价值一般要大于各个别价值的简单加和，即企业价值要大于各要素价值的消耗总和和正常的使用成本（利息与地租等），其差额形成企业利润和国家赋税，因此 $A>1$。

这意味着，企业利润和国家赋税，或者说剩余价值主要来自于社会生产过程中的组合效率。它包括两个方面，①企业内部分工协作所产生的组合效率，这是企业利润的主要基础；②社会分工协作所产生的组合效率，它使得企业只从事它最有效率方面的生产，从而使整个社会的劳动生产率提高，这是国家赋税的主要基础。正由于社会剩余主要来自于这种组合效率，各要素和各部分都对此做出了贡献，因此如何在各要素的所有者和社会各职能机构之间分配该剩余，也就成为社会斗争的焦点。

该利润或企业价值能在何种程度上实现，或者说，一定的企业价值能转化为多少社会价值，取决于企业生产的商品在何种程度上满足社会需要，它可能大于也可能等于或小于企业价值，即

$$Y_3=BY_2$$

式中：Y_3——企业实现的社会价值；

B——单个企业价值的社会转化率。

B 的大小主要与社会劳动在各部门的分配比例有关，同时也与社会需求状况及其变动有关。从总体上讲，企业价值只能转化为一个较小的社会价值量，即企业从社会得到的价值，一般要小于它对社会的贡献，即 $B<1$。

或者说

$$Y=L\sum(Y_3)_t$$

式中：L——所有企业价值的社会转化率，$L>1$；

Y——社会总价值；

t——生产者数量。

社会总价值与各企业实现的社会价值总和之间的差额形成社会的净福利，主要通过技术进步和竞争产生的产品价格下降和质量改进等方面被社会所有的人分享，它形成传统经济分析中的“消费者剩余”。由于社会分工协作所产生的规模经济和系统效应，一个社会创造的价值总量要大于各生产者在市场上得到的以货币计量的价值总量。如果不考虑生产过程中的外部不经济后果，那么一个社会在一定时间内创造的价值量，就是各厂商从市场上得到的价值量或货币收入，再加上“消费者剩余”这部分价值。这种剩余产生了两个非常矛盾的情况：①这种系统功能性质，决定了当代社会人们之间和国家之间利益的相互依存性，决定了它们之间必须进行合作才能得到更大的利益，如果各自走向封闭，所有人的利益都会下降；②系统价值与组成它的各部分价值的差额，是系统内所有要素的集体贡献，难以区分各因素的具体贡献量，因此就产生了它们之间的利益分配上的矛盾或斗争性。

绿色经济学的价值理论说明，在价值再生产过程中，虽然人们之间存在着利益矛盾，但更存在着利益的统一性，存在着人们之间相互依存的关系，因此加强社会生产中的协作，是提高价值生产效率的最有效方式。

2.5.2.3 价值生产中的耗费

对个别价值生产来讲，由于它是从个人或集团利益去看待价值生产的，因此只有那些涉及个人利益的生产投入才是经济要素而具有价值，这些要素也就是劳动、

资本与土地（从个别生产力角度看，也就是劳动力、生产资料和能给个人带来经济利益的土地），这三要素的耗费，即补偿劳动力价值耗费的工资、资本的折旧和土地价值的减少，也就是价值生产中的成本。那些不在此范围，或者说不给特定人带来特定利益的生态环境和资源，如空气、水资源和各种生命支持系统等都不是生产过程中的耗费，因而不具有价值。自然，这些资源如果遭到破坏，也需要社会对它们进行价值补偿，但它却是不需要个人对此承担责任的，所以对个人来讲，它们是没有价值的。

对绿色经济价值理论来讲，由于它不是从个人的利益角度去看待生产力和价值生产，而是从人类整体利益的角度去看待生产力和价值生产，因此组成生产力的要素，不仅包括劳动力或劳动、资本及能给个人带来利益的那部分土地，而且包括那些虽然不给特定人带来利益、不具有市场价值，但对社会生产力和人类利益关系重大的生态环境和各种资源。在绿色经济理论中，生产力中的四要素，即劳动、资本、土地和生态环境都是具有价值的。因为从价值再生产过程看价值是由价值生产出来的，价值分析方法就是将复杂的社会生产力抽象为单纯的价值形态，所以作为具有产品生产能力和生产力要素的资源等也是具有价值的载体。生态环境和资源具有价值，它们自然会在生产中被耗损，因此对社会来讲，价值生产成本不仅包括个别生产中的耗费，而且包括不属于该范围的生态环境和各种资源的损耗，同时还包括它对人类社会本身所造成的外部不经济后果。

前面讲到，绿色经济学价值理论是从社会整体的角度来看待价值生产的，它不仅要考察个别的价值生产，而且要考察它们组合所产生的系统功能或整体效应，在价值生产的耗费方面也同样如此，即不仅要从再生产过程来考察各单个生产的价值耗费，而且要从其整体效应来考察整个生产的价值耗费。因为单个生产，由于生产规模等相对于社会再生产来讲是很小的，因此不管其生产过程会产生如何严重的外部不经济影响，其对整个生态环境和生命支持系统的负作用都是有限的，但如果大部分生产具有同样的性质，那么它们的集合对生态环境和自然资源等的影响将会是灾难性的，即在这里，许多微量的集合会产生质的变化，它使社会付出的代价要远远大于从再生产过程考察的各单个生产所付代价的总和。在这方面，价值耗费系统效应的作用，可能要大于价值生产方面的效应。在生态环境质量一定时，如果造成外部不经济的只是少数厂商的活动，由于生态环境有一定的自我修复能力，它能够容纳一定的外部不经济后果，因而其造成的生态环境价值耗费也会是有限的，但如果社会大多数厂商的生产都会产生这种外部不经济后果时，它们的集合就会严重超过生态环境的容纳能力，造成其不可逆转的损害，价值耗费将可能是无限大。正是这种系统效应的作用，造成了当今社会严重的生态危机，人类日益成为地球上的孤家寡人而面临着日益严峻的生存危机等。这一现象或严峻现实是绿色生产观及以此为基础的绿色经济学产生的原因，所以绿色经济学必须特别注重生产过程中这种价值耗费的系统效应。

2.5.2.4　价值的分配

一个社会生产出来的价值如何在不同利益集团和不同人们之间进行分配，既取决于人们对价值生产过程贡献的认识，更取决于生产力要求的历史必然性。

传统价值理论由于是从个人之间的利益关系角度看待价值的再生产，因此认为价值是由劳动、资本、（狭义的）土地这三要素组合成的生产力生产出来的，所以价值自然也就归这三要素的所有者拥有。虽然所有的人都知道，生态环境等自然条件也对此做出了重要贡献，但由于它们不能给特定的人带来经济利益，因此不被作为生产要素或价值的贡献者对待，所以不能参与价值的分配。这说明，由四要素共同生产的价值只有三要素得到了价值补偿和价值积累，而自然要素却没有得到相应的价值补偿和价值积累，从而说明人们在分配中得到的价值量，超过了他们各自对价值生产做出的贡献，即把生态环境和自然资源应得的这部分补偿和积累的价值消费掉了，其结果不可避免地会导致生态环境的恶化和资源的浪费。这意味着人们消费了应归子孙后代所有的资源和价值。

当从社会利益的角度去看待价值生产时，其组成要素是由劳动、资本、土地和自然条件这四者组成的。后者同前三者一样，是价值生产的贡献者，在价值生产过程中，它不仅做出了相应的贡献，而且同其他要素一样被（部分）消耗了，所以价值的分配，也应该对它进行补偿和积累，以使生产力发展的基础能够得以保存和发展，实现经济和社会的绿色生产。所以在绿色经济学价值理论中，在扣除了传统价值理论中的资本和狭义土地的损耗后，新创造的价值应该被分解为四部分，即工资、地租、利息和生态环境补偿与积累价值，后者可称其为资源租金。

价值应归谁所有，不仅取决于其是否是价值生产的贡献者，而且须看它是否满足生产力的发展要求，从而是否具有历史的客观必然性。从生产力的发展要求来讲，劳动参与价值分配或得到工资的合理性，在于它是保存生产力已有成果和使其得到发展的必要条件。资本得到利息也同样是这个要求的结果。如果没有利息，积累资本不能得到经济利益，人们就会将资本消费掉，人类长期积累的生产力就会因此而丧失。土地得到地租，则是保护土地这种有限资源及其肥力的需要。自然资源和生态环境得到租金，也是这个要求的结果。传统价值理论，虽然使劳动力、资本和土地的消耗得到补偿和积累，但由于它忽视了生态环境的价值补偿和积累，使它们在传统的价值体系中未得到应有的价值补偿，造成生态环境不断恶化和资源被过度消耗，结果出现生产力发展过程中一个非常矛盾的现象，即人类在非生态环境方面的生产力获得空前发展的同时，生态环境被破坏而导致的人类生存危机也空前突出，就反映了传统价值理论指导下的社会生产力出现了畸形，即传统三要素组成的生产力的发展，是建立在生态环境和资源利用的不可持续性基础上的，或者说是在其第四个要素的不断弱化基础上的。由于该要素是整个生产力的基础和载体，它的不断弱化，说明传统生产力这个不断膨胀的大厦是建立在一个不断削弱的基础上的，因而是会随时倒塌的。这种情况，充分反映了传统价值理论的局限性，同时也是促使绿色经济学产生的原因。

生态环境应该参与价值分配，实际上反映了当今的人类活动，已超出了生态环境自我更新能力的范围，造成了生态环境的严重破坏，并危及人类的生存和发展，如果不对其进行补偿，不仅经济发展难以持续，而且人类的生存也难以保证，所以生态环境和资源参与价值的分配，是人类实现自己最大福利和社会生产力发展的需要。

如何在价值的归属者之间进行具体的分配，是理论分析中最难解决的问题。从表面看，边际理论似乎可以解决这个问题。例如，在假设其他任何几要素不变的情况下，增加或减少某一要素的量，所得到的生产结果与原生产结果的差，就是该增量生产要素对生产力的贡献，也是它在分配中应得到的量。但其中存在两个不可解决的问题：①生产函数如果不是完全线性的，那么在其他要素的量不变时，增加某一要素对生产结果改变的量，与减少它对生产结果改变的量是不相等的，在这以哪一个改变量作为该要素的贡献量是无法确定的。②该要素对边际生产贡献量的确定，是以某一组合为前提的，如果该组合由生产技术决定，那么它就是不能随意改变的，任何改变都会降低生产效率，由此得出的边际要素贡献率将很可能是负的，在此基础上的分配也就无法进行；如果该组合没有任何限制性条件，那么通过改变某要素比例，总可找出使该要素的边际贡献为零或负数或是无穷大这些组合，这同样会使边际分配理论无效，所以边际方法并不能确定各要素在其中的分配比例。

生产力决定生产关系，价值分配是生产关系中最重要的组成部分，因此价值分配也应该从生产力的性质及其发展要求中去寻找答案。前面讲到，各种要素参与价值分配的本质，如工资和利息等是生产力为保存已有成果并能继续发展的一种手段，那么从本质上讲，价值的分配比例也应该服从于这个目标。所以从长期过程看，各要素间的分配比例是各要素所得到的价值量，不仅能够补偿自己在生产力发展过程中的有形与无形损耗，而且能满足生产力发展对自己质与量的要求。在实际分配中，这种要求会受到社会各种因素的影响，因此具体的分配除了由生产力的要求决定外，在长期方面还受到如马克思所讲的历史的、文化的、道德的等因素的影响，在短期方面则受到各要素的市场供求关系和它们的所有者在市场与政治经济争斗中的力量对比的影响。在这些因素的影响下，各要素在实际中所得到的分配比例是围绕生产力要求的比例而波动的。在生产力的发展过程中，由于各要素在其中的相对重要性会发生变化，因此它们之间的分配比例也会相应地改变。随着工业经济被知识经济取代，劳动和自然生态环境在分配中的比例会不断提高。

需要指出的一点是，即使各要素得到的分配比例与生产力的要求一致，由于各要素所有者之间的利益总是相互矛盾的，因此不管如何分配，都不会有一个让大家都满意的结果，这使得分配问题永远都是各阶级、各级层间斗争的焦点，并且是一个得不到解决的问题。

2.5.3 生态环境和公共资源价值的确定原则

由于生态环境和公共性自然资源的价值不可能通过市场机制自发地表现出来，因此如何确定其价值或价格，就成为决定资源配置效率的重要因素。

2.5.3.1 生态环境和公共资源价值决定的原则取向

作为从人类长期利益出发来考虑商品价值的绿色经济学，对商品价值的确定，是以它对人类利益贡献的大小来确定的。生态环境和公共资源的价值，同样是以它们对人类利益贡献的大小来确定。但生态环境和公共资源价值的确定，不像一般劳动产品或私人性资源等那么容易确定，它与人类对它们的伦理价值有密切关系。如果只考虑当代人的福利，并以这种福利最大化为目标，那么生态环境的价值是有限的，对它们价值的消耗也是可计量的，但其结果可能会导致生态环境破坏并超过使生命支持系统瓦解的临界值，最终可能导致人类自身的毁灭；如果以人类的持续生存为最大福利，那么生态环境和与此有关的自然资源的总价值就是无限大的，那么在对它的使用与消耗上，就必须严格控制在它的更新范围内，并且不超过临界值。绿色经济的价值伦理是以人类的持续生存与发展作为社会利益最大目标的，因此它对生态环境和公共性自然资源的伦理价值，是认为它们的总价值是无限大的，超过临界值而使它们发生无可挽回的局面，并会导致生命支持系统崩溃的边际资源的价值也是无穷大的；在临界值范围之内的单位生态环境和资源的价值则是可计量的，它们的价值离临界值越远则越小，离临界值越近则越大。

这种情况说明，生态环境和公共性自然资源的价值，与它们的存量状况密切相关，如果人类对生态环境的利用与对公共性可再生资源的消耗，被控制在它们的更新能力范围内，不使它们发生退化，或使它们能维持简单甚至扩大的再生产，那么在社会经济核算中甚至可以不考虑它们的具体价值，或者它们的价值仅仅是作为衡量资源配置效率的标准而存在。虽然这个对生态环境和公共性资源的临界值到底在哪里目前尚不清楚，但人类目前的活动或对生态环境的破坏与对公共资源配置消耗，已超过它们的更新能力则是确定无疑的。由于生态环境是一个有机的系统，具有非常强的不可预测性和不可逆性，因此某些局部的损失，很可能会导致整个系统的破坏，在此情况下，计量它们的价值就显得非常重要，而如何计算，则依赖于人类的价值伦理。

从绿色经济价值出发，生态环境和公共资源的价值确定，应该服从于整个人类或者是一个国家或民族的持续生存与发展这一最大福利目标，具体生态环境和公共资源的消耗，则应从代际公平的原则来确定，以保证它们的持续利用。

2.5.3.2 生态环境和公共资源的价值确定

社会伦理价值只是规定了生态环境和公共资源价值的确定原则，具体的价值确定或价格则必须根据生态环境和公共性资源的状况、经济发展的需要和资源与环境的承受能力等具体情况来确定，既不能损害生态环境，又不能阻碍经济发展和人民福利的提高，必须实现它们之间的统一。因为没有经济发展和人民福利改善的生态环境保护是不可能真正实现的，而没有生态环境质量改善的经济发展则是缺乏基础从而是不能持续的，所以两者之间必须统一。生态环境和公共资源价值的确定，必须兼顾这种统一。

由于生态环境对人类的贡献不能通过市场需求或价格得到反映，因此在计量生态环境的价值方面，就不能像一般商品那样由它们的市场价格来反映；在搭顺风车的作用下，也不可能通过对人们的支付意愿调查而得到，只能通过再生产它们的成本来反映。在成本方面，由于生态环境一方面具有自我更新能力，另一方面其消耗的长期后果又具有非常大的不可预测性，因此在这方面如何计算其价值，同样是一个难以解决的问题。例如，可更新资源的消耗，如果保持在生态环境的自我更新能力范围内，那么其成本也就不存在，或者只局限于部分保护成本的支出上。对资源使用方法或态度的不同，其成本大小也是不同的。对一定量资源的使用，如果采取保护性措施，使其保持一定的更新能力，那么其支出的成本就要远远小于那种破坏资源后再重新恢复其生产能力的做法，即保护性方式的资源使用成本，要远远小于破坏性方式的资源使用成本，如果考虑到后者产生的外部影响，这种差异更大。在此过程中，采取何种方式来计量一定量生态环境资源的价值，就显得非常重要但又十分困难。

我们认为，生态环境和可再生性公共资源的价值，应该以它们的社会机会或重置成本来决定，这正如人类社会大量可重复生产的产品，如农产品的价格就是由它们的机会成本或重置成本来决定的一样。由于生态环境和可再生性公共资源有一定的自我更新再生能力，因此只要人类对它们的利用保持在这个更新能力范围内，不使它们的质和量发生退化和减少，其社会更新成本就是零，在社会成本核算中就可不考虑它们的价值——尽管它们为人类社会做出了贡献，从价值的本质看它们具有非常大的价值，但在价值核算中可以不考虑它们，因为它的利益为所有人分享。只有在对它们的利用超过了这个范围，使它们的再生产发生退化，从而需要利用价值补偿方式对它们进行修复时，或者使人类的利益受到损害时，这种价值才会显现。

关于生态环境和各种自然资源价值或价格的计算方式，人们已经在许多方面，如森林价值的计算、环境价值的核算等方面取得了很大的进步，人们可参阅这方面的有关文献。在此要指出的一点是，由于生态环境和公共性自然资源的价值不可完全市场化，因此对它们价值的计算都是建立在一定的伦理价值基础上的，建立在对代际公平和人与自然关系的理解上，所以建立符合绿色经济要求的伦理价值，是确定生态环境和自然资源价值的前提条件和决定性因素。

2.5.3.3 价值观念和价值政策与绿色经济的关系

这里的价值观念与价值政策是经济学意义上的价值，而不是伦理道德中的价值，但经济学的价值与伦理道德价值之间有密切的关系，伦理价值是经济价值的社会伦理基础，经济价值是一定伦理价值的社会反映或表现形式，价值观念与价值政策更是这方面的集中体现，因为它支配人们的经济行为与行动，所以价值观念与价值政策对绿色经济的作用是十分明显的。因为社会经济的发展方向及其结果，是受人类的经济行为和行动决定的，而人类的经济行为与运行是受经济伦理价值支配的，经济伦理价值的核心则是通过一定的价值观念与价值政策来反映和表现的，所以价值观念与价值政策对绿色经济的作用是十分巨大的。不同的价值观念与价值政策，对经济发展的影响是不同的。例如，在传统生态环境和公共性资源没有价值的观念及其政策支配下，生态环境和公共性资源遭到严重破坏，不仅经济发展难以持续，而且威胁人类的生存；在现代价值观念与政策的支配下，生态环境和公共性资源进入经济核算过程，从而使人们的行为与行动发生重大变化，由原来对它们的破坏转向保护，从而使它们在经济发展过程中不断改善（在发达国家），就证明了价值观念及其政策对绿色经济的作用。

作为价值观念的集中体现，不同的价值观念必然会产生不同的价值理论，而不同的价值理论不仅会产生不同的经济理论，更会产生不同的经济实践。传统的价值伦理将人与自然作为对立面来看待，那么反映这种伦理价值的价值理论，也就很自然地将生态环境和公共性自然资源作为没有价值的对象来对待，从而在经济实践中鼓励人们对它们的利用；将机会公平作为社会伦理价值的核心，那么反映这种思想的价值理论，必然会将人们之间的利益竞争作为促进经济发展的动力，并会得出人们之间利益关系的斗争性的结论。反映绿色经济伦理价值的价值理论则与此完全不同。作为反映人与自然和谐统一伦理观念的价值理论，将生态环境和公共性自然资源作为经济系统的一个有机组成部分来对等，它们不仅具有价值，而且具有价值创造功能，这种功能是与它们的价值存量成正比的，所以要得到更多的资源价值，就必须保护资源和积累资源；作为反映人与人公平公正要求和共同参与相互合作的思想，绿色经济的价值理论认为社会剩余主要是人们之间相互协作的成果，该成果的大小与人们之间的合作互助的良好程度成正比，因此它不仅决定于机会的公平程度，而且取决于分配结果的公平程度和公正程度，所以绿色经济的价值理论在鼓励人们之间进行竞争的同时，更鼓励人们之间的相互合作、相互协同，为建立更有效率的社会而共同努力。这种价值理论不仅符合系统论和协同性原理，与现代管理理论和管理实践更为一致，而且能够促使社会的进步和完善。

不同的价值理论会产生不同的价值政策或价值制度，而不同的价值政策则会产生不同的行为后果或不同的资源配置效果。受传统价值理论和价值政策支配的传统经济发展，将经济引导到不可持续的地步，而受绿色生产价值理论和价值政策支配的现代经济发展，则将经济引导到持续发展的良性循环的轨道上来。正由于价值理论具有这种作用，所以使它成为经济理论的基础。

由于人的经济行为是受价值观念与价值政策支配的，不同的价值观念与价值政策必然会对经济产生不同的后果，因此利用良好的价值观念与价值政策来促进绿色经济的实现就显得十分重要。我国当前绿色经济中产生的许多问题，如生态环境的恶化，自然资源的短缺，分配中的两极分化等，都是当前这种不符合绿色经济要求的价值观念与价值政策的结果。

一定的价值观念是由一定的社会伦理价值决定的，因此建立起反映人与自然和谐统一和人与人之间互助公正的社会伦理价值，是建立符合绿色经济要求价值观念和价值理论的重要内容，而符合绿色经济要求的价值观念则会成为推动绿色经济的重要手段。例如，通过建立生态环境和自然资源具有价值的价值观念，将会促使人们保护生态环境和珍惜自然资源；通过建立系统协作的价值理论，会促使人们之间和衷共济，实现人们之间利己利他的平衡等。

第 3 章

绿色生产的实现方式

绿色生产要达到自己的目标，就必须通过一定的方式或者组织形式与工具来实现。本章就是对这些内容的分析。

3.1 绿色生产与生态市场经济

事实证明，市场经济是人类有史以来在资源配置方面最有效率的一种组织方式。这种情况说明，绿色生产要实现自己的目标，就一定要通过市场经济方式来实施。

3.1.1 市场经济与生态市场经济

现代社会变革的一个重要内容是市场经济向生态市场经济的转换。

3.1.1.1 市场经济的本质内容

所谓市场经济就是整个社会的资源配置，如生产、交换、分配和消费等的实现是通过市场交易来完成的，无论是要素还是产品，都以商品的形式实现自己的功能。

任何社会的生产都是通过要素的结合来实现的，要素的不同结合方式成为划分不同社会经济制度最重要的标志。市场经济不同于传统经济方式的地方，就是它的整个资源配置都是通过市场交换方式来实现的。市场经济作为商品经济发展的高级形态，不仅产品成为商品，而且要素也成为商品，整个社会再生产的一切活动都通过市场交换实现。

作为一种资源配置方式，市场经济是一种文化。作为一种文化来说，市场经济是那种强调机会公平的文化价值的制度体现。其具体表现在这几方面：①人们或供求双方在市场上是以（法律上）平等的地位出现的，无论是作为要素还是消费者，双方在市场上公平地达成交易；②人们的行为特征具有普遍性的行为模式，即追求具有同一性的货币，或者说在市场经济中，货币成为具有普遍性的商品，一切经济活动只需追求货币，从而将不同的行为特征协调成具有普遍性的行为模式，并以人们所得货币的多少作为衡量效率大小的标准；③不同性质的资源该如何配置，是以货币衡量的价格高低来决定的，从而使市场经济中的一切活动都服从于成本与效益的比较，并以取得最大的净效益为标准；④资源配置效率的衡量标准是统一和公平的，也是看各自获得利润的大小或利润率的高低，这有效地解决了资源该如何配置的问题。市场经济同时也是一种经济体制。作为一种经济体制，市场经济确定了参与市场过程的行为主体的资格（即能够承担自身行为后果的独立法人）、交易过程的行为规范、市场组织方式等。

3.1.1.2 生态市场经济

生态市场经济实质上是绿色市场经济。虽然我们认为，当今意义上的“生态”内涵要比“绿色”更丰富[①]，但两者在本质上是相同的，在可持续发展经济学与生态经济学领域，有相当一部分人将“生态”等同于“绿色”。

从本质上说，生态市场经济也是市场经济，只不过是一种特殊意义上的市场经济，更准确地说，是一种强加了人类特种意识形态和法律制度的市场经济。然而，由于被冠以了特定的前缀，这种市场经济就不是完全的自发的市场经济，而是带有某种特定内容，在本质和运行机制等方面有自己的特殊性。

从理论上说，生态市场经济最主要的内涵包含两方面的内容，①它是在生态文明指导下的一种经济组织形式；②它在整个再生产过程中必须遵循生态学的基本要求。

作为生态文明指导下的市场经济，首先要遵循生态文明的价值伦理或世界观。

---

① 杨文进、柳杨青：《论市场经济向生态市场经济的蜕变》，载《中国地质大学学报》2013 年第 3 期。

由于人类只是生态系统中的一个有机组成部分，它的生存发展都依存于生态系统的完整性，因此人类在利用自然造福自身的过程中必须充分敬畏自然、尊重自然、关爱自然，平等对待一切生命形态；在人与人的关系上，必须树立地球之舟的观念，彼此之间必须相互尊重、协作与友爱。更重要的是，要把这些观念贯穿在市场经济组织的方方面面，每种资源的价值量必须充分反映它们在生态系统中的功能。

生态文明的内容要在实践中得到有效实现，就必须通过一定的制度来保证。作为生态文明统辖下的经济组织形式，生态市场经济的制度必须充分体现生态文明的制度要求，即在市场机制组织的资源配置的每个方面都由反映生态文明的制度安排来保证，如通过一定的制度安排，使人们在生产过程中以保护生态环境获得的利益大于损害生态环境的利益，同时通过制度来保证社会共同富裕的实现等。

任何一种更高新的文明都必须更好地满足全体人民的各种需要，生态市场经济也同样如此。为满足生态学的能量转换规律要求，生态市场经济虽然要限制自然资源的数量利用并有效地保护生态环境，但它却不是一种无增长的经济，更不是一种低效率的经济。人的需求是无止境的，满足不断增长的各种需求同样是生态市场经济的目标。不过与以往那种以不断扩大对资源消耗和环境破坏来追求增长的生产方式不同，生态市场经济必须在严格限制对自然资源利用并使生态环境不断改善的基础上实现经济增长。要做到这点：①必须不断地提高资源利用效率的技术进步速度，同时通过生态创新的方式来提高可再生资源的能源转化效率，以使在生态环境允许的最优生产边界内的物质产品总量最大化；②通过调整生产与消费结构，如由当前的物质生产与消费为主的经济，转换到以生态产品与精神文化产品生产与消费为主的经济体系，这样不仅能够做到资源的有效配置，而且能够保证经济的无限增长，更主要的是，这能够给人类带来更大的福利满足。

生态市场经济既然是生态性质的市场经济，那么它就必须服从生态学对人类社会的一般要求。所谓生态学原理，就是人类社会生产必须服从食物链的依存转化规律，资源的消耗不能超越自然界的更新和技术替代限制，废弃物的排放不能超过自然界的净化能力，生命之网的完整性不能被破坏等。这种情况反映到市场经济中来，也就是人类在再生产过程中，人口数量必须被限制在维持一定生活水平基础上的生态系统承受能力，生态环境和自然资源的价值必须能够得到充分的反映，以保证资源环境的可持续性。

从理论上说，生态市场经济就是生态经济在当前制度上的一种实现形态。所谓

“生态经济”就是整个国民经济的生态化。国民经济的生态化是指以生态学和经济学基本原理来共同组织整个经济活动，以达到最优的资源配置。这个定义虽然简单，但其中蕴涵的内容却十分丰富。①作为食物链中的一环，人类与其攫取的食物和各种自然资源的数量，必须保持在一定范围内，因而人口数量的控制也必须严格保持在自然界的容量限值范围内，如果超过这个限值，最终会遭到自然界的猛烈报复。②在组织经济活动中，必须像生态系统的物质循环那样做到资源的充分利用——自然生态系统没有废弃物，使各种资源不仅做到循环利用，而且不对自然界造成损害，如有可能还必须不断地改善（已被人类严重破坏的）生态系统。③整个经济活动必须满足人类经济利益所要求的收益大于成本的原则，也就是所进行的经济必须增进人类的利益。同一切生物一样，人类所从事的一切有目的的活动，最终目的是为了满足自己的利益需要，这种利益需要的满足及满足的程度，在当今是通过货币计量的成本与收益，并以收益是否大于成本来表示的，只有当收益大于成本时，人类才能从中得到一定的利益；如果收益小于成本，则表示人类从事的活动是得不偿失的。作为利用生态学原理来组织的生产，且自然界没有废弃物，那么生态经济必然是最有效率的经济组织方式。生态经济计算成本与收益的核算体系和计价标准，与传统经济（学）是不同的。在生态经济这里，它的价值理论是生态经济价值理论或可持续发展价值理论。这种价值理论的特点，一是将整个自然界或生态系统纳入价值计量和核算体系，即一切能够增进人类利益的来源或源泉都具有价值，因此自然资源和生态系统必然是有价值的；二是它不是从个人利益，而是从人类作为一个整体的利益来看待价值的，那些可增进个人利益但会损害整体经济的行为，不仅不被看作是增加价值的活动，反而被认为是一种减少社会价值的活动。生态环境的价值通过两种方式来体现：一是作为生产要素进入生产系统，其价值通过生态资本形式得到反映；二是作为满足人类物质与精神文化需求的生态产品作为消费品进入经济系统，其价值通过生态消费得到反映。

3.1.1.3 市场经济向生态市场经济的转换是当代社会变革的重要标志

要特别指出的是，生态市场经济既不是离现实遥远的理论蓝图，更不是海市蜃楼，它早已存在并正在深化，影响你我并改变世界。生态市场经济对市场经济的取代，更准确地说，市场经济向生态市场经济的蜕变，已经成为当代世界变革最显著的标志之一。

20 世纪中叶以来，在人文关怀和自然关怀等伦理的影响下，劳工保护、种族和性别平等、消费者权益、环境保护、动物权益、企业社会责任、可持续发展、绿色生产与消费、低碳经济等运动在世界各地风起云涌，尤其是20世纪80年代兴起并快速席卷全球的可持续发展运动和进入新千年以来的“低碳经济”行动，更是影响深远。这些运动并不仅仅是一种思潮，而是实际的影响社会政治经济的行动。这些行动需要实践的载体，按经济学的说法，就是需要具体的资源配置来落实。在当今社会，占主导地位的资源配置方式是市场经济，这是人类社会长期实践证明最有效的资源配置方式，尚无其他有效的资源配置方式能替代它。由此，这些体现生态文明和社会文明内容的各种运动，只能通过市场经济来实现自己的目标。无论哪种反映人文关怀与自然关怀的行动，都必须以市场经济作为自己实践的手段，而要通过市场经济来达到自己的目标，那么它们就必然将自己的意志（通过制度安排等方式）施加于市场经济中，使它的资源配置向着自己特定的目标前进，市场经济也就在此过程中发生蜕变而逐渐转化为生态市场经济。

市场经济向着生态市场经济蜕变的表现，如在当今经济主体行为中，保护生态环境、保护劳工和残障人员的合法权益、节约资源、人文关怀与自然关怀的社会责任等，已成为整个社会共同的行为规范，是否具有这样的意识并付诸行动，尤其对生产者来说，已成为进入市场的基本条件，人们对商品的选择及其支付的价格水平，也是根据生产者是否承担了与社会伦理相一致的社会责任来决定的。在制度安排上，不仅确定了对人的“仁爱”，如制定了严格的劳动者保护、制定了强制雇佣伤残人员的规定及其奖罚制度、禁止各种形式的种族和性别歧视等，而且将这种“仁爱”扩展到动物，如规定各种饲养动物的养护密度不能高于某些标准；对涉及环境保护、人身安全、社会公共道德等方面的再生产过程进行了严格的规定等，绝大部分都通过市场机制得到体现，如主体与产品的准入制度及其标准必须符合共同的价值标准；这种价值标准在市场需求方面得到确认，如那些符合生产标准的（同质量）产品更受消费者偏爱，并且愿意支付更高的价格，而对违反标准的产品则给予抵制。同时，无论是生产者还是消费者，尤其是大企业被要求承担起利他的环境保护和社会公益等方面的社会责任。

市场经济对社会经济环境的作用发生的这种转变说明，市场经济作为一种配置资源的手段，其本身对社会和环境的影响是中性的，具体的作用结果取决于社会施加其上的伦理标准和制度安排。传统市场经济之所以对社会和生态环境造成不良影响，是传统伦理和制度安排的结果，如传统伦理认为，世界万物都是供人类驱使的，生态环境和公共资源是没有价值的，市场规则是丛林法则在人类社会的表现，金钱是万能的等，由此造成生态环境的严重破坏、资源的耗竭、严重的两极分化等一系列社会和生态灾难。但也正是这些灾难，促使社会对此进行深刻的反思，由此才会发生 20 世纪中叶以来的包括伦理、制度等方面的社会变革，促使传统的市场经济向当今的生态市场经济转变。当人类社会将反映人与人和人与自然和谐的伦理与制度施加其上时，它自然会向着人文关怀与自然关怀的方向前进。正因为这样，所以我们特别强调社会伦理价值及反映其要求的制度安排的作用。

3.1.2 绿色生产必须利用市场经济

既然市场经济是最有效的资源配置手段，市场经济又正在向生态市场经济转换，因此绿色生产要有效地达到自己的目标，就必须充分地利用市场经济。

一定的社会选择是特定历史时期社会主要矛盾和客观社会需要的产物，市场经济的资源配置只是反映这种需要。当社会需要变化时，市场经济必然会对此做出积极反映。一定需要的满足程度是与该商品的供给量密切相关的，随着供给的变化，一定量商品给个人和社会的满足或效用是会发生变化的。当物质需要在供给不断增加而得到日益提高的满足时，一定量商品的市场价值必然会下降；在此过程中，随着生态环境的日益恶化，生态产品的供给会日益短缺，生活水平提高所要求的生活质量提高更是会加强这种短缺状况，由此一定量生态产品的市场价格会不断上升，物质产品与生态产品这种非均衡的变化必然会反映到市场经济的资源配置上来。因此，绿色生产必须充分利用市场机制的功能，通过调整不同产品的价格参数或产品的供求状况，来调整不同商品的市场供求状况，如通过税收等来提高会对生态环境造成损害的产品价格，或者通过税收或财政补贴等来降低那些符合绿色经济要求的产品价格，以扩大市场需求或提高生产者的效益等。这方面的调节，必须以市场机制调节为主，数量调节为辅，甚至尽量不使用数量调节手段，同时也不用或少用价格保护政策，因为实践证明这些手段的效果很差，有时甚至会走向事物的反面。所以在这方面，对市场的利用必须能充分地发挥其作用机制。

就一般性（私人）资源来说，市场机制总是能较好地解决它的供求平衡。实践证明，凡是受市场机制调节的资源，都不存在绝对意义上的短缺。世界上凡是严重短缺的资源，都是那些不受市场调节或市场调节能力弱的资源，如我国的水资源等。

不过在这方面，要满足特定目标的绿色生产，需要政府在一定范围内对资源价格进行必要的调节，如为了提高能源的利用效率，政府可以不断地提高能源效率标准，如规定汽车百公里的油耗必须低于某个强制性标准，或者通过税收提高能源的使用成本等。

为了促进绿色生产的推进，明确的产权界定是最为有效的手段之一。在改革开放前后，有一个情况我们应该是记忆犹新的，即在我国的山地林权改革前，这些权益都是集体或国家的，但利用它们所获得的利益却往往是私人的，因此出现严重的生态环境破坏。在这种情况下，我国“大跃进”前还满是森林的山地，遭到毁灭性的破坏，森林覆盖率和森林质量不断下降。改革开放后，经过制度的改变，即将林地产权交给个人，因此我国的森林覆盖率不断上升。这种现象，显然是市场经济和产权明确作用下的绿色经济结果。这说明，要使市场经济成为绿色生产的有力武器，就必须建立起产权清晰、利益明确、职责分明的所有制制度、产品分配制度等。要使市场机制能够有效地促进绿色生产的发展，需要对那些在人们之间或区域之间能够明晰产权的自然资源和生态环境的产权清晰化，如我国草地、林地、耕地的产权可直接分配到户；一些矿藏资源也可通过拍卖的方式将产权售给个人或企业。因为个人或小团体与产权的利益关系要比大团体的利益关系紧密，从而产权应尽量落实到与利益关系更密切的利益主体，如矿藏资源由国家统一所有，不如由矿藏所在地政府所有，更能提高矿藏资源的利用效率。目前各地政府纵容人们从事小矿产的开采，就是因为矿藏本身不是地方政府所有，但采矿所产生的利益却主要归地方所有，由此遭受的损失则是国家承担，所以会促使地方政府容忍甚至鼓励人们从事这种行动。如果矿藏所有权归所在地政府，相信它们绝对不会允许这种没有规划和组织的采矿行为发生。在产权明确的前提下，市场经济将成为实施绿色经济的有效武器。

要确保绿色生产在市场经济条件下得到有效实施，不仅需要产权明确，而且需要产权规模达到一定程度，否则仍难以实现资源的优化配置。只有规模达到一定程度，才能做到外部影响内部化，从而促使生产者在生产过程中采用绿色环保生产方式。我国绿色生产目前尚不深入的原因之一，是我国厂商的生产规模普遍较小，如我国农村生态环境的恶化，除了土地产权不明确（经营权实际上也不稳定）外，产权或经营权规模小更是主要的原因，因为在这种小规模产权基础上，人们保护生态环境的努力是得不到补偿的，如某个人希望通过生物方式，如青蛙来防止虫害，因而在自己的农田中保护青蛙，但害虫与青蛙都是会运动的，如果周围农田的人们不采取这种做法，这个人的努力是不会有任何结果的，所以产权规模是决定可持续经济发展的重要条件之一。这一点在环境和资源保护方面更为突出。虽然这并不是说产权规模越大越好，但在资源优化配置方面，任何产权都有其合理界限，较大程度地偏离这个界限，会降低资源配置的效果。

市场经济与绿色生态生产相融合的一个重要途径，就是生态市场经济推动的技术进步会不断地改变绿色生产的条件和范围，使原来的黑色生产转换为绿色生产。例如水泥生产中会产生大量的粉尘排放，对生态环境和人体是十分有害的，总是导致企业与周围各利益主体的严重冲突，但随着粉尘回收技术的不断进步，使得粉尘回收的效益远远超过回收成本，这样的冲突也就缓和下来。随着技术进步和市场价格提高，一些原来排放有毒、含重金属污染的企业，通过回收利用，不仅做到了外部不经济的内部化，而且成为所在企业提高效益的明显手段。

市场经济的一个最明显的功能，就是它有不断推动技术进步的动力机制。随着技术进步，生产过程中的成本收益关系将会发生改变，一些原来外部不经济的生产方式可能转变为内部经济生产方式；一些原来内部不经济的生产方式，也可能转化为内部与外部都经济的方式（如植树造林等）。虽然技术进步也给人类带来副作用，但人类社会发展过程中产生的各种问题，最终还是要靠生态文明和可持续发展指导下的技术进步来解决，而最能促进技术进步的作用机制就是市场经济。传统经济发展过程中一切不符合和谐生态经济的问题，最终还是要靠市场经济中的技术进步机制来解决。所以，市场经济与和谐生态经济之间存在着天然融洽的一面。正是在市场机制的作用下，近几十年来，有关提高资源利用效率、环境保护、绿色生产的技术层出不穷，并以越来越快的速度发展。

市场经济另一项促进绿色生产的功能，就是它会根据社会意识和需求变化而不断地调整价格关系，使整个社会的资源配置重心不断向符合生态需要和绿色生产的方向发展。正如前所述，随着近些年来生态意识和绿色消费观念的不断加强，市场及时地对物质产品与生态产品、传统产品与绿色产品的价格关系进行了调整，使利益分配的重心日益向后者倾斜，由此引导整个社会的资源配置重心发生相应的变化。没有市场经济对这种利益关系的及时调整，绿色生产和绿色消费，不会如此方兴未艾。利益调节的杠杆作用，要比其他手段更加有效。

总之，绿色生产要达到目标，一方面必须将生态文明意志施加于市场经济之上，也就是必须将生态伦理与绿色经济的要求，通过制度、政策与舆论等置于市场机制之中形成真正的生态市场经济体制；另一方面则必须充分发挥生态市场经济的作用，通过这种包含了生态伦理与绿色经济内涵的市场机制对资源配置过程的方方面面进行有效调节，由此才能实现目标。

3.2 绿色生产与技术进步

前面讲到，绿色生产不仅要充分体现人文关怀与自然关怀，而且必须是有效率的，要实现有效率的目标就必须充分利用并发展各种能够提高绿色生产效率的技术，所以，技术进步在促进绿色生产方面具有特别重要的意义。

3.2.1 技术进步性质

技术作为人类利用与改造自然与自身的一种工具，是人类在智力与体力上放大自己能力的一种有效选择，正是这种选择，使得人类最终从动物界中独立出来而成为统治地球的主宰，然而，如同任何因素对人类与自然都具有两面性一样，技术及其进步也同样如此。

如果说市场经济与资本产生以来，人类在取得巨大进步的同时，也对生态环境造成严重破坏并极大地消耗了自然资源，那么其中最重要的原因就是“技术进步”。技术进步通过无限地拓展人的体力甚至智力，使得人类在改造自然方面取得了巨大的能力，这种能力在帮助人类社会取得巨大进步、生活水平不断改善的同时，也带来了一系列极其严重的社会后果。这种威胁不仅来自于生态环境恶化对人作为生物链中的一个物种的生存考验，而且来自于自身的毁灭，如品种繁多的大规模杀伤性武器，许多科学技术使用的不确定性等，有人预言毁灭人类的很可能就是人类自身（科学技术进步成果）。一个具有讽刺意味的现实就是，人类最先进的科学技术成果往往最先被用来或准备用来残杀人类自身。自然，如前面讲到市场经济与资本作用下的消极后果不能简单地归咎于它们而是一定制度安排的结果一样，科学技术的这些不良后果也同样如此，它们是一定制度安排缺陷的结果。

科学技术的这种性质说明，作为人类改造自然与自身的一种工具，科学技术会对人类与自然造成什么影响，取决于人类如何利用它们。同时，虽然科学技术利用中带来的问题也许比它解决的问题多，但这些问题最终还是需要科学技术的进步来加以解决。只是在此过程中，如同对市场机制与资本的利用一样，要加强对科学技术开发与应用的有效管理，将生态伦理贯穿于整个过程，同时对其实施严格的监管。

3.2.2 绿色生产中的技术进步

绿色生产中的技术进步，不同于一般意义上的技术进步，只有那些在促进经济发展过程中保护和改善生态环境和实现资源可持续利用的技术进步，才是符合绿色生产要求的技术进步。

绿色生产的科学技术，不仅包括自然科学技术，而且包括社会科学和管理科学及其应用。当前人类面临的问题，虽然从形式上看，是自然科学技术的落后，但与社会科学（包括管理科学）及其运用的落后是分不开的，而且这可能是更重要的。因为自然科学技术本身是中性的，它代表了人类在探索自然和利用自然方面所取得的进步，但它们的利用对人类却具有有利与不利的两面性，如原子技术，既可用来造福人类，也可用来危害甚至毁灭人类，其具体的结果就取决于人类对它的利用态度和利用方式，而这又决定于人类在社会科学方面所取得的成就和它们在政策上的具体运用，所以社会科学在促进人类进步与可持续发展方面的作用，一点也不比自然科学技术逊色。自然科学技术是要由社会科学技术来控制和利用的，前者是服从于后者的，前者的发展状况取决于后者的进步程度，不仅自然科学技术的使用和推广由社会科学决定，而且其本身的组织、投入等也都是由社会科学技术及其制定的政策决定的。在经济发展过程中，一个国家科学技术的落后，往往是该社会在科学技术组织等方面管理科学落后的结果。17 世纪 60 年代至 18 世纪后期，英国是世界科学的中心，但由于其长期不重视科学的组织管理和教育工作，到 18 世纪 70 年代，它的科学领先地位不得不让位给更重视科学教育和科学普及工作、使科学精神深入影响社会和人民生活甚至文学作品的法国；直到 19 世纪 30 年代后，由于重视这方面的工作，才使英国的科学水平重又赶上法国。20 世纪 50 年代前一直在科学技术领域处于世界领先地位的美国，在航空领域方面一度落后于苏联，结果发现是其教育体制落后的结果。这些事例，都证明自然科学技术的发展往往依赖于社会科学技术的发展状况。社会科学技术在社会进步与经济发展方面的作用，可从我国改革开放以来的社会实践中得到有力的证明。在该时期，通过社会意识和社会组织方式的变革，我国的生产力如梦幻般发展起来，自然科学技术也得到突飞猛进的发展。

所以说，可持续经济发展中的科学技术，是自然科学技术与社会科学技术的统一。从技术进步的角度看，社会科学技术的进步，必须能保证自然科学技术进步及其利用能促进可持续经济发展的需要，将其可能对人类和可持续经济发展造成的不利后果局限在一个尽可能小的范围内，同时它本身必须不断地促进社会制度、生产组织方式和消费方式的创新，促进生产关系和分配关系的完善等。

社会科学和管理科学的作用，不仅在于为自然科学技术的发展及其利用创造条件并规范和控制它的利用，而且它本身会直接推动生产力的发展。从劳动生产率方面看，经济的发展不仅来自于因自然科学技术进步产生的产品更新或创新、资源利用效率的提高、劳动生产率的提高等，而且也来自于社会科学在组织创新和对生产方式、交换方式等更合理的安排。因为社会生产过程的组织主要是由社会科学来实施的，它进行的组织创新能有效地提高全要素的生产率。在许多方面，如金融保险、生产组织和流通方式等，我国与发达国家之间的差距并不是在技术方面，而是在管理方面。管理水平的落后，使我国的生产力或生产要素不能得到有效的发挥。20世纪 50 年代初期，在经济规模方面我国与日本大致相当，但由于我国的社会科学落后，结果到改革开放时，日本已成为世界经济强国，而我国却仍在为温饱而努力，这说明了社会科学的重要性。我国近代以来社会经济发展的落后，主要原因之一就是社会科学技术的落后。然而，重视自然科学技术与忽视社会科学技术的状况，至今仍然没有得到根本的改变。因此，改变观念、加强社会科学技术的研究与应用，是我国实现强国之梦和绿色经济目标的必然选择。

绿色生产的技术进步是指包括自然科学技术与社会科学技术在内的科学技术，能满足绿色生产的需要，具体来讲就是技术进步能够满足自然资源永续利用的需要，满足生态环境不断改善或生态资本积累不断增加的需要，满足生产效益不断提高，保证人民的各种福利不断增加的需要，保证社会制度不断完善的需要，保证技术进步尤其是技术利用不对人类造成重大危害的需要，保证生态环境向有利于人类发展的方向运动等。

3.2.3 绿色生产需要不断的技术创新与生态创新

从根本上说，当前出现的环境问题、资源问题和其他各种社会经济问题，都是科学技术落后的结果，但同时这些问题的存在又是促进技术进步最主要的动力。社会需要是最好的创造之母，历史上几乎所有重大的发明创造都是社会需要的结果。人类社会就是在这种问题的出现与解决的过程中不断前进的。绿色生产中的技术进步，就是要使技术进步的速度能使这些问题不积累到威胁经济发展和人类福利改善的程度。

显然，绿色生产要达到自己的目标，不仅要对技术加以合理的利用，而且要加强技术的研发，只有这样，才能实现高效率的目标，否则将无法应对其他生产方式的竞争，正如传统的绿色农业生产因无法与其他生产方式竞争而被迫退出市场一样。但是，绿色生产作为一种为达到特殊目的的生产方式，它对科学技术的利用必须是有选择的，即科学技术的利用与开发必须符合生态伦理的规范要求，体现绿色生产的人文关怀与自然关怀精神，为实现这个目标，实施绿色生产的社会主体，即政府或国家必须将承载生态文明的制度、政策以及相应的调节机制等施加于科学技术利用的一切方面。

在技术利用方面的一个窘境是，一项技术对人类社会与生态环境的影响往往难以在短期显现，如生态环境最小的时间计量单位往往不小于 50 年，现代人类又是急功近利的，由此带来巨大的技术利用风险，如“六六六”与“DDT”农药的发明与利用曾被认为能给人类带来重大利益而在当时享有极高的社会评价，然而事实却证明，它也给人类与环境带来了灾难，由此在许多国家被禁用。在科学技术的利用方面，类似的情况可以说是不胜枚举。这种情况说明，在利用技术进步促进绿色生产方面，必须特别谨慎且具有足够的耐心。

不过，虽然技术的利用具有一定的风险，但也不能因噎废食。在促进绿色生产方面，必须加强符合绿色经济要求的技术创新与生态创新。

技术创新是指整个技术系统的创新和把科技成果引入生产过程所导致的生产要素的重新组合，并把它转化为能在市场上销售的商品或工艺的全过程。从经济学角度看，技术创新的主要目标是为了获得经济利润（主要是超额利润），因此从本质上讲，技术创新是经济创新，是科技开发与经济发展的有效结合与协调发展。技术创新的内容说明，科学技术的进步只是技术创新的内容之一，技术创新的内容还包括生产组织或要素组织方式的创新、商品营销方式的创新等。这说明，技术创新既是生产力的质量和数量的不断变化或创新过程，同时也是社会生产关系和生产方式的变化或创新过程，而且还包含了部分上层建筑的内容，从而是整个社会财富生产过程的变革过程，所以，要促进一个社会的技术创新，不仅需要科学技术方面的不断进取和大量的投资，而且需要进行社会生产关系、生产方式和政治体制方面的不断变革。这正如世人公认的中国人很聪明，但国内在技术创新方面却鲜有所成，而在国外，华人在科技创新方面的能力得到了较好的体现，这充分说明了制度和体制在技术创新方面的重要性。虽然科学技术进步会推动这些方面的变革，但科学技术的进步本身就需要这些方面的变革为前提条件或动力。

技术创新对绿色生产的作用是巨大的。它通过对各要素的渗透改变它们的性质，同时改变生产工艺过程和生产组织方式，提高各要素以及它们之间的综合生产力。技术创新对新产品的开发，能够不断创造出新的社会需要而推动经济增长。技术创新还是推动制度创新和生态创新的重要力量和技术保证。

当技术创新用于改善生态环境并造福人类时，就形成生态创新。生态创新是指一个社会通过努力不断改善生态环境的状况，使它更符合人类持续发展需要的一种过程，或者说是为了满足人类社会持续发展及其产生的对生态产品不断增长的需要，在尊重和认识自然生态规律并建立起人与自然和谐相处的新型关系基础上，通过对现有各种社会关系和技术手段的创新，不断地提高生态系统的生态产品生产能力，同时做到人类社会经济发展与生态环境和生态资本相互促进的一种过程。从理论上说，生态创新属于生态文明中一个社会满足人民群众对生态需要能力的体现或组成部分，由于这种能力不仅与生态技术有关，而且与制度安排和思想观念等也密切相关，因此在某种意义上可以说，生态创新也是生态文明的重塑过程或深化提高过程，从而可以将它视为生态文明本身。从这个角度看，生态创新体系包括人类社会的生态文化创新、生态制度创新、生态组织创新、生态科技创新、生态系统创新、生态产业创新、生态资本创新、生态经济创新、生态社会创新等，是它们的有机统一。

生态文化创新是指以生态学思想为基础、以可持续发展为指导，在尊重自然和自然规律的基础上，重新塑造人类社会对人与自然以及人与人之间关系的认识，或者说对原有的建立在人与自然以及人与人之间对立基础上的世界观进行变革，建立起人与自然是地球之舟上相互依存的组成部分，所有人的生存都取决于其是否与他人相互合作、与自然是否和谐相处的思想观念以及相应的社会文化。前面讲到，人的观念是决定生态文明处于什么阶段和向什么方向转变的决定性因素，因而是整个生态文明的基础，所以生态文化的创新是整个生态创新体系的基础。

生态制度是指为满足社会生态需要和可持续发展要求这一目的有关的各种制

度安排，如保护野生动植物，减少大气与水污染，清洁生产的法律、制度（包括激励机制等）和各种社会规范等。因此生态制度创新，也就是将生态学与可持续发展的原理与要求相结合并渗透到一切与人类生态需要满足和绿色经济有关的制度和文化中，或者说一切与生态学和绿色经济要求不相符合的制度都必须进行改革。生态制度创新是生态创新中最核心的内容，是生态创新能否实现的根本保证。这是因为人的行为，尤其是在市场经济条件下人的具体行为，是由一定的制度安排决定的，一种保护生态环境的制度安排，会使人们的行为符合生态经济的要求；而一种与生态经济要求不相符合的制度安排，则会使一些具有良好生态理性认识的人们的实际行动违反生态经济的要求。

生态组织是指与生产生态产品和生态环境保护等有关的各种组织，如企业、科研教育机构、生态管理部门等。生态组织创新也就是这些组织为加强生态创新，提高社会对生态产品的生产能力等而进行的组织结构、组织文化、管理方式等方面进行的创新活动。

生态科技创新是指生态科学与生态技术创新的统一。生态科学是人类对生态环境、生物、动物等对象和本质及其联系等一系列具有规律性的新认识和新发现。生态科学创新就是人类通过探索而不断加深对自然生态规律的认识，从而不断更新已有科学知识的过程。从理论上讲，生态技术就是生态科学在生态经济中的具体运用，因此生态技术创新，也就是不断地将生态科学创新的内容运用到整个社会再生产的实践过程。不过，根据现有技术创新的内容和定义，技术创新不仅是新的科学知识的运用，它还包括生产经营系统和组织的创新、开辟新市场、推出新产品、进行金融创新等方面的内容，因此它是一种比单纯地将生态科学创新的内容运用到社会再生产中更为复杂的过程。生态科技创新则是生态科学创新与生态技术创新的有机统一。生态科技创新是保证生态创新目标实现的手段，同时还是实现生态文化创新和生态制度创新的重要基础。因为只有对生态系统和自然规律的认识得到加深，人们对自然与人之间关系的认识才会更加正确，从而建立起正确的世界观；只有在生态技术方面取得较大进展，相应的制度安排才可能出现并且得到较有效的执行，所以生态科技创新是保证生态创新实现的主要手段。

生态系统（指相对狭义的生态系统，即自然界）创新是以生态学原理为指导、以生态科技创新为手段，对生态系统进行改造，使它向更加健康、与人的关系更加协调、生产力更高的方向运动，以满足可持续发展和人类对不断增加的生态产品的需要。之所以要进行生态系统的创新，是因为单纯的自然生产过程满足不了人类日益增长的生态产品需要。实际上，人类进入文明社会以来就在不断地进行生态系统的创新，农业与畜牧业的革命与进化是这方面创新的典型代表。不过要特别注意的是，虽然生态系统创新可以满足人类在一定时间内增长的生态需要，但它对生态环境及人类社会到底会产生什么样的影响，却是人类现有的知识所难以预测的。

生态产业本质上也就是绿色产业，但在我国却主要被定义为环保产业，主要指环保科技的开发、环保设备的生产和制造，以及利用这种设备与技术进行环境污染控制、处理与服务的产业的总称，这种定义显然是极其狭隘的。从理论上说，生态产业是一切与生产生态产品与生态环境和自然资源保护（它们的本质实际上也是服务于生态产品生产的）有关的一切生产活动。它包括生产各种狭义的生态产品产业部门，如植树造林部门、旅游服务部门等；从事环境保护的部门，如环境保护科研与生产部门等；生态产业创新是所有这些生态产业部门向更加符合生态学和生态经济要求，向提高生态产品生产效率方向运动的过程。生态产业创新的内容，不仅包括生态产业部门中各种技术的创新，而且同样包括生态生产观念、制度等各方面内容的创新，是一切有关生态产品生产与生态环境保护等有关内容，向加强人与自然和谐相处和提高生态系统生产能力方向转变和深化过程的统一。

虽然资本作为一种价值形态在只具有量的大小而不会有质的变化，但由于一定的生态资本是与一定的生态财富或生态要素结合在一起的，而生态要素或生态财富是有质的特征的，因此从这种意义上说，生态资本也具有一定的质的特征。这正如经济资本由于对应于不同技术水平的生产资料时具有不同质的特征，从而具有不同的生产与盈利能力一样。所以要提高一个社会在生态产品上的生产能力，就必须不断地改进其拥有的生态资本的质量和组织，这也是生态资本的创新过程。具体来讲，生态资本的创新，就是通过引进新的生态科技、新的生态产品（需要注意的是，生态资本首先是由一定的生态产品或生态产品价值转化而来的）的组织方式、新的生态观念、新的生态制度等，在加强生态资本积累的同时，不断提升它的质量和在生态生产过程中资源配置的效率，以达到改善生态环境（这同时也是生态资本积累的过程）和提高生态产品生产能力的目的。

生态经济或绿色经济，狭义看就是生态产业的活动，广义看则是整个国民经济的生态化过程，即通过生态文明创新，使整个社会再生产过程都符合生态学和生态经济的要求，以实现可持续发展的要求。这里的生态经济创新就是这种广义上的生态经济创新。具体地说，生态经济创新是用生态学原理和生态经济及可持续发展的要求，对整个经济进行改造，不断提高整个国民经济的绿色程度和资源配置效率，以保证人类三种需要之间的均衡增长，实现人类的最大经济福利。同生态产业的创新一样，生态经济的创新，也是一个与生态经济有关的文化观念、制度、技术等方面创新内容的统一过程。从经济学的角度看，上面所有的创新内容及其效果，都要体现或归结到生态经济创新中来，只有在生态经济上达到目标，这些创新，如生态文化创新、生态制度创新、生态科技创新、生态产业创新、生态资本创新等才算取得了效果，否则，这些创新将没有任何的实际意义，在实践中也难以得到有效执行。

生态社会或绿色社会创新是指将生态观念、生态经济思想、可持续发展要求等思想和文化引进并渗透到整个人类社会组织和一切活动中，不断地改变社会组织和文化，使其不断地向符合生态学和可持续发展要求的方向变动，实现人与自然、人与人和谐相处的目标，以实现人类的最大福利目标的一种过程。从理论上讲，生态社会创新是生态创新的最高层次。正如生态经济创新前面的所有创新都要归结到生态经济创新中来一样，生态社会创新前面的所有创新也都要归结到生态社会创新中来，并以生态社会创新的效果来衡量其他各个方面的生态创新。只有实现了生态社会创新，其他各个方面的生态创新才算得到实现并且有保证。如只有实现了人类社会中人与人之间在各方面的平等，人与自然和谐相处的平等关系才能真正确立，从而生态制度、生态组织、生态经济、生态文化等方面的创新才能真正实现。所以，加强生态社会创新，是实现生态创新的最主要内容。

由于各种创新都是生态创新系统中的有机组成部分，因此它们之间存在着相当程度的相互重叠部分，也正因为如此，要实现生态创新的目标，就必须对其中的各个部分进行有机的协调，使它们之间相互适应，否则，将会因为系统的失衡而使整个生态创新目标不能正常实现。

生态创新的本质，就是通过技术进步不断地改变原有生态系统的平衡状况，以提高其生产力来满足人类持续发展对它的需要。这是因为平衡系统的生产力对人类的需要来说是很低的，而人类对生态产品的需求却是随着经济的发展而不断增长的，平衡系统的生态环境显然不能满足这种需求，所以为了满足人类不断增长的需求，就必须对生态系统进行创新。自然，这种创新是要推动生态环境不断进化，使它在动态过程中实现一种相对的稳定。人们知道，从生态系统产生以来它就不是平衡的，而是在不断地发生改变，并在这种改变中不断地进化的，人类自身也是这种进化的产物。近几百年来，人类对生态环境的影响日益明显，并且基本上使生态环境朝退化的方向发展，如生态环境质量近几百年来一直在不断恶化，人类在得到更多物质产品的同时，却面临着有史以来最严峻的生态危机。生态创新就是要改变这种状况，以使人类得到数量不断增加和质量不断改善的生态产品的同时，保证生态环境向进化的方向运动，使生命支持系统不断加强和完善，以实现人类持续发展的目标。我们知道，作为一个物种来说，人类的最大福利就是种族的繁衍和发展，而这依赖于生态系统的状况，依赖于其他物种的生存和发展状况，所以要实现人类的最大福利，就必须不断地对生态系统进行创新，使它更符合人类的利益需要。这说明，生态创新的核心内容，就是要彻底改变传统上人与自然的对抗关系，建立人与自然和谐相处的新型关系和相应的伦理价值，使环境支持系统或生命支持系统不断向良性的方向发展，实现人类社会的最大福利。

前面讲到，虽然从特定的经济角度看，生态环境是作为可持续发展系统的一个组成部分存在的，但在实质上作为人类社会特有的可持续发展系统则是它的一个组成部分。作为既是可持续发展系统组成部分又是其载体的生态环境系统来说，其状况和变化对可持续经济发展起着决定性的作用。生态创新的内容，就是要保证生态系统能够支撑经济的可持续发展，其中最主要的是能够容纳并净化人类社会向生态系统排放的各种废弃物，保证生命支持系统不发生退化，从而在保证人类永续生存的同时，又满足可持续经济发展对各种生态资源和自然资源的需求，以满足人类不断增长的经济福利要求。所以生态创新是可持续经济发展的物质基础和生存保证。

从这些内容看，生态创新实际上就是绿色生产的实践过程。所以，不断加强以生态创新为主要内容的技术创新，在本质上是绿色科技，这是促进绿色生产的最有力保证。

3.3 绿色生产与资本积累

绿色资本积累是绿色生产的物质基础，同时生态资本的生产与积累，本身就是绿色生产的过程与结果，所以不断地加强绿色资本积累，是实现绿色生产目标的重要基础。

3.3.1 绿色生产中的资本构成

在绿色生产中，不仅要求资本总量的不断增长与质量的不断提高，而且要求各种资本形态之间保持合理的比例，并在相互转化与相互增殖的基础上保持生态资本存量非减性或有所增殖的资本总量，可以称之为“绿色资本”。这些资本形态主要有物质资本、知识资本与生态资本。

物质资本是以人造物质形态存在的各种资本，如厂房、机器设备、管道、道路等。在物质资本中往往凝聚了人类长期知识的结晶，因而是社会生产最主要的物质基础。

知识资本对不同的主体有不同的内容，对个人来说，知识资本也就是人力资本与能为个人带来利益的归个人所有的已编码或被外化的各种知识，如技术专利、归个人所有的知识产权等。对企业来说，知识资本则不仅包括企业内部的人力资本总和，而且包括由于人力资本之间的组合及其与其他要素组合所产生的各种知识性企业协作资本，如归企业所有的专有技术（保密的和公开的但受法律保护的专利技术等）、管理诀窍、组织结构、制度规范、组织文化、生产能力、技术创新能力、市场开拓能力、企业财务状况、企业的信誉、商标、员工的知识和忠诚、客户对企业的认同感、经营关系、市场营销方式等各种能影响企业协作力的因素，从价值或资本方面看，它就是企业的市场价值与财务资本之间的差额。从整个社会看，知识资本就是所有企业知识资本的总和（从整个社会看，超过个人人力资本的归个人所有的各种已编码的知识资本，已包含在整个社会的企业资本中），再加上各企业和个人在知识再生产过程中产生的外溢性的那部分知识，即一般知识所形成的社会性知识资本，再加上一个社会长期积累的社会性的知识资本，如一个社会的平均文明程度、长期积累的基础性知识、文化传统、宗教、法制的完善程度、历史形成的人们之间的关系或处理各种关系的方式、民族性格、对待自然的态度和方式、民族凝聚力、适应外界变化的能力等各种决定一个社会经济发展的知识性能力所形成的无形资本。

一个社会知识资本的大小及其增殖能力，决定着一个社会经济的可持续发展。这种资本具有极强的遗传能力，它不像物质资本那样容易受到战争和各种自然灾害的破坏而损毁。长期以来，人们注意到了人力资本的这种作用，如人们在解释“二战”中战败的原西德和日本战后重建所取得的惊人成就时，都将其归功于人力资本的作用，其实与此作用同样大的就是这些社会雄厚的非人力型的知识资本，如这两个国家的文明程度都比较高，长期积累了雄厚的基础性知识，民族凝聚力强，能适应外界的变化，法制较完善等，所以使它们能在很快的时间内重新崛起。如果一个社会没有较雄厚的非人力型知识资本，即使其有较丰富的人力资本，这些人力资本也不可能得到有效利用。长期以来，发展中国家大量的人才外流就部分说明了这种情况。世界各国的发展史表明，与各种有形的资本和人力资本相比，无形和非人力的无形资本的作用可能更大。

生态资本是存在于自然界可用于人类经济社会的自然资产。虽然生态资本是自然资产，但不能完全将其理解为“自然的恩赐”，这是因为在当今的生态资本中，包含着许多人类劳动和投资的产物，所以当今的生态资本，有相当部分是人造资本与自然资本结合的产物，如当今各国都将相当部分的支出用于环境的恢复和保护、植被的重建等。从资本的性质看，生态资本是通过生态环境自我活动和在人类合作下的活动而能生产出满足人类需要的各种产品的能力的现值。这意味着，一个社会生态资本的价值量，可通过它为整个社会再生产出的各种能满足人类福利的生态自然产品的数量和质量的高低来决定。

生态资本主要由四部分组成：①能够直接进入当前社会生产与再生产过程的资源环境，即自然资源的总量（可更新的和不可更新的所有自然资源总量）和环境消纳并转化废物的能力；②自然资源（及环境）的质量变化和再生量变化，即生态潜力；③生态环境质量，它主要指生态系统的水环境质量、大气环境质量等各种生态因子为人类生命和社会生产消费所必需的环境资源；④生态系统作为一个整体的使用价值，这是呈现出来的各环境要素的总体状态对人类社会生存与发展的有用性，如美丽的风景及向人们提供的美感、娱乐休息、满足人类精神文明和道德需求等生态服务功能。生态资本的这四个组成部分，是相互依存和互为制约的。例如，自然资源的总量和质量，决定着生态资源的再生产潜力；资源的再生产潜力同时决定着生态环境吸收及转化废物的能力；这种能力反过来也决定了生态环境的质量；它们间的有机统一，决定了生态系统对人类的总体使用价值；该使用价值的大小，则决定了人类对生态环境的态度和投资的大小，从而反过来决定了其他三方面的内容。在这里，生态资本与资源资本之间存在很大部分的重叠，为分析方便，下面将生态资本和资源资本并称为生态资本。

同知识资本由传统经济学研究中的外生变量转化为内生变量，是社会经济变化的结果一样，生态环境转化为生态资本则是生态环境变化的结果，是它在社会经济中的相对作用提高的结果。绿色经济理论告诉我们，不管社会经济形态关系如何，任何社会生产与再生产所需要的物质和能量，无一不是直接或间接来源于生态环境系统，所以社会经济系统的物质财富和人力财富最终都是来源于自然生态财富。

三种资本的总和构成了社会总资本，它的数量与质量决定着一个社会未来收益量，或者说决定着一个社会的可持续收入，资本积累的速度则决定着可持续收入的增长速度。

从三种资本都是绿色经济的组成部分来说，它们之间存在着一定的转换关系，如通过大量使用生态资本可节约物质资本的使用，或者通过再分配将生态资本应补偿的价值转化为物质资本的积累或知识资本的积累；在再生产过程中，生态资本的利用，如各种自然资源的利用可转化为物质资本的积累，或者人们直接消费生态资本，如到以生态资本为主的地区旅游、疗养等，生态资本也可直接转化为人力资本或知识资本。同样，在再生产过程中以物质资本和知识资本（包括人力资本）来替代生态资本，可减少生态资本的耗费；对生态环境的保护，物质资本和知识资本可以直接转化为生态资本。在实际过程中，通过社会生产力的组合效应和合理的社会分配，三种资本是可以共同增长的，这正是绿色生产的基本要求。自然，实际中也可以出现三种资本之间非均衡的运动。如我国三种资本间的关系，长期以来一直呈现物质资本与知识资本增长，而生态资本不断下降的情况，这种情况已成为严重阻碍我国可持续经济发展的瓶颈因素。

如果不考虑三种资本间质的区别，从价值形态看，似乎只要一个社会的总资本量不断增长，就能保证一个社会可持续经济发展目标的实现，但实际情况却并非如此。如果三种资本间的比例不协调，就可能出现这种结果。例如，一个社会积累了大量的物质资本，但缺少必要的知识资本，这些物质资本就得不到有效利用，积累了的物质资本就很可能在再生产过程中被浪费或耗费掉，经济的可持续发展就不可能实现。如果在社会总资本大量增加，物质资本与知识资本间的比例也保持协调，但生态资本的总量降低到某一程度时，仍然不可能实现经济的可持续发展，这正如当前我们积累了空前的物质资本与知识资本，人们也享受到了前所未有的经济福利，但可持续经济发展所受到的威胁和人类面临的生存和发展危机也是前所未有的一样，正是在这种矛盾面前，可持续发展思想才被提出而被人们普遍接受。如果没有这种矛盾，也就不会产生被世界普遍接受的可持续发展思想潮流。之所以会出现这种情况，是因为人们发现三类资本间的替代性是受到很大限制的，或者说它只能在一定的范围内有效，超过该范围，不同资本间的替代，尤其是物质资本和知识资本与生态资本间的替代是有严格限制的。这是因为，生态环境的不可逆性是普遍存在的，许多自然资源的开发利用都具有不可逆性，难以被人造资本替代，一种物种消失，无论多少人造资本都弥补不了其损失，所以说，生态资本的非减性或增殖性，是人类持续生存和可持续经济发展的基本条件。只有在这个基础上，社会总资本的增加，才能推进经济的可持续发展。

在自然环境没有价值的思想指导下，为了取得更多的经济利益，人类长期以来一直采用以牺牲生态财富来换取经济财富的做法，结果虽然使人类的物质财富和物质享受达到空前的程度，但却导致了严重的生态危机，并且使传统的经济增长方式难以持续下去，迫使人类不得不改变生产方式和消费方式，即由原来的以牺牲生态环境来推动经济增长和消费增长的做法，转为当今的以保护生态环境、节约自然资源的做法来推动经济增长，在此过程中，甚至可以以牺牲或降低部分经济增长和物质消费的做法来保护生态环境，以实现生态可持续性、经济可持续性、社会可持续性之间相互适应与协调发展的目标，从而取得人类社会的最大福利。

令人欣慰的是，生态资本的积累过程也是绿色生产的过程，如植树造林、对被破坏环境的修复等，都是生态资本积累与绿色生产的统一过程。

3.3.2 绿色生产与资本积累

资本是社会生产的基础，要有效地发展绿色生产并且使绿色生产有效率，就必须大力加强资本积累，同时做到三种资本结构的相对均衡。

如前所述，即使从资本的一般性质讲，资本也是促进社会公平与增加社会财富的有效手段，而资本积累更是促进生产力发展与人民富裕的，所以加强绿色资本积累是保证绿色生产有效的基础。更主要的是，对绿色生产来说，生态资本积累的过程同时就是绿色生产的过程，是两者的有机统一，所以加强资本积累就是有效促进绿色生产的统一。

与一般物质资本与知识资本的积累必须通过社会生产来实现有所不同，生态资本具有一定的自我修复与增殖功能，如休耕的土地具有自我肥力恢复能力，被人为破坏的环境如果实行封闭，那么多年后将得到恢复，因此在此过程中对遭到破坏的环境进行恢复式封闭，也可以起到绿色生产与资本积累的作用。生态资本的这种性质，使我们能够较好地利用它来实现三种资本积累之间的平衡。这种情况对我国当前来说尤为重要。因为在改革开放以来 30 多年的快速增长中，生态环境与自然资源遭到严重破坏，生态资本价值存量大幅度减少，所以增加生态资本在资本总量中的比例就显得尤为迫切。在此过程中，除了大规模增加对生态资本的投资外，利用生态资本的自我修复与增殖功能，无疑是增加生态资本存量的有效手段，而这同时也是最有效的绿色生产过程本身。

我们知道，当今社会已进入知识经济与绿色经济时代，所以知识资本（包括人力资本）和生态资本的积累必须优先进行。作为知识经济时代，其竞争已转化为知识创新和教育竞争，而知识创新的能力则取决于教育，教育的好坏则不仅取决于在这上面投资的多少，而且取决于教育体制和教育方针，取决于该教育体制下培养的人才是否具有创新精神和创新意识。只有培育出创新精神的人才，才能有效地提升绿色生产的效率。在这方面，我国与世界教育先进国家的差距非常大。在应试教育下，虽然我国学生学到的知识不少，甚至要远远多于教育发达的国家，但由于学生思想僵化，创新能力和适应社会的能力弱，所以真实质量却落后于后者。我国虽然已意识到这一点，并已着手进行改革，但积重难返，尤其是教育体制长期以来几乎成为被改革遗忘的角落，只是近期才被触及，所以要使我国的教育赶上世界先进水平，是任重道远。作为绿色经济，各国之间的竞争更是转向生态环境与人民健康的保护上，以此为目标的绿色标准与绿色壁垒在当今世界风行，所以只有加强绿色生产与绿色资本积累，才能为我国在世界舞台上争得立足之地。

要使一个社会的资本积累满足绿色生产的需要，必须有积累的动力和相应的制度保证。资本积累的动力主要来自于从中可得到的利益。对社会来说，这种利益是社会整体的经济发展和福利增加，对个人与企业来说则是经济利益，其主要表现是利息或利润。所以要加强绿色生产中的资本积累，必须为积累提供足够的动力，对来自于个人或企业的资本积累量，经济发展会通过市场机制的作用将其调节到与需要量一致的程度。除了那些外部影响大而需要社会或政府进行积累的资本，需要通过政治程序来确定外，由社会与个人进行的资本积累，应该给予足够的利益刺激。在这方面，不用太担心初次分配中的名义收入差距，要关心的应是消费领域的实际差距。因为如前面讲到的那样，资本积累实际上就是富人将自己获得的收入用于穷人消费，资本积累一定是有利于穷人的，所以在这要做的是鼓励富人积累或投资，或者说要极力限制他们的个人消费，这样才能在较大收入差距的社会现实中做到消费的相对公平。

当前我国有一种比较明显的仇富行为，因此许多人希望我国的富人能像美国的巴菲特与比尔盖茨那样将财产裸捐于慈善。如果这些富人已没有赚钱的本领，那么这么做就没有什么可争议之处，如果他们仍然有赚钱的本领并且愿望强烈，那么这么做的实际后果就是反慈善的。无论从人文关怀还是从自然关怀来说，资本积累都是比单纯的慈善更加慈善的。因为资本积累不仅能够增加财富总量及其生产力，而且在使劳动者得到收入的同时获得尊严与劳动技术等，所以无论从哪个方面看，资本积累都比单纯的慈善更加人道。

3.4 绿色生产与循环经济

绿色生产最有效的实现形式之一就是在生产过程中实施循环经济。循环经济不仅能保证资源的有效利用，而且能够有效地保护生态环境，所以加强生产过程中的循环经济，是绿色生产最直接的体现。

3.4.1 循环经济的不同含义

在对循环经济含义的理解上，工程学与经济学的理解是不完全相同的。

从工程技术的角度看，循环经济就是资源尽可以地循环利用，由此尽可能地提高资源的利用效率并减少废弃物对环境的损害。具体地说，“循环经济”就是在再生产过程中利用生态经济原理，将上一生产过程或工序所产生的废弃物，转变为下一生产过程或工序的投入品，以使资源得到最充分的利用，同时尽可能少地产生或不产生对环境有害的废弃物的一种生产方式。例如工业生产中对水的利用，当水在生产过程中被各种化学产品和重金属污染后，经过特殊工艺处理，将这些化学产品和重金属分离出来，不仅可以使水得到洁净而重新使用，而且可以回收具有重要经济价值的化学产品与重金属。由此在这里，资源的循环利用是核心。

从经济学的角度看，“循环经济”就是在满足成本效益原则的前提下，利用生态学原理，对经济活动中的有限资源不断地进行循环利用，高效率或无浪费地使用资源。在这里，虽然主要内容是资源的循环利用，但核心或本质就是经济性，也就是资源的循环利用必须满足“收益大于成本”的经济性原则；否则，资源的循环利用就不可能实现。

遗憾的是，国内绝大部分经济领域的研究人员却不加区别地套用工程学意义上的循环经济概念来从事循环经济、生态经济与可持续发展经济学的研究，这是与其学科性质不符的。在市场经济条件下，对资源的利用及环境的保护，都是服从于人的经济利益的，对经济利益的追求才是决定资源配置的关键，而经济学正是从人的利益关系去看待和研究人类社会的一切行为的，并以产出是否大于投入确定行为结果的好坏的，所以，经济学角度的“循环经济”内涵是不同于技术角度对“循环经济”的理解的。

我们知道，以今天的技术水平来说，已经可以做到将几乎所有的有形资源加以回收利用的程度，因此确实如科学家或工程技术人员所说的那样，“只有放错地方的资源，而没有绝对的废弃物”。从技术条件说，完全可以做到将含硫废气进行处理，实现硫的零排放，但我们知道，无论技术多么发达的国家，其实际排放都没有做到这点，也就是说，技术能力与实际排放之间存在着巨大差距，原因就是“零”排放的技术使用不能满足人类社会的“经济性”要求，所以暂时还不被人类所利用。这是因为，各种废弃物的回收在达到一定程度后存在着极其明显的成本递增倾向，如将煤炭燃烧排放气体的脱硫率由 90%提高到 95%，那么成本将上升一倍以上；要在此基础上再提高两个百分点，则成本的增加又需要一倍以上；而要达到 100%的脱硫，则成本会成为任何社会都无法承受的天文数字。在我国正被大量关闭的达不到一定规模的造纸厂、电镀厂等，也不是缺乏相应的污染治理技术，而是这些技术的利用满足不了经济性或规模经济的要求。如果使各种排放物达标，那么这些企业将出现严重亏损，甚至投入企业的全部收入也满足不了治理污染的要求。这说明，循环经济并不是单纯的技术上的资源循环，而是符合经济要求的资源循环。如果不能满足这种条件，那么无论技术水平达到何种程度，这些“被放错地方的资源”就只能成为污染环境的废弃物。其原因就是人类社会的资源配置不是完全由技术决定，而是由经济原则支配。无论是各种废弃物的排放或保护环境的标准，还是各种资源的循环利用等，都是如此。因此，那些被利用过的资源或废弃物是否能够被重新利用，从而资源循环是否能够实现，取决于它们的回收与使用成本是否小于新资源的获得与使用成本、是否在社会的承受能力范围之内；否则，循环经济不仅不能实现，甚至原有的循环经济也会因此而转变为非循环经济。例如东方的传统农业就是一种典型的循环经济，几乎没有任何废弃物的产生（秸秆作为牲畜的饲料，牲畜的排泄物又作为农田的肥料；由人消费而产生的各种排泄物也通过同样的方式循环等），但它们最终却被非循环的石化农业所取代，原因就是各种废弃物的循环利用成本及其效益低于资源非循环利用的石化农业，以致原来作为农业肥料和有机物投入的各种废弃物成为污染环境的元凶（在我国许多地区，原来被农民作为重要资源的“秸秆”，由于劳动力成本提高等原因而造成处置成本的增加，因此收获后大多被一焚了之，结果不仅造成严重的环境污染，而且在许多地区还影响客机航班的起降）。这种情况，显然从技术方面得不到合理解释。由此说明，循环经济的核心是经济利益，而不是单纯的技术问题。资源循环的技术，只有在它能够带来比非资源循环技术更大的经济效益时，才会被采用。现在一些地区正由石化农业向生态农业回归，就是社会经济条件的变化使得后者在经济上更有竞争力的结果。

不仅资源能否循环利用取决于经济原则，而且社会在制定各种废弃物的排放标准时，也是根据排放一定量废弃物所产生的各种社会成本与社会为减少这些废弃物排放量所承担成本之间的关系来确定的（由于实际中污染所产生的各种成本难以准确计量，因此损失的计量具有很强的规范性），只有当后者小于前者时，社会才会提高废弃物排放的社会标准，由此减少废弃物的排放。也正是这种原因，使得各国的排放标准都是根据各自在这方面成本收益情况的改变而不断调整的。这说明，循环经济与非循环经济的界限并不是泾渭分明的，而是根据社会经济条件的变化而改变的。

自然，强调“循环经济”的经济核心本质，并不是否定技术的作用，而是指在市场经济社会，技术是服从于经济要求的。这种情况，不仅在循环经济中存在，而且在各个方面都是如此，如许多在技术上先进的生产方式，如“铱星移动通讯”等，因经济性差而竞争不过适应性技术而遭到淘汰的例子在现代社会是不胜枚举的。只有当先进技术在经济上能够超过传统技术时，它才会在社会实践中取代后者。因此，才会出现许多更先进的技术，要经过相当长的时间才能成为社会的“普适”技术，那些不能满足这个要求的技术则会被淘汰（在人类发明的各种新技术中，绝大部分因达不到这个要求而被湮灭，真正能够被有效利用的只有少部分）。

3.4.2 循环经济的实施条件及演进过程

循环经济的内涵说明，循环经济是一种能够有效节约资源并实现清洁卫生的一种有效方式，如在生产过程中，采用循环经济方式，可以极大地提高资源的利用效率，减少环境污染。据测算，每利用 1 t 废钢铁，可炼钢 850 kg，相对于用铁矿石炼钢可节约成品铁矿石 2 t，节约 0.4 t 标煤，每利用 1 t 废纸可生产纸浆 800 kg，相对于木浆造纸可节约木材 3 m^3，节约标煤 1.2 t，节电 600 kW，节水 100 m^3，因此循环经济是目前日益被人们重视的一种生产方式。

循环经济是利用系统理论和生态经济理论为基础的一种生产方式。从系统论的角度看，人类社会只不过是自然巨系统中的一个子系统，人类社会的生存与发展都必须通过自身的物质、能量等方面的流量与系统内其他部分之间的循环来实现，如人类所需要的物质、能量、信息等都来源于自然系统，同时人类在再生产过程中所产生的各种废弃物也是通过自然系统吸纳的，并且通过生态系统的循环运动最终会反馈到人类社会中来，因此人类的社会生产也是自身与整个生态系统的循环过程。这个过程不仅适用于整个人类社会，也同样适用于各微观生产或消费系统。要延长自然系统对人类社会的资源供给时间，减少向自然系统的废弃物排放量，以实现人类社会的可持续发展目标，就必须加强资源的循环利用。

实行循环经济必须遵循大系统分析的原则，也就是要综合考虑人口、资源、环境、生态、经济、社会和科学技术等各种因素，统筹规划，以取得最大的符合可持续发展要求的经济效益、生态效益和社会效益及其统一。在此过程中，必须将包括生态环境成本在内的各种成本与效益因素纳入整个系统的核算中，同时必须给予生态环境成本足够的评价，使它们的经济核算成本反映它们对人类利益的真实成本。我们知道，长期以来生态环境的价值是没有得到足够的重视的，这是造成它们遭到严重破坏的主要原因，要扭转这种局面，就必须通过法律等方式，使它们的价值得到充分的体现，以保护生态环境和自然资源。

实行循环经济还必须在再生产过程中实行产品生产的再使用原则和废弃物的再循环原则。产品生产的再使用原则是指产品在保证服务的前提下，在尽可能多的场合和尽可能长的时间内得到有效利用。废弃物的再循环原则是指在材料选取、产品设计、工艺流程、产品使用、废弃物的处理等全过程，实行清洁生产，最大限度地减少废弃物的排放，力争做到排放的无害化和资源化，实现资源的再循环。在技术条件允许的条件下，要尽可能地利用可再生资源，以可再生资源来替代不可再生资源。由于不可再生资源的有限性，即使不断提高它们的利用效率和加强循环使用，在追求经济增长动力的驱使下，它们也有被耗竭的一天，只有可再生资源才可能保证人类持续发展的目标，因此只有加强可再生资源的有限利用，才可能真正实现可持续发展的目标。在这方面，如利用人类生活中产生的有机废弃物制造的肥料来替代化肥，那么不仅可以节约大量的能源，减少环境污染，而且可以做到农业的可持续发展。我们知道，传统农业就是一种利用可再生资源的循环农业，只是工业革命以来，利用化肥和农药这种单向农业取代了传统农业，结果造成农村生态环境严重恶化，如病虫害因缺少自然天敌而泛滥、土地因缺少有机质而板结、水土流失、河道淤积、江河湖海水质富营养化、水生动植物大量灭绝等一系列生态灾难，所以要实现农业的可持续发展，就必须由目前的石化农业“返回”到高技术支持下的生态农业。这种情况也同样适用于其他产业和整个社会。

循环经济还是一种清洁生产方式。因为在循环经济生产方式中，各种废弃物都将被最大可能地利用，以最低程度地减轻对环境的损害；同时它还尽可能地减少生产过程中各种有害物质的排放，使工作环境达到符合生态保护的各种需要，以保护工作人员的人身安全等，所以说它是一种清洁生产方式。清洁生产也是当前的一种世界潮流，在绿色商品生产和国际贸易中起着越来越大的作用。

不过同样如前所述的那样，循环经济的实施是需要一系列条件的，如果不能满足这些条件，循环经济就不可能实施，甚至原有的循环经济也会转换为非循环经济，如传统农业被石化农业的取代就说明了这点。

一般来说，循环经济的实施条件主要有：技术的成熟度及其适应性、资源供给的数量约束程度、资源的市场价格、企业的生产规模、产业的聚集、社会化的资源统筹利用、国家对环境保护的规制等。显然，在市场经济条件下，任何条件最终都必须体现在其收益大于成本的基础上。只不过在这里，厂商与社会或政府之间的成本和效益内涵存在着重大差异。

这些条件在实际过程中，随着经济发展而不断变化和成熟，它们通过以下几种方式得到实现。

3.4.2.1 技术进步中的循环经济

虽然在市场经济中，任何技术的使用都要满足收益大于成本的要求，但技术进步则会不断地改变再生产过程中的成本收益关系，使得一些原来满足不了循环经济的生产方式而被转化为循环经济。如技术进步使得许多原来不可被利用的废弃物成为宝贵的资源，如原来严重污染环境的煤焦油，因技术进步而成为重要的资源；许多原来严重污染环境的产业，如造纸业等，因技术进步不仅做到资源的不断循环利用，而且做到了有害废弃物的零排放等。在某种意义上可以说，资源的循环利用和生态环境的保护，只有通过技术的不断进步才能够不断完善，从而一个社会的循环经济必然是随着技术的进步而不断演进的，由此才使得许多非循环经济的产业，如水资源、造纸行业、钢铁行业等，都在技术进步中逐渐转变成循环经济。

显然，任何社会的技术进步都是一个渐进的过程（对单个企业或行业来说，可能存在着技术上的突变），因此循环经济也是一个渐进的过程。这是因为，资源供给由丰裕到短缺的过程是一个渐进的过程，所以克服资源短缺或者说实现资源循环利用的过程也是一个渐进的过程，资源再利用的经济效益也是一个逐渐显现的过程，所以，由经济利益关系决定的循环经济技术进步也必然是一个渐进的过程。市场经济中，决定资源利用方式的是利益关系，在资源供给相对丰裕从而价格低廉的时期，这方面循环经济技术投入的产出效率是很低下的，所以技术的进步速度必然缓慢。如果石油资源的供给像 20 世纪 50—60 年代那样丰裕而廉价，那么提高能源利用效率和发展替代能源的动力就小，各种可循环利用能源，如太阳能、核能、风能等的技术进步速度也就较慢，因为它们竞争不过非循环经济生产方式；只有在能源价格较高且供给紧张的社会条件下，循环经济技术进步及其应用的效益明显，这方面的技术进步速度才会加快，同时也只有在这种条件下，新技术的运用才具有经济竞争力而得到推广。正是这种机制，决定了稀缺程度不同资源利用方面技术进步速度的不同，即各资源循环利用的技术进步程度是与该资源的短缺程度及相应的市场价格高低成正比的。由于任何资源的短缺程度与市场价格都是随着经济发展程度的提高而加强的，因此决定了各种资源利用技术的进步程度也必然是不断加快的。近几十年来，随着石油、煤炭、水等资源短缺程度的加强，这方面的技术进步速度也是不断加快的，因此使得这些资源的利用效率不断提高。在市场竞争过程中，只要资源的短缺能够通过市场价格得到反映，追求资源利用（或是提高资源的利用效率，或是寻找新的替代资源）上的技术进步，就会成为各国政府或各厂商之间身不由己的内在动力与外在压力，技术进步就会成为一种自然的过程。

技术进步是一个渐进的过程，各产业之间也是相互关联的。技术进步又是一个相互促进而又制约的关系，如某个产业的技术进步或突破，会使得相关产业的其他技术变得落后，因而会促进其发展，这正如工业革命中的纺纱技术的突破而使得织布技术变得相对落后，因此会促使后者进行技术变革；在后者的技术变革取得突破前，纺纱技术将停滞在原有的水平上而难以继续改进。由于各产业之间的协调需要时间，因此整个社会的技术进步虽然会有起伏变化，但整体而言是渐进的。与此相适应，循环经济的演进必然也是渐进的。自然，随着经济增长过程中资源短缺程度的不断提高和环境保护意识的加强，以提高资源利用效率和保护生态环境为主要内容的技术进步速度会不断加快，由技术决定的循环经济的演进过程也会加强。

正是伴随技术的不断进步，循环经济才得以不断地扩大（工业革命以来，循环经济经历了一个 U 形过程）。可以预料的是，伴随着经济发展过程中资源的日益短缺和社会保护环境意识的加强，这方面的技术进步会不断加强，如当今的环境保护技术不仅扩大到如何回收有用的资源和保护环境，而且已延伸到产品的设计过程中，不仅做到生产过程不浪费资源和污染环境，保证产品使用的清洁高效，而且做到产品使用寿终后废弃物的有效回收和循环利用等，所以在此过程中，循环经济的深度与广度都会得到极大的加强。

3.4.2.2 规模经济演进中的循环经济

要做到资源的循环利用，不仅需要相应的技术，而且需要生产和资源利用的单位规模达到一定的要求。一般地说，两者间具有正比关系，即生产单位资源利用的生产规模越大，循环经济的实施效果越好。这是因为，在现代生产方式条件下，任何资源的循环利用都需要一定的物质技术条件和工艺流程，从而需要相应的成本投入，如果企业的生产规模或资源再利用的规模太小，就无法承担所需的成本费用，这正如我国目前被大量清理整顿的“五小”企业，并不是缺乏相关的治理技术，而是因为它们的生产规模太小，承担不了相关的治理费用，所以不得不被政府强令关闭或迁移。同时，一些有用资源的再利用也需要达到一定的规模，如发电厂余热、炼油厂废气、造纸厂废碱等的回收利用，都要求企业生产规模达到相当程度后才可实施。著名的杜邦化学公司创造“3R 制造法”[即把“3R”（Reduce 减量化、Reuse 再使用、Recycle 再循环）原则与化学工业实际相结合所创造的一种循环经济生产方式]，不仅要求企业的生产规模达到相当程度，而且要求整个生产的产业链足够长。这说明，只有企业或资源利用的规模大到一定程度时，循环经济生产方式才有可能得到有效实施。在一些污染行业，各国政府确定的起始规模，往往也就是满足污染治理所需的经济规模。自然，如果单个企业自身的规模满足不了循环经济的规模要求，那么将这些达不到循环经济规模要求的企业在区域上集中起来，进行统一的污染治理或资源再利用，也能够满足循环经济的规模要求。这也就是说，要做到循环经济，就要求资源的利用和再利用必须达到一定的规模要求，这种规模要求可以是单一的生产单位，也可以是众多生产单位在空间上的集合或聚集。

由于任何社会单位生产及其聚集的规模都是随着社会经济的发展而逐渐演进的，因此决定了一个社会的循环经济也必然是随着社会经济规模的扩大而不断深化的。受生产技术、资金和市场等方面的限制，在经济发展水平较低的阶段，企业的生产规模必然是较小的；同时受技术、资源价格等方面的影响，除了传统产业外，整个现代经济的循环经济水平必然是较低的。因为在这样的小生产规模条件下，单个企业所产生的可再生资源废弃物的排放量必然是较小的，不仅回收的经济意义不大，而且回收的成本将非常高，再加上受到循环经济技术不足和社会经济条件（在经济发展水平较低时，资源环境的社会评价值低，社会对实施循环经济的要求不高）等限制，所以循环经济的规模必然是较小的，水平大多局限于一些具有较高经济价值而技术要求不高的资源回收利用上。但是这种情况会随着社会经济的发展而改变。因为在市场经济优胜劣汰和技术进步所产生的规模经济作用机制下，一方面企业的规模会不断扩大，由此产生的具有经济价值的废弃物的规模会扩大，当它们达到一定程度时，废弃物的回收将变得有利可图；另一方面在经济发展过程中，实施循环经济的社会条件会不断改变，如不仅资源的市场价值会不断提高，而且环境的社会价值也会不断提高，社会对生态环境的保护力度会不断加大，以资源再利用和环境保护为目标的循环经济会逐渐成为一项有利可图的事业，这方面的产业会不断地从原有的产业中分蘖出来并不断壮大。

循环经济在规模经济扩大的过程中发展，既有废弃资源排放单位生产规模扩大所产生的大规模资源再利用的规模经济，如钢铁厂的废钢渣和废热的再利用、各种牲畜集中屠宰中的废弃物利用等；或者是某些废弃物的排放规模达到一定程度，使得通过社会化的专业回收或处理变得（这是针对企业来说的，如一些城市建立企业化的污水处理企业，以计量收费方式收集各企业排放的污水）在经济上有利可图或社会因此变得能够承受；或者是将那些产生严重资源浪费和污染环境而又无力进行循环经济生产方式的中小企业在空间上的集中或聚集达到一定程度，从而使得废弃物的处理和资源的循环使用能够达到循环经济的起始规模要求等。总之，循环经济的技术经济条件要求，无论是资源的回收、处理和再利用等，都需要以一定的规模为基础，由此我们看到各行业中规模不等的企业之间的循环经济程度往往也是不同的，一般地说，两者间具有明显的正比关系。由于一个社会的生产单位，尤其是中上游物质生产单位的规模，是随着市场竞争和经济发展而不断扩大的，因此决定了一个社会的循环经济也是逐渐加强的。

3.4.2.3 产业聚集演进中的循环经济

显然，要求所有会在生产过程中产生各种有用的废弃物和污染环境的企业都达到循环经济的规模要求是不现实的。因为受生产方式、市场需求等因素的限制，有不少企业的规模经济程度是很低的，其中一些甚至是受到高度限制的，所以不可能所有的生产企业都达到循环经济的规模经济要求。但这并不说明这些企业因此不能够实施循环经济生产。解决的方式是有的，即将分散的这类企业在区域或空间上集中起来，建立专业化的废弃物回收和污染物治理组织，以实现区域性的循环经济生产，这种循环经济，又叫做产业聚集中的循环经济。

产业聚集的循环经济主要有两种形式，一种是那些产生相同有用废弃物或污染环境物质的单个生产规模达不到循环经济要求的生产企业在空间上集中起来，同时配置专业化的废弃物利用单位，或者是污染物的治理单位，以达到区域内的循环经济和清洁生产，如我国许多地区近年实施的将区域内的“五小”工业企业迁移到专门建立的工业园区，进行统一的废弃物和污染物的回收治理，实现了区域内生产的循环经济。

产业聚集循环经济的另一种方式，是将各生产中可用废弃物的排放单位与再利用单位在区域上集中起来，以实现资源的循环利用。循环经济的核心内容，就是将原来被作为废弃物并会污染环境的排放物作为资源而再利用，这个要求显然是在专业化分工基础上的单个企业无法完全做到的，或者说要做到这点，就需要企业的规模无限大并涵盖所有废料与副产品回收和利用的生产领域，生产链因此会变得非常长，否则，任何厂商都无法通过资源循环方式消解生产过程中产生的所有废弃物，同时也是违反专业化分工协作要求的。解决这个矛盾的方法之一，就是建立区域化的资源再循环体系，也就是将废弃物的排放单位与利用单位在空间上有效集中，做到区域上的产业聚集，如发电厂的余热要得到有效利用，就要求那些能够利用余热的单位紧靠电厂。这正如著名的丹麦卡伦堡生态工业园区中的发电厂、炼油厂、制药厂和石膏制板厂之间，通过贸易方式把其他企业的废弃物或副产品作为本企业的生产原料，建立起工业横生和代谢生态链关系，使各种废弃物都得到有效利用，从而节约了资源，保护了环境，提高了企业效益。这种情况说明，产业的地域集中是实施循环经济的最基本要求。只有这样，才能降低资源再利用过程中的成本，使得循环经济方式变得有竞争力而得以生存。

显然，一个社会各产业间在空间上的聚集程度越高，产业链也就会越长，由此不仅会促进商品交易成本的大量下降，而且废弃物再利用的经济性效果会越高，被利用的比例也会越高，从而循环经济的程度也越高。不同的产业聚集程度，决定了不同的循环经济发展水平。一般地说，两者间具有明显的正比关系。由此我们看到，规模越大的区域经济或城市，其资源的再利用率程度越高，污染物的治理率自然也更高；而一些小城镇，尤其是乡村集镇，除了极少数的资源，如饭店的泔水等能够得到部分再利用外，各种废弃物和污染物基本上都是不加任何处理就直接排放的。在我国，乡镇的环境污染程度与城市规模成反比的状况普遍存在。

由于任何区域经济中产业的聚集程度及内部产业链的完整程度，都是随着社会经济发展水平的提高而不断加强的，因此决定一个社会各区域内的循环经济程度也是不断提高的。这种情况说明，要提高一个社会的循环经济程度和生态环境质量，应该以发展大中城市和程度较高的聚集经济为主，避免大量小城镇的无序建设。

3.4.2.4 分工协作演进中的循环经济

解决单个企业在实施循环经济方面规模经济不足和产业链不长，同时也是解决区域经济在循环经济方面缺陷的另一个方法，就是实施资源循环利用和污染物治理方面的社会化分工协调。这也是一个社会实现循环经济目标最根本的途径。

显然，无论各企业和区域内的资源循环利用做到何种程度，都不可能完全满足循环经济的规模要求和产业链要求。因为受技术、成本等方面的限制，任何生产都会产生程度不同的外部影响；同时在生产社会化的条件下，不仅生产过程会产生一系列对生态环境不利的外部影响，而且产品的使用也会产生这种影响，如当今遍布各地的塑料包装物造成的白色污染就是这方面最典型的例子，指望单个企业或区域经济体去消除这些外部影响是不现实的。要解决这些问题，就需要通过这方面的社会化分工协作体系来实现，也就是建立起覆盖全社会，甚至国际性的专业化的废弃物回收与加工利用体系，如德国双轨制回收系统（DSD）等。没有这样的资源循环利用的社会化分工协作，靠企业或区域经济内部的努力是不可能做到较高程度的资源循环利用的。例如，靠企业自身消除其产品使用过程中对环境造成的不利影响，或者是回收使用后的废旧产品及其包装废弃物，其成本是任何企业都无法承受的；处理所需的规模经济要求也是单个的企业和区域经济体所无法承担的，只有依靠社会化的专业分工协作，才有可能做到。

专业化分工越细（生产的迂回过程也就往往越长，与此对应的必然是协作化程度越强），整个社会生产单位商品的劳动生产率也就越高，这种情况同样适用于社会化的循环经济。受废弃资源的量和技术等方面的限制，一些企业和区域经济体是无法对自身产生的废弃物进行有效的再利用的，或者是废弃物的再利用量达不到起始规模要求，或者是缺乏这方面的技术（如核废料的处理等），或者是受到资源禀赋差异产生的比较成本的限制等，只有通过社会化，甚至国际化的分工协作，由此极大规模地提高资源再利用的劳动生产率，才有可能更大幅度地提高资源循环利用的程度。例如，作为初级制造业中心的中国，是世界上大部分废旧钢铁、塑料和纸张的再处理中心；法国则是世界上核废料的处理中心之一等。

社会分工协作的程度越高，处理废弃资源或污染物的单位成本就越低，废弃资源的再利用就越有利可图，就会有更多的废弃资源进入再利用的过程；由此产生的规模效应则会进一步降低这方面的成本或增加收益，因此会带动更大规模的资源再利用，从而会形成一种互动式的良性循环。一个社会的专业化分工协作程度越高，则该社会的循环经济程度，或者说各种资源的再利用程度和污染物的净化率也就越高。例如，在我国改革开放以来的经济发展过程中，随着社会分工协作程度的加强，废弃物的回收利用已经成为一个十分庞大的产业，吸收了上千万的劳动力。但这种循环经济的程度，比之发达国家来说，则又落后许多。

显然，一个社会的分工协作程度是一个渐进的过程，或者说是随着社会经济发展的程度而不断提高的（它们本身就是推动经济发展的手段），这种情况决定了任何社会的循环经济程度也都是一个渐进的自然过程。在这个过程中，企业、区域与社会的良性互动会不断地加强。

3.4.2.5 社会进步中的循环经济

一个社会的循环经济，不仅是在产业演进的过程中不断深化的，而且还是在社会进步中发展的。循环经济事业只有得到社会各方面的支持，才有可能实现。

如前所述，能否实施循环经济，取决于它与非循环经济之间的成本收益关系，即哪种生产方式能够给厂商或者是消费者带来更大的经济利益，这种竞争力，不仅取决于市场机制自发调节的成本与收益关系，而且取决于人类社会对这方面认识及其采取的相应对策。例如，社会的环境保护意识浓厚，就会提高环境保护的力度，加大对那些采用外部不经济生产方式的处罚力度，或者通过财政和金融手段奖励和扶持循环经济及清洁生产方式，因此就会加强循环经济生产方式的竞争能力；如果像我国目前这样为稳定物价而人为地抑制石油产品价格，不仅会导致石油资源的低效率使用，而且会打击新兴和可再生资源的利用及其技术开发等，从而阻碍循环经济生产方式的发展。

社会的环境意识等显然是决定循环经济生产方式能否有效实施的重要条件。这不仅因为社会政策决策在很大程度上受到社会环境意识的支配，而且人们的消费选择也是受此决定的。资源和环境保护的意识强，人们就会选择那些在循环经济方式下生产的产品，排斥那些破坏生态环境和浪费资源生产方式下生产的产品，正因为这样，所以当今的企业，尤其是环保意识高涨下的西方发达国家的企业，无不注意自己的环境社会形象——决定着它们产品的市场和利润。

显然，同企业的规模、区域经济的聚集程度和社会的分工协作程度等是随着社会经济的发展而不断提高一样，一个社会在资源利用和环境保护方面的意识和政策等也是随着社会经济的发展而不断进化的。之所以如此，是因为资源的稀缺程度、生态环境的社会评价值，从而人们的资源与环境保护意识等，都是随着社会经济发展程度的提高而不断加强的，如在改革开放时，我国人民的生活极度贫困，同时环境质量也相对较好，因此人们对经济性财富的评价值极高，对生态环境的评价值极低，认为以牺牲生态环境来换取货币性经济发展是一种极其自然的事情，说明我国人民那时的环保意识极其淡薄，环境价值概念被排除在理论分析和政治决策之外，获得货币性的产出，成为整个社会追求的唯一目标；只是在经济发展达到一定程度后，温饱问题得到解决而开始注重生活质量时，整个社会才开始关注生存环境问题，由此开始逐渐转变以生态环境换取货币性经济增长的意识和做法，甚至愿意以牺牲部分经济发展来换取生态环境的改善。但很显然，由于发展水平的限制，我国与西方发达国家在生态环境和资源保护的社会意识和政策力度方面还是存在巨大差距的。正是这种差距，使我们看到，西方发达国家正不断地将在它们内部受到严格限制的污染产业和资源高消耗产业向我国转移，而我国东部又将一些原有的污染和资源消耗更严重的产业向西部地区以及向比我国落后的周边国家转移。这种情况说明，工业革命以来的循环经济的发展条件是随着社会经济的发展而不断完善的，是一个渐进的客观过程，由此整个社会经济就是一个循环经济程度不断加强的过程。

在实施循环经济中，国家或政府对资源利用和环境保护的政策无疑居于核心地位。这是因为，无论是企业还是区域与社会，其实施循环经济的成本与收益，都在不同程度上受到国家在这些方面政策和法律的影响，如国家对资源利用和环境保护的要求程度提高，就会明显增加循环经济中的成本；国家如果增加对某些资源使用中的政策补贴，如我国对农药和化肥的财政补贴，将降低循环经济中的收益（相反，国家通过税收等提高紧缺资源的市场价格，则会提高这些资源循环利用的经济效益），所以，国家政策对各经济主体是否实施循环经济及其程度起着支配性的作用。这说明，如果一个社会要有效地实施循环经济，就要求政府在资源利用与环境保护方面的政策能够与之相适应。例如，在成本方面，政府必须大力降低企业与区域实施循环经济的成本，如通过财政或金融支持，鼓励循环经济的技术创新，对实施循环经济的投资及其运行成本进行补贴或减免税收等；在收益方面，可通过提高各种资源的价格，尤其是公共产品性资源，如水、电、燃料等的价格，以改善实施循环经济生产方式厂商的收益。提高污染物的排放标准或者是较大幅度地提高排污费，也是促进循环经济的有效政策。

以上情况说明，实施循环经济并不单纯是技术的选择问题，也不是微观主体一厢情愿能够做到的事，而是需要一系列条件来满足的，在实际过程中，这些条件是随着产业的整体演进而逐渐实现的。如果这些条件不能满足，那么循环经济也就不可能实现。同时说明，不同的范围，循环经济的主体对象及其成本效益的内容也是不同的。由厂商完成的循环经济（注意的是，由厂商完成的循环经济，从性质上说不一定是微观的，如区域和社会范围内由厂商以分工协作所完成的以废弃物排放与利用之间的循环经济，就具有明显的区域与宏观性质），其成本与收益都是以财务现金表示；而由政府完成的区域与社会范围的循环经济，成本与收益则不完全表现为财务收支，有相当部分是非财务的，如区域内生态环境质量的改善等（在循环经济的分析中，必须将它们转化为现金流），这是因为政府与企业各自承担的社会责职不同，所以循环经济的侧重点也不相同。

3.4.3 加强绿色生产中的循环经济

循环经济作为一种最有效的绿色生产方式，绿色生产要实现自己的目标，就必须加强循环经济的利用。

如前所述，循环经济的实施是需要一系列条件的，不同的主体要求的条件也不尽相同，因此要促进循环经济在整个社会的实施，就必须针对不同主体实施循环经济的条件而采取不同的对策。

对企业来说，循环经济的实施主要取决于两个条件，一是技术，二是资源价格。这两个方面，只有技术条件是企业在一定程度上可以努力的，但也需要社会化的技术支持，因此在这方面，政府应加强对企业在循环经济技术研发方面的财政与技术支持，同时应加强这方面的社会化协作。在技术一定时，循环经济能实施到什么程度，就取决于资源价格了，这方面，一靠资源本身供求决定的价格，二靠政府调节的价格，因此在这方面，政府应通过税收等杠杆来调节资源价格，以使企业实施循环经济能够比其他生产方式更有效率。

在通过加强规模经济中的循环经济方面，政府应该加强企业的兼并重组，尤其是要通过各种政策鼓励企业将外部影响内部化，扩大企业的产业链，以促使循环经济的加强。

产业在空间上的聚积是实施循环经济的重要条件。在这方面，政府可以通过产业园区等形式加强或鼓励产业间的聚积，尤其是那些没有独立能力治污的中小企业在空间上的聚积，鼓励存在着投入产出关系的企业在空间上的聚积。

加强资源回收利用方面的分工协作程度，是更高级别的循环经济形式，这是因为，资源的循环利用是一个极其复杂的系统工程，任何单个的企业或产业园区都无法独立完成较复杂的资源循环利用，都需要整个社会的分工协作，所以，加强循环经济中的分工协作程度，对提高循环经济的程度与广度都具有极其重要的意义。

最后就是要特别加强有关循环经济的制度政策建设，加强循环经济的舆论指导，加强经济杠杆的作用，以促进循环经济实施。

3.5 绿色生产与低碳经济

低碳经济在一定程度上也是一种重要的绿色生产方式，因此加强低碳经济的实践，也是促进绿色生产的重要方面。

3.5.1 低碳经济的含义

实施低碳经济，是20世纪90年代中后期以来在西方世界，其中主要是西欧部分国家兴起而后拓展到世界的一种运动，其原因是认为人类活动中的二氧化碳排放导致了气温明显的升高，气温升高会对生态环境和人类带来严重后果，所以应尽可能地减少含碳能源的使用，以缓解甚至阻碍气温的持续升高。

从形式上看，低碳经济也就是一种能源选择方式，即在经济发展过程中，尽可能少地使用或更高效率地使用含碳能源，或者说多使用非含碳能源，以减少人类在生产与生活中会导致气温升高的二氧化碳的排放，以延缓或阻碍气温的升高。

不过如在循环经济中工程学与经济学之间存在着理解上的不同一样，在低碳经济上也同样如此。从工程技术的角度，低碳经济就是少使用碳能源（包含提高碳能源的效率），以无碳或低碳能源替代碳能源的过程。从经济学的角度看，则这个过程还必须满足经济学的收益大于成本的原则，否则低碳经济在现实中将无法实现，这正如提出低碳经济以来，世界的碳能源消耗却仍然在增加一样，原因就是绝大部分低碳能源仍然无法在经济性上与碳能源在市场上竞争，所以经济学的低碳经济，不仅是一种少使用碳能源的能源使用方式，而且是一种满足经济性的能源使用方式。

如何理解低碳经济也是一个值得考虑的问题。如果说以提高碳燃料效率或降低一定产出基础上碳排放的行为叫作“低碳经济”的话，那么这个过程早就存在，尤其是工业革命以来，在市场竞争压力下，以提高石化能源利用效率的努力就一直在不断进行。20世纪70年代的石油危机以来，这方面的进程更是得到明显加强，石化能源的利用效率以极快的速度提高。正是在这种机制的作用下，加之政府和社会公众为保护环境的督促等，使得西方发达国家的企业占据了减排技术的制高点，成为他们在当今世界为维持自身利益而要挟发展中国家的利器。对发展中国家来说，虽然与发达国家相比，单位产出的碳排放量还很高①，但在纵向方面，碳燃料利用效率的提高速度还是非常快的，如我国以现价计算的万元GDP二氧化碳排放量从

---

① 在比较国家间的碳排放效率时，是以总产出与碳排放总量之比的高低为标准的，由此认为我国经济的碳排放效率很低。实际上，这种比较是没有任何意义的，因为我国与发达国家之间的产业结构不相同，如我国的经济结构重心是加工制造业，而西方发达国家是以劳务为主的第三产业，生产的对象不同，对碳排放的要求自然也不同。这种情况只能说明我国的经济结构比较低下。

1978 年的 40.7 t 下降到 2008 年的 2.3 t，年均下降 9.1%；从 1978 年不变价计算的万元 GDP 二氧化碳排放量从 1978 年的 40.7 t 下降到 2008 年的 12.3 t，年均下降 4.1%。所以说，如果以单位产出的碳排放下降作为低碳经济基本特征的话，那么低碳经济并不是一种所谓的新的生产方式和经济模式，只是在当今，为了某种目的，提出了一个明确的概念并设定了（一定期限内的）排放标准而已。

如果以碳能源消耗在能源总量中的下降作为低碳经济的特征，那么这个过程也早已开始，如核能、太阳能等非碳能源的比例就一直在稳步提高，更主要的是从长期看，石化能源作为一种不可再生资源，其储量的不断下降将是一个不可避免的趋势，在市场机制的作用下，石化能源价格的上涨趋势也是不可避免的，由此决定了提高其利用效率的趋势和以非碳能源替代碳能源的过程的必然性，所以，低碳经济是一个不可避免的自然过程。

我们知道，低碳经济作为一种舆论与政策是在 20 世纪 90 年代中后期开始流行的，因此在这里，如何理解低碳经济的真实含义，就值得认真推敲了。

3.5.2 低碳经济与绿色生产

碳能源的使用不仅会带来二氧化碳的大量排放并可能导致温室效应，碳能源的开采等也会对生态环境带来不利影响，从经济性上看，碳能源的使用更会产生大量的成本支出，如果能够在生产过程中减少碳能源的使用，不仅在经济上有利，而且也有利于生态环境的保护，所以是与绿色生产相一致的，或者说它就是绿色生产本身，从这个角度看，应该大力推进低碳经济。

然而，如同循环经济实施需要满足一系列条件一样，低碳经济要在市场经济中得到有效实施，同样需要满足一系列条件，其中最主要的就是现有各种低碳经济方式选择必须具有市场竞争力，同时满足生态安全与社会安全。就目前来看，这样的选择还并不太多。

在一定产出基础上减少碳排放的方式主要有两种：一是提高单位碳能源的利用效率；二是用其他非碳能源替代碳能源。这两种方式虽然都可减少单位产出二氧化碳的排放，但无论哪种方式在现有技术条件下都并不一定经济或环保，如第一种方式在经济上很可能是非常昂贵的。现有碳能源利用效率提高的先进技术大部分被发达国家所垄断，即使它们自身利用这些技术来提高石化能源的利用效率，在现有能源价格体系下也是很昂贵的，而需向发达国家付出高昂代价的发展中国家利用这些技术来减排的成本也就更加高昂，《京都议定书》签署以来，发达国家不落实协议向发展中国家转让相关的减排技术就说明了这一点；同时，这种方式在实施过程中是否环保是存疑的（为提高能量利用效率而须增加减少能量损耗的各种装置，它们的生产和实施过程可能会产生一系列不利于环境的后果）。

第二种方式，即用非碳能源，如太阳能、风能、核能、水能、地热能等来替代碳能源，在现有条件和价格体系下，与碳能源相比，除核能和水能具有一定经济性外，其他各种非碳能源都不具有经济竞争力。太阳能发电的成本是石化能源的数倍，风能的平均成本也高于石化能源，同时这些能源的供给受气象条件的变化而不稳定，而电的输送是需要稳定的电压和电流环境的①。当前具有经济性且前景广阔的核电，但其潜在威胁太大，以致 2011 年日本福岛核电站事故发生后，各国对建设核电站的态度发生重大变化，一些国家，如德国等不仅停建核电站，而且将逐渐关闭现有核电站，许多拟建核电站的国家正重新评估其能源战略，在这方面，西方大部分国家都在从“低碳经济”向“高碳经济”转向。水电是一种不产生碳排放的“清洁”能源，但却并不一定环保，因为电站的建设、河流的拦截等会产生一系列非常严重的如导致水土流失、（一些地方特有生物，如洄游鱼类等）物种灭绝、环境恶化等严重后果，这种后果的代价可能远比水电的经济性和减排效应的生态性收益更大，所以许多发达国家已经停止大型水电站的建设，甚至将已建的大坝拆除②。在这方面，它们同样在从“低碳经济”向“高碳经济”转换。从理论上说，在长期能够替代碳能源且具安全性的是太阳能③，但就目前而言，其不仅缺乏经济上的竞争性，如各国政府需对此进行巨额补贴，而且环保性也是可疑的，因为构成太阳能电池所需的多晶硅的生产在目前是严重污染环境的。④

---

① 这可以解释为什么一些地方建了风能发电站与太阳能发电站，但其生产的电力却无法上网而被白白浪费，原因就是其供电的不稳定。如果让它们上网，那么为防止其供电的不稳定，就必须建足够的调峰发电站，这是非常浪费的。

② “三峡大坝”建设有关经济、生态和安全等方面的争议至今仍在激烈进行。我国许多 20 世纪 50—80 年代建设的水库经评估，相当部分是得不偿失的。

③ 人类如果大规模建设太阳能利用装置并提高太阳能在地球上的转化效率，从而提高地球对太阳光能的吸收效率，对地球生态环境会造成什么影响，在目前是不确定的，是否会比碳排放增加带来更大的生态灾难？

④ 如果将“经济”理解为收益大于成本的行为，那么目前人们定义的“低碳经济”概念就不成立，它只能被叫作“低碳选择”。因为只有那些在降低碳排放中做到收益大于成本的减排行为才能被叫作“低碳经济”，而目前实施的大部分减排选择都是收不抵支的，所以只能叫作“低碳选择”。

以上情况说明，“低碳经济”只是一种减少碳排放的技术经济（更确切地说是政治）选择，就目前来说，它在经济上既不高效，在环保上也不一定可靠（取决于以何种方式来实现），所以，在发展绿色生产方面，应该根据自身的要求来合理地选择低碳能源的使用方式，否则就可能走向事物的反面。

3.5.3　慎重对待低碳经济

从前面分析可见，低碳经济只是一种能源选择方式，虽然它是人类社会的发展趋势，但不要过分夸大其作用。

然而，在我国的理论研究与舆论宣传中，相当部分人将低碳经济等同于绿色生产，认为它是“在经济发展过程中（通过各种手段）尽可能地降低排放，以保护生态环境的生产方式”，或者是“以低能耗、低污染与低排放为基础的经济模式”[①]，有人甚至认为“低碳经济是在人类社会发展过程中，人类自身对经济增长与福利改进、经济发展与环境保护关系的一种理性权衡；是对人与自然、人与社会、人与人和谐关系的一种理性认知；是一种低能耗、低物耗、低污染、低排放、高效能、高效率、高效益的绿色可持续经济”[②]，甚至还有人认为低碳经济是一种新的生产方式，等等。实际上，这些理解是不完全正确的。这是因为，低碳经济既不是我们传统理解的形成经济基础的特定形式的生产方式，更不是包括社会制度的经济模式，它只是在现有社会经济技术条件下为减少温室效应做出的技术选择，同时也不是人们想象的那样是一种清洁环保和高效率的生产方式。

我们认为，在低碳经济方面，下面几个问题是值得大家认真思考的。

3.5.3.1　“低碳经济”的科学性

要求降低碳排放或实行“低碳经济”最主要的依据，是碳排放会导致大气层二氧化碳浓度的提高，进而导致全球平均气温的升高，而气温升高则会带来一系列不利于人类的严重后果等。

然而，如众所周知的那样，这些所谓的逻辑关系并不是严格科学证明的结论，而仅仅是基于最近极短时期内二氧化碳浓度与气温关系的推测。以如此之短时期的关系来确定气温的变化趋势，在科学上是极不严谨的，其中一些科学家靠篡改气象

---

① 付允等：《低碳经济的发展模式研究》，载《中国人口 • 资源与环境》，2008 年第 3 期，第 14～19 页。

② 刘细良：《低碳经济与人类社会发展》，2009 年 4 月 21 日《光明日报》。

资料来达到目的做法就更是令人不齿。

虽然数据表明，二氧化碳浓度与气温升高呈正相关性，但到底是二氧化碳浓度的升高引起气温的攀升，还是气温升高引起二氧化碳浓度的增加，却并没有明确的定论。因为气温升高，会引起海洋和地表中储藏的二氧化碳排放的增加，所以会引起大气中二氧化碳浓度的增加。①我们知道，历史上的平均气温是不断变化的，看看两极地下蕴藏丰富的煤炭和油气资源，就知道早期地球的平均气温要比现代高许多，以当今的平均气温是支撑不了体型庞大的恐龙生存的。地球气温的变化有其自身的规律，人类是否有能力改变气候变化的趋势是值得怀疑的。就近代来说，平均气温的上升并不是近期或工业革命以来才有的现象，而是开始于约 10 000 年前，其间除了 500 年前发生了一次小寒潮期外，到工业革命前，人类活动的碳排放并没有明显增加，但平均气温却在稳定上升，并且中世纪（约 500—1 000 年前）欧洲的平均气温就可能比现在高，说明气温的上升与人类的活动并没有直接的联系。②虽然近十几年来平均气温的上升速度有所增加，但这种增加是地球气温自身的一种正常躁动还是人类活动影响所致，以人类现有的知识是无法做出准确判断的③。

即使假设碳排放的增加引起了气温的升高，将其归罪于人类活动也是非常勉强的。因为在整个碳排放中，人类活动，尤其是通过碳燃料排放的二氧化碳比例是非常低的，空气中二氧化碳来自人类排放的只占约 4%。卫星监测显示，碳排放的主要来源并不是预料中的工业发达区域，比如西欧、俄亥俄谷或像中国这样的人口稠密地区，相反，二氧化碳来源地竟然是像亚马孙河流域、东南亚和非洲热带地区这样的地方——并不是人类大量排放二氧化碳的地方④，所以说，即使碳排放增加是引起气温升高的原因，也是自然界自身活动的结果。人类社会以如此之低的排放比例，却能够非常明显地影响平均气温，显然是缺乏说服力的⑤。2008 年哥本哈根全

① 由冰层获取的资料显示，气温的变化先于二氧化碳浓度的变化。

② 《研究称人类未大规模排放碳时，地球已变暖》，2012 年 3 月 28 日《法制晚报》。

③ 以上一个冰川时期的结束为标志，那么气温的升高应该发生在 1.14 万年前。猛犸象、披毛犀、巨鹿、洞狮和洞熊等大型哺乳动物灭绝，就是气温升高导致环境变化的结果。

④ 易蓉蓉：《美国航空航天局指出碳排放 97%源自自然界》，科学网，2012-02-14。

⑤ 中国科学院遥感应用研究所的蒋样明、彭光雄、邵小东等在《自然驱动是全球气候变化的重要因素》（《气象与环境科学》2011 年第 2 期）一文中指出，高精度的卫星数据分析结果显示，30 年来全球气温呈振荡变化，除受厄尔尼诺、火山活动等重大自然现象影响外，并未出现异常增温现象，仍处在正常波动范围内；加勒比海地区的历史资料显示，近几千年来海平面以几乎恒定的速率上升，与大气温度无明显关系；从冰芯中获取的信息表明，CO_2 浓度与气温升高没有必然联系。研究表明，太阳活动、地球系统自组织作用及行星对全球气候变化具有重要的驱动作用。因此，自然驱动是全球气候变化的主要原因，而人类对全球气候变化的作用很小。

球气候大会期间揭示出来的部分科学家篡改和隐瞒气候资料的丑闻，对此作了最好的诠释。

退一步说，即使假设人类二氧化碳排放的增加导致平均气温升高的结论成立，而气温升高的速度并不是剧烈的，那么气温升高对人类的影响是否如有些人预测的那样不利，同样是令人怀疑的。虽然气温升高会带来冰川融化、海平面升高、一些地区被水淹、极端气候增加等，但也会给人类带来一系列好处，如提高作物的光合效率而增加全球干物质的产量，减少冬季保温所需的碳排放等。据悉，美国科学家曾对气温升高给美国的影响做过评估，结论是气温升高带来的利益要大于弊端；俄罗斯和加拿大等国的估计结论同样如此。

我们知道，地球目前是处在变暖还是变冷状态，科学家之间是存在严重分歧的。如果两种趋势都有可能，那么哪一种趋势对人类的危害更大？毫无疑问是后者。因为，气候变冷会导致全球干物质总产出量的减少，人类的科学技术尽管发展到相当水平，但维持人类生存所需的最基本的食物都还全部直接来自于依赖太阳光合作用的自然界，根据生态学能量转化定律，自然界能够承载的人口数量是与绿色植物（干物质）的产出量密切相关的，而其产出量在很大程度上是由平均气温和二氧化碳浓度决定的，气温的下降会导致人口数量的大量减少，约500年前出现的小寒潮时期或“迷你冰河时期”，就曾导致人口数量的锐减，我国明王朝的覆灭也与此密切相关；相反，温暖的中世纪却带来了欧洲的普遍繁荣；当今人口数量的持续增长，虽然与科学技术的进步等有关，但与该时期气温的持续升高是密不可分的，所以在人口数量如此庞大的今天，人类最应该担心的是气温的下降。一旦平均气温转降，人口数量的锐减将不可避免，由此引发的社会政治经济危机，更是整个社会难以承受的。如果气候确实向冷的方向转变，那么人类虽然尚无扭转这种趋势的能力，但增加温室气体的排放则有可能减缓这种趋势的力量。

显然，如果能够保持现有平均气温的持续稳定，那是最理想不过的了。但气候史告诉我们，地球的平均气温并不是稳定的，而是不断地在大冰期气候与大间冰期气候之间转换，并且寒冷的冰期同温暖的间冰期相比是短暂的。在整个地球气候史中，大部分时期（占90%以上年代）为温暖气候，并且比现在温和；两个亚冰期之间的亚间冰期，气候比现代温暖，北极气候比现代约高出 10℃以上，低纬度气温也比现代高 5.5℃左右，这个时期也是植被茂盛、动物分布范围最广泛的时期。这种情况说明，当代气候的变化，并没有超出地球气候变化的正常范围，同时即使气温上升一定程度，其后果也没有人们想象得那样悲观。

自然，即使气温升高的后果并不那么令人绝望，同时人类活动对气候变化的作用有限，我们却并不反对为保护环境和做到资源的可持续利用而实行低碳经济，但对那些为达到某些不可告人目的而制造缺乏科学依据的耸人听闻的说法感到不齿。

3.5.3.2 “低碳经济”的目的性

从形式上看，推动低碳经济的目的是为了保护环境、减少温室气体排放，但如前面讲到的那样，推行低碳经济的科学性是存疑的，因此建立在此基础上的目的性也就同样值得深思，尤其是考虑到该概念提出的时代背景和对象时就更是如此，不少人甚至直接指出，这是发达国家针对后进国家的一种阴谋①。

最先提出低碳经济概念并诉诸政策主张的是英国，随后得到西欧各国的响应而逐渐向世界拓展。这个时期，虽然温室效应明显，但同时也是西欧等发达国家经济相对低落，新兴国家尤其是“金砖国家”经济快速增长的时期。对英国等发达国家来说，它们早已完成工业化和城市化的任务，经济结构重心转向以第三产业为主的非物质生产，对碳燃料的需求强度不断减少。在这种相对国力不断衰落与对碳燃料需求持续减少的背景下，如何维护自身的经济利益关系同时又符合“道德”要求，碳排放与“温室效应”的联系为它们找到了符合要求的工具，即减排或“低碳经济”。

然而，这种看似道德的举措却并不真正道德。这是因为，即使假设碳排放与温室效应存在明显的对应关系，但今天的这种结果主要是发达国家建立在大量使用低廉碳燃料基础上长期发展积累的结果，而在当今，虽然各种非碳燃料技术有所发展，但碳燃料仍然是最主要的能源供给，历史上还没有哪个国家能够在非碳燃料基础上实现从传统社会向现代社会转换的先例，在人类社会中，虽然先进国家有维护自身相对优势地位的愿望，但追求与发达国家在各方面的平等同样是后进国家的一种天赋人权，如果发达国家不希望降低自己的生活水平，使自己较接近后进国家人民的生活水平，那么有什么权利在自身对全球环境造成严重破坏后却要求不发达国家的人民来承担损失。更主要的是，发达国家在自身对环境造成严重破坏而要求发展中国家减少二氧化碳排放的同时，在减排技术转让等方面却对后者设置各种障碍，如《气候变化框架公约》和《京都议定书》都强调发达国家有向发展中国家转让相应的先进技术的义务，并且发展中国家每次气候峰会都要求发达国家切实履行协议，

---

① 勾红洋：《低碳阴谋——中国与欧美的生死之战》，山西：山西出版集团山西经济出版社，2010 年版；柳下再会：《以碳之名：低碳骗局幕后的全球博弈》，北京：中国发展出版社，2010 年版。

可至今也没有实质进展。太阳能利用是一种较理想的非碳能源，但当前太阳能发电主要原料的多晶硅生产却会产生严重污染环境的有毒废弃物四氯化硅，这方面先进的治理技术却被垄断在西方少数厂商手中而不愿向太阳能电池最主要生产地的我国企业转让，由此造成我国这方面极大的环境代价，同时他们还利用各种手段对我国的太阳能企业进行限制。

虽然气候环境是全人类的共同财产，需要所有国家和人民来共同维护，但我们知道，一定质量的环境价值对富裕程度不同的人来说是相差悬殊的。一般地说，一定量环境的价值大小是与人们之间的富裕程度成正比的，即富国和富人对一定量生态环境价值的评价值，要远远大于穷国和穷人。20 世纪 90 年代关于亚马孙热带雨林价值评估的例子可以很好地说明这点：由发达国家的科学家对每公顷亚马孙热带雨林（生态等各方面）的价值评估是 100 万美元，而当地居民则认为不到 200 美元，这是他们砍伐雨林后种植庄稼的收益，自然也就是他们对雨林的估值。权利与义务是相对应的，作为发展到较高水平并对当代环境问题负主要责任的发达国家，理应承担与它们的发展水平相对应的责任，不但要努力减少温室气体的排放，更应该帮助发展中国家大力提升发展水平。只有当后者的发展水平提高到一定程度，从而对环境的价值评估有大的提升后，才有保护环境的意识和动力。在一个两极分化的世界中，生态环境是不可能得到真正的有效保护的。因为穷困的国家和人民，为了生存和发展，必然会采取以牺牲环境换取发展的对策（所有发达国家在发展过程中采取的都是相同的对策），生态环境的公共性质，决定了全球性环境保护的不可能性，这也就是说，不发展才是全球环境的最大威胁，发展中国家在发展过程中，虽然在一定时期内会增加碳排放量等而损害环境，但这种损害通过发展是可以得到弥补的，这正如发达国家在发展过程中经历的库兹涅茨倒 U 形曲线过程一样，而穷困导致的环境损害则是不可逆的。所以，只有做到共同富裕，全球性的环境问题才可能真正得到解决。

然而，实际情况却背道而驰。尽管发达国家的产业结构重心已转向第三产业，耗能型产业大部分转移到以“金砖国家”为主的新兴工业化国家，但其人均碳排放量却仍然是后者的数倍，更是广大发展中国家的数十倍。它们最主要的能源消耗并不是生产，而是维持生活舒适的生活消费，其中最主要的是使身体舒适的保温消费。这方面具有强烈讽刺意味的一个典型案例，就是美国前副总统戈尔在为防止温室效应鼓吹最有力时，其住宅用的电费和燃气费每月就高达 3 万美元，由此产生的碳排放量是美国家庭平均的15～20倍、贫穷国家家庭平均的数百倍。如果发达国家的人民在这方面能够向发展中国家的人民那样，用增减衣物来调节室内体温（这是他们在历史上曾经做过的），那么当今世界的碳排放量最起码可以减少约1/3[①]，但他们会为减少温室效应而采纳这种生活方式吗？

在当今人类的碳排放中，碳燃料使用的排放只是其中一部分，另一主要来源是农业生产，其占人类全球温室气体排放量的30%，其中牛养殖又占了其大部分。据联合国于2006年的一份报告指出，牛的气体排泄可能是全球暖化的最大元凶——10.5亿头的牛群排放出的二氧化碳占了全球温室气体总量的18%，这还不包括生产饲料所产生的二氧化碳，其已经超过了人类交通工具，如汽车、飞机等的二氧化碳排放量，同时牛群还会排放出大量的甲烷，其排放量占全球总量的1/3，这种气体暖化地球的速度比二氧化碳快20倍。众所周知，在各种肉类生产中，牛肉因饲料转化率低而价格高昂，所以绝大部分是被发达国家消费的。然而，当代发达国家的人民在花费高价消费大量高能量的肉、奶、蛋的同时，却需花更多的钱用于减肥及由此产生的各种疾病治疗。如果为了减少温室气体排放，同时也改善健康状态，发达国家的人民就应该改变饮食习惯，减少肉、奶、蛋等需通过多重食物转化的食品消费，转以谷物和果蔬为主的饮食结构。然而，发达国家的人民愿意为此改变生活方式吗？

当今发达国家对中国、印度等新兴国家快速发展及由此产生的在消费方式上向他们看齐的行为感到恐惧，认为会导致资源枯竭和温室效应加强等，由此要后者改变生活方式追求目标，甚至有人提出要限制其发展等。由于他们回避了产生这个问题的根源，因此也就注定了不可能达到目标。实际上，这个问题的根源在于当今世界的两极分化，古人云“不患寡而患不均”。在一个存在较大差别的社会，低层次的人是以高层次人的消费方式为追求目标的，高层次的人则会极力维持这种差别，只要这种差别存在，各自为实现自己利益目标的努力就不会停止。要消除这种状况，就必须做到相对公平。在当今世界，达到相对公平的方式有两种：一是落后者加快发展速度，不断缩小与先进者的差距；二是先进者降低已有的生活水平，缩小与后进者的差距（这种方式并不一定要求先进者援助后进者，即通过“劫富济贫”方式来实现）。如果前一种方式让发达国家的人们从保护生态环境的角度而对未来感到

① 被认为对资源极其节约的日本，在保温消费上对能源的浪费却慷慨的惊人。笔者2009年寒假到日本旅游，尽管外面雪花飞扬、寒气逼人，但室内温度却高得让人无法忍受。

恐惧，那么后一种方式他们能接受吗？前面讲到，从健康的角度看，改变饮食结构和消费方式，不仅不降低他们生理上的福利，反而可以改善他们的健康状况并节省巨额的医疗费用等，因此从理论上讲是应该为他们所欢迎的，但实际情况却是西方发达国家的人们不仅不愿意接受这种改变，反而在竭尽一切所能来维持这种差别。不少人指出，提出“低碳经济”概念并要求所有国家减排，就是部分西方国家遏制新兴国家的一种手段，因为他们掌控了先进的减排技术，发展中国家要达到符合他们强制要求的（通过强制性贸易标准等来实现）减排标准，就必须以极高的成本来获取，由此限制后者的发展以维持两者间的差距。所以说，发达国家要求发展中国家牺牲发展来减排是非常虚伪的，与他们强调的“公平”是背道而驰的，这也决定这方面的努力难以有效。

3.5.3.3 “低碳经济”排放标准的公正性

虽然发展仍然是我国和广大发展中国家面临的最主要任务，并且碳排放与气温之间的确切关系仍不确定，但从保护人类共同家园，防止可能出现的不良后果这个目标出发，我国和广大的发展中国家显然会承担相应的责任。但如同任何责任都须同权利相对应一样，发达国家与发展中国家都应该根据自身在当代温室效应中的历史责任和经济发展水平等来确定各自应承担的责任和应享受的权利等。

关于不同发展水平国家在减排中的权利与义务，发展中国家的学者和政府大多是从对当代温室效应的历史责任和发展权利等角度来主张的，即当今的温室效应是由发达国家在长期发展过程中大量消耗廉价石化能源的结果，所以对降低当今的气温效应强度具有历史责任；同时发展水平较高，对生态环境的要求更高，承担能力也更强，因此负有减少温室效应程度的道义责任；发展中国家虽然也负有减排的责任，但不应阻碍经济发展和提高人民生活水平的任务。这些主张显然是合理的，但却又是不完全的。

前面讲到，以西欧为主的发达国家提出碳减排任务是在其产业结构重心转向非物质生产领域的背景下发生的，而减少物质生产并不是因为要减少相应的物质产品消费水平，而是因为它们在这些领域的竞争力下降而被转移到较后进的国家，然后从这些国家进口以满足所需。当今的国际分工已不完全是产业分工，而是产业链和价值链的分工，虽然大部分物质产品的生产转移到了新兴工业化国家，但其中的价值分配却大部分被发达国家瓜分，最典型的“苹果”IT 产品与耐克鞋，其设计、营销和品牌等高端价值部分都在发达国家完成，低端的生产则由新兴工业化国家完成，后者在其中所分享的价值甚至不到10%，获得的利润份额则更低。从碳消耗或碳排放的角度看，碳燃料消耗和排放中的极大部分发生在生产（包括整个原材料的生产）领域，而这些产品的大部分却是被发达国家的人民消费的。由此就产生一个非常不合理的问题，即生产这些产品产生的碳排放发生在发展中国家，尤其是新兴工业化国家，产品的主要消费地却在发达国家，而在计算碳排放量和进行所谓的碳交易时，却是以碳排放的地域为对象，并以此为依据计算各国碳排放基数和排放总量等。

我国和发达国家之间的碳排放关系就是这方面的典型。我国目前已被称为世界工厂，这意味着我国承担了世界上相当部分物质产品，尤其是工业品的生产，发达国家绝大部分日用品是以我国等为主的新兴工业化国家生产的，前些年美国发生的一个“离开中国产品是否能够正常生活”的“实验”就充分体现了这点，由此人们称此为“中国生产”而“美国消费”的现象。加工型“世界工厂”的情况，说明我国是一个“大进大出”的经济体系，即由国外进口原材料和石化能源，然后出口制成品。这种地位决定了我国是世界上最主要的碳排放国，但却不是其产品的最终消费国。由于这种性质的产业转移仍在进行，且大部分是重化工业（轻纺工业开始由我国逐渐向越南等次新兴工业化国家转移），同时大部分产品属于中低级产品，单位产品价值的碳排放量较高，因此决定了我国的碳排放量还会有较大增长。但要清楚看到的是，其中的相当部分是由发达国家转移过来的，我国是“代人作嫁”。

如果在碳排放中要体现公平与公正，那么碳排放的计算就不应以地域的排放量为对象，而应该以产品的最终消费地为对象，从产业链的整个过程来计算，即碳排放不管发生在哪个地域和生产环节，都以其最终的消费地为对象。这种性质的计算在技术上已不存在问题。

很显然，如果以消费地为碳排放计算对象，那么当今各国的碳排放基数会发生重大改变，即新兴工业化国家的碳排放基数会大幅度下降，发达国家的碳排放基数则会大幅度增加。

所以，在实施低碳经济时必须贯彻受益与责任的原则，即不仅应根据当代温室效应的历史责任、经济发展水平的能力责任、对环境价值评估不同的市场负责和保护生态环境的道义责任等原则确定，还应该包括碳排放最终受益的责任等原则，只有这样，才能真正体现利益与义务相适应的公平原则。我国在实施政策上更是要特别慎重，必须根据我国的社会经济发展目标来制定合理的减排计划，在国际碳博弈中为我国争得利益与义务的平衡。

3.5.4 大力推进绿色生产中的低碳经济发展

虽然我们对低碳经济有诸多质疑，但我们不仅不反对实施低碳经济，而且要加强低碳经济。这有多方面的原因，①无论当前是否在政策上推行，低碳经济在长期上都是一种必然选择，并且该过程早就开始，如水电、核能、太阳能发电等非碳能源的开发已有数十年的历史，人类社会最终将走向“无碳经济”；②资本主义产生以来每次重大的技术变革都是从能源形态的变革开始的，如由早期的水能到煤炭，再到石油与核能等，为了在下一次能源革命中占据有利地位，我们必然要加强这方面的努力，同时我国是一个人均碳能源资源短缺的社会，从国家安全、有效利用资源等方面考虑，也必须实施低碳经济政策；③即使没有充分数据证实人类碳排放与气温升高之间的必然联系，作为一个负责任的地球成员，从慎重角度，我国也必须承担起相应的减排责任；④低碳经济在一定程度上符合绿色生产的要求，或者说与绿色生产是一致的，所以为了加强我国的国家利益，各方面都需要我们积极实施低碳经济。

在各种低碳经济方式中，有一些因技术条件目前尚难满足绿色生产的要求，如大型水坝的建设等；有一些则存在比较明显的潜在风险，如核能等；一些则在目前明显缺乏市场竞争力等。所以在使用低碳经济满足绿色生产方面，必须特别慎重，否则就可能走向事物的反面。

显然，目前看到最有效率的降低一定产出碳能源消耗的方式，就是提高碳能源的利用效率，同时也是非常符合绿色生产要求的。在市场竞争的压力下，这种效率一直保持上升趋势，这方面仍然有非常大的潜力，因此加强这方面的技术研发投入，是绿色生产的一个重要方面。同时，加强碳能源利用中的节约，也是非常具有潜力的降低碳能源消耗的一个重要方面。在这方面，适当改变生活方式，如利用增减衣物来调节体温，就能够大量减少碳能源的消耗，对绿色生产与低碳经济做到巨大贡献。

从理论上说，核能是目前能够有效替代碳能源并具有明显经济性的一种低碳能源，但福岛核事故所显露的巨大安全隐患也提醒人们，在核能利用上仍然需要倍加小心，除了加强安全方面的研发外，安全管理与社会监督也是同样重要的。

从趋势上看，太阳能是最具有发展潜力的，但如何降低生产成本，解决太阳能电池生产过程中的污染问题以及能量的依存与稳定供应方面，仍然需要付出巨大的努力。

在利用水能方面，如何解决环境保护与获得能源方面，同样考验着人类的智慧。就我国目前来说，水能源开发过程中对生态环境保护的忽视已经达到一个极其严重的地步，所以加强水资源利用中的生态环境保护，是绿色生产在利用低碳经济方面一个值得特别重视的方面。

第 4 章

绿色生产与其他因素的关系

绿色生产是在绿色经济中进行的，它的顺利进行需要得到系统整体和其他子系统的协助，由此研究系统整体以及各子系统与绿色生产的关系，对绿色生产的正常进行具有非常重要的意义。

4.1 绿色生产与消费的关系

之所以先研究消费与绿色生产的关系，是因为消费是生产的目的，消费行为及其选择决定了生产什么以及如何生产。当消费者选择绿色产品时，必然会促使厂商转向绿色生产；当消费者注重人情往来的社会形式时，过度包装也就成为必然，由此产生的废弃物必然大量增加。所以，要推进绿色生产，必须有绿色消费相对应。

4.1.1 绿色消费模式

消费模式是指“在一定的生产力水平和一定生产关系下人们消费行为的程式、规范和质的规定性，反映一定时期人们消费活动的主要内容、主要特点和主要要求，是指导人们进行消费活动，并对人们的消费行为进行社会价值判断的理论概括和重要依据。”一般认为，消费模式的主要内容有四个方面：①它体现消费领域的主要范畴，体现人们消费行为的主要内容，包括消费水平、消费结构、消费方式等各个方面的基本态势、内在联系和发展变化，是消费这个有机整体的质的规定性的综合表现，而不是几个组成部分的简单相加；②它是消费领域各种消费行为的综合表现，不仅反映量的规定性，而且反映消费领域的质的规定性，反映经济关系；③它不仅应该反映人们消费行为的主要规范，而且应该反映消费领域的客观规律；④它不仅反映消费领域的内在规律，也反映国家对消费的基本政策和指导方针，反映国家对消费的正确引导和调节等。[①]

绿色消费模式就是以可持续发展思想为指导，以实现人类最大利益为目标，在一定的生产力基础上最合理地配置资源，以取得包括生态产品与生态资本在内的产出与投入的最大效益，同时不断地调整生产关系，使它适应生态消费或绿色消费的要求，在此基础上并通过社会舆论与政策的引导，使人们在消费活动中的一切方面，如消费行为的程式、规范和质的规定性等各方面的内容都符合生态消费的要求。绿色消费模式的内容，包括反映人类对人与人和人与自然之间关系认识的由社会伦理决定的消费行为、消费倾向、消费结构、消费品选择、消费方式等内容。

人的消费行为及其实践是受一定的伦理支配的，因此才会产生不同文化伦理社会之间人们消费选择的巨大差异。对绿色经济来说，消费伦理主要指人们对自身与生态环境之间关系的认识、人与人之间消费关系的认识，消费与储蓄关系的认识、消费支出结构的认识等内容。对人与环境关系的认识，是绿色经济消费模式的核心。传统伦理将人作为自然的征服者，在消费中必然追求不断增加那些会消耗大量资源和破坏环境的物质产品，最终导致经济发展不可持续。绿色伦理将人作为自然界的一分子，则会促使人们保护环境、节约资源，在消费中选择那些符合该要求的产品等。绿色伦理产生的一个重要原因，就是在生态环境变化的压力下，人类伦理和行为发生改变的结果。自然，一定的伦理观念，尤其是消费伦理及其行为，既是环境变化的产物，也是消费水平变化的产物。随着生活水平的提高，原来片面的消费需求会趋向全面，因而原来被忽视的生态需求会重视起来，同时也会重视自身的生存发展，促使人们重视生态环境保护。正由于一定的消费伦理与发展水平和消费水平有关，因而才会产生发展程度不同的国家之间在对待自身与环境关系上认识的差异。

消费伦理还包括人与人之间的消费关系，它决定着社会的公平观念及其实践，

---

① 尹世杰，蔡德容：《消费经济学原理》（修订版），北京：经济科学出版社，2000年版，第293～295页。

同时也决定着人们在实际过程中的消费取向与消费支出等内容。如果消费伦理认为人们之间的消费应相对平等，那么高收入者的消费倾向就会比低收入者低，两者在消费结构等方面也会比较接近；如果认为消费应该与各人的收入或能力一致，那么消费倾向就会一致，但消费行为与消费结构的差异则很大，所以消费伦理在消费模式中处于核心的地位。绿色经济的消费伦理，就是要正确地处理人与自然及其自身内部的关系，保护好生存的摇篮，建立起符合公平要求的消费方式。

绿色消费行为，就是人们的一切消费活动，即消费者的行为方式、方法、行为过程及其变化等都受生态意识的支配。所谓生态意识，前苏联学者 B. 基鲁索夫在《生态意识是社会和自然最优相互作用的条件》一文中，提出生态意识是根据社会和自然的具体可能性，最优地解决社会和自然关系的观点、理论和感情的总和。生态意识的形成，来源于人们对以往人类活动中违反生态规律带来的严重后果的反省，来源于对现存严重的生态危机的觉醒，来源于对人类未来发展的关注及对后代的责任感，来源于对地球生态系统整体性的认识等。生态意识具有这些特点：①“全球意识”或“地球村”意识，它提醒人们，全世界各国人民是生活在同一个地球上的公民，生态保护是全人类的共同利益，同时地球上的所有生命形式都是人类的伙伴和朋友，它们的生存应该受到人类的尊重等。②生态意识的主体是人和社会，它的客体是人与自然的关系，它所反映的是对象的整体性和综合性，所强调的不是单个自然现象的联系，而是各种自然现象以及作为“人—社会—自然”复合生态系统的相互联系与相互作用，并充分考虑该系统的多样性和差异性。③它关注长期性的生态意义，更着重于未来，即它在反映人与自然的关系时，要求不仅注意自然界变化以及人与自然变化的最近结果，而且特别注意这种变化的长远结果。④从它反映社会存在的方式来看，生态意识的产生不受过去理论结构的限制，它是人类在人与自然关系上认识的重大突破。⑤从它反映的目的来看，生态意识有更鲜明的意识形态特点，如传统意识形态强调人对自然的改造，无限制地利用自然，而生态意识则强调要限制人的这种努力，认为人类利用和改变自然应该有一个限度，超过这个限度将会导致生态潜力的破坏，而生态潜力是经济潜力的基础，它一旦被破坏，任何经济制度都不可能保持它的稳定性，所以必须将人类对自然的利用和改造限制在一定范围内[①]。生态意识从产生以来，已经对人类的行为方式产生了重大影响并已进

① 关于生态意识的内容和特点，主要参阅了余谋昌著《生态文化论》（河北教育出版社 2001 年版）等著作。

入到伦理价值的范畴中，如破坏生态环境和滥捕野生动物，被认为是一种极不道德的行为，保护生态环境正成为全社会人们生活和工作中的日常守则，同时影响到各国政府、企业和个人的战略制定及其行为。受生态意识决定的绿色消费行为，也就是人们在消费过程中的行为方式、方法，行为过程等一切活动，都必须体现生态意识的内容和要求，即必须具有“共同、整体、有限、发展”的特点与要求。

作为“共同、整体、有限、发展”生态原则的体现，就是要求人们作为消费者在消费过程中的一切行为，都必须体现生态环境和自然资源的公共性和整体性特点，从整个系统循环的角度来认识和对待自己消费活动对地球生物圈的影响，而不是从一时一地的角度去对待自己的消费活动。一些从一时一地角度看待的对生态环境有利的行为，从整体看却很可能是对生态环境极其不利的行为，如用化学方法治理污水，虽然洁净了被治理的污水，但化学制品的大量使用却很可能造成更严重的污染。因为根据生态学关于一切事物都必然要有其去向的法则，化学制品与污水中有害元素结合的残余物，是难以用目前比较经济的方法加以去除的，所以从系统循环的观点看，它很可能造成更严重的环境污染。“有限”的原则，从生态消费的角度看，它要求人们对各种物品的消费都必须节制和适量，不应该超出维持人正常再生产所需的生理与生态需要，超出这个范围不仅对人本身没有什么好处甚至有害，而且会对生态环境造成严重损害。因为地球村的资源供给和对污染的容纳能力都是十分有限的，人类只有节制自己对消费，尤其是物质产品消费的无限欲望，才能够与地球的承载能力相一致，人类的持续发展目标才有可能真正实现。“发展”的原则要求人们根据生态环境和技术条件的变化而不断地调整自己的消费行为，其中包括消费伦理的变化等，在消费中不仅要考虑自己以及当代人的福利，而且要考虑整个社会和后代人的福利。生态经济学和可持续发展经济学与传统经济学最大的区别之一，就是对社会最大福利或资源优化配置标准认识的不同。

绿色消费行为要求人们在消费过程中，购买只是为了满足人的生态需要并有利于生态环境保护区；只购买那些满足自己生理和生态需要为限的产品，并且只到那些在生产过程中保护生态环境和节约自然资源最尽力，并且生产的产品在整个消费过程中对人身和环境最有利或损害最小的厂商那里购买产品，而不购买那些尽管价格便宜，但在生产过程中对环境造成比较严重的损害，浪费资源，并且在消费过程中会对人身和环境造成损害的厂商的产品；同时以最有利于保护生态环境的方式购买商品，如从步行或骑自行车等节能方式代替车驾等。

绿色经济的消费需求，要求人们将消费需求保持在一个合理的限度内。在技术条件一定时，应将人们对物质产品的需求控制在自然资源和生态环境能够承受的范围内，不破坏人与自然的协调发展，同时各种需求应协调发展，并且必须符合社会伦理道德。这意味着绿色经济中的消费是有所限制和有所选择的，而不是任意的，因此并不是所有的需求都应该得到满足。人类今天面临的最主要问题，就是对物质需求的过度奢望导致了自然资源的枯竭和环境的破坏，可持续发展思想的提出就是要扭转这种趋势，以生态和精神文化这些消耗资源少而不破坏环境的产品来满足人们的需求，在保护环境与资源的基础上，实现人类各种需求满足的均衡，达到社会福利的最大化。

绿色经济要求人们在消费过程中节约资源和保护环境，如尽量减少那些会大量消耗资源和破坏环境产品的消费，选择的产品不会对消费者造成伤害，在消费和生产过程中不会对生态环境造成大的损害，消费品残物的处理有利于资源的再利用，最终向自然界排放的残留物最少，或者能够自然降解而不会对环境造成严重伤害；人们在消费过程中，应根据自己的实际需要进行消费，不浪费消费品，而不应像目前随处可见的实际消费的产品数量远远超过合理需要量，在过多消费造成身体肥胖和各种疾病后，又花费巨资来减肥与治疗，或在消费中大量使用严重消耗资源的一次性产品等那样，所以，绿色经济的消费应该是理智的、节约资源和有利于保护环境的、结构是均衡的、支出是合理的等。这意味着符合绿色经济要求的消费模式，应该引导生产方式和流通方式向绿色经济的方向转变。

绿色经济消费模式应能为绿色生产发展提供内在的动力和为其提供符合需要的劳动力，这正如绿色生产能够促进消费向合理方向转变一样。消费是生产发展的动力源泉，脱离消费需求的生产发展是不可能持续的。只有消费的持续增长，经济发展才有动力而能够不断增长。绿色经济的消费应该是节约的，这是否意味着与消费的这种作用相矛盾呢？并不矛盾。节约是对物质产品消费的节约，对资源的节约，而消费需要是多方面的。今天人类消费的物质产品已达到一个相当高的程度，超出了维持人类基本生存的需要，虽然这并不说明人类对物质产品的消费不应该继续增长，但降低这方面的需求欲望并不会减少人类的福利。因为这方面的节约也就意味着其他需求的增长，而这些需求正是被长期忽视但对人类福利至关重要的方面，也就是精神文化、生态、保健和享受等方面的需要，相对于物质需要来说，这些需求的满足更是无止境的，它们的满足过程也就是人类能力的全面发展过程，这种发展不仅能为经济发展提供最有效的物质基础（高质量的劳动力要素），而且符合人类发展的趋势，是人类真正解放的标志，甚至是社会形态发生变化，即资本主义生产方式被更高级生产方式取代的标志。所以说，在物质消费上的节约不仅不会抑制经济发展，反而会更有力地推动经济发展。但这也说明人类必须改变消费行为和消费结构，使消费重心由传统的物质消费为主转向生态、精神文化消费为主，这也是知识经济的标志之一。

4.1.2 绿色消费

绿色消费是目前在世界各国比较流行的一个观念和行动，它包含两方面的内容。一是所消费的各种产品必须符合人的生理和生态需要，对人身不产生各种有害影响。就目前来说，它主要指所消费的产品，不包含各种对人体有害的农药残留物和各种化学物质与放射性物质，如食品不包含有对人体有害的农药与化学残留物，服装舒服透气且不对人体有害，所用的各种物品对人身安全等。二是消费过程和消费后的残留物与废弃物不对环境造成危害，如各种废弃的包装物能够被回收再利用或者废弃后不对环境造成损害，即它能够自然降解而又不对环境产生污染等，同时这些产品在生产过程中符合节约能源和资源的要求等。例如，西方绿色消费者提出消费三要求：①不购买污染环境的产品，包括过多包装、用后会变成污染物、生产时会制造污染、使用时会造成浪费或污染的产品；②不购买经过多重转售或代理的产品，因为当产品辗转到达使用者手上时，除了价钱会更昂贵外，在运输方面也会耗用大量能源，间接影响环境；③减少购买由第三世界人民承担原材料供应及生产工序的产品，因为生产这些产品不仅破坏第三世界国家人民的居住及周围的自然环境，同时也破坏了全球的资源。

在当今世界生态环境遭到严重破坏和自然资源大量耗竭，人们生活在有害物质环绕的时代，强调绿色消费是非常必要的，它对于改变人们的消费观念，保护环境与资源是有着非常重要的意义的，但同时我们也认为，这样的绿色消费观念还是比较狭隘的。①它仅将绿色消费局限于目前市场上流通的经济性产品，而没有包括各种非市场性的公共性消费品，而在当前消费中对环境影响最大和对人体造成严重损害的，恰恰是那些非个人性和非市场性的产品，如空气、水等的消费上。②它仅仅关注人们消费的产品是否对人体有害和产品的生产与消费过程是否会损害环境，而没有关注人们消费本身的量是否合理、所消费的产品的功能是否超出了生理或生态需要的范围。工业革命以来造成生态环境被严重破坏和自然资源被大量消耗的最重要原因，就是因为人类对物质产品需要的数量不断增长和质量不断提高，这使得为维持一个人生存所消耗的生态环境和自然资源大量增加，远远超过保持一个人生态健康所需的水平。例如，对发展水平超过了温饱的国家来说，当今人们所摄取的能量和营养早已超过了身体正常所需的水平，超重现象极其普遍，不仅使减肥行业异常兴旺，而且也严重损害了人们的身体健康。同时对几乎所有产品的质量和精美要求都远远超过了这些产品本身的功能，如衣着，人们追求的已不是它所具有的生理（即保暖）功能，也不是一般的审美功能，而是由生产关系决定的精细（即加工的深度）；如食品的要求也是如此，我们不是直接食用最符合生态要求和环境保护要求的谷物，而是将其中的大部分转化为肉、奶、蛋类，并且还要继续对这些转化的产品进行一系列的所谓“深加工”，在经过了无数的工序，消耗了大量的资源和劳动后才被人类食用。然而令人悲哀的是，当今世界的所谓“经济增长”，正是建立在这种迂回程度不断提高的基础上。可以说当今社会的一切环境与生态问题，都是人类对超出自身生理和生态需要的物质产品的无限欲望的贪婪所造成的。因此，人类必须能有效地抑制物质消费欲望，从以物质财富消费为中心的物欲主义，转向节约资源、保护环境并且有利于人类生理与身体健康的生态消费与精神文化消费为中心的生态主义。只有这样，可持续发展的要求和人类的持续生存与最大幸福才能够真正实现。

绿色消费是实现生态需要的一个重要方面。作为生态消费重要组成部分的绿色消费，它的实现程度，显然决定了生态消费从而生态需要能在多大程度上得到满足。绿色消费同时还是推进生态需要满足程度不断提高和实现可持续发展的重要手段。

绿色消费虽然是消费者的一种行为，但这种行为会影响甚至决定整个社会再生产过程的行为和目的，使它们符合生态环境保护和自然资源永续利用的要求，以实现社会绿色经济的目标。因为消费是社会生产的最终目的，虽然市场经济直接的生产目的是利润，但厂商如果要达到实现利润的目标，它生产的产品就必须符合由消费者行为决定的市场需要，否则利润目标就不可能实现，所以市场经济的再生产过程的行为目标最终是由该社会占统治地位的消费行为决定的。所以说，绿色消费不仅是保证生态需要得到满足和实现可持续发展的重要基础，而且是达到这个目标的重要手段。

4.1.3 生态需要的满足是绿色消费的重要组成部分[①]

生态需要是人类三种需要中的重要组成部分，当前人类社会的一种重大缺陷就是物质消费相对过度，生态需要满足严重不足，所以提高生态需要的满足程度，是发展绿色生产的重要内容。

生态需要就是人类为了获得包括持续生存和满足发展需要等方面内容在内的最大福利需要而产生的对生态产品的需要。生态需要有狭义与广义之分。广义的生态需要，包括人类为满足自身生存和发展的一切需要。这是因为人作为物质、精神、社会与生态（狭义）“四位一体”的生态系统，四种需要都是维持人这个生态系统必不可少的有机组成部分，所以都属于生态需要的范畴。生态需要的本质，就是维系人的内在平衡及其与生存环境之间的稳定生态关系，保证人类的持续生存和实现人类的最大福利。狭义的生态需要，则是除物质需要、精神需要和社会需要外的那部分生态需要。由于这里将生态需要作为与物质需要、精神文化需要并列的一种需要，因此这里的生态需要是狭义的。

如同任何需要都是通过对特定产品的消费实现的一样，生态需要同样是通过对生态产品的消费实现的。生态产品不仅包括那些可见和我们能够直接感觉到的由自然界自然生产的产品，如空气、水、自然景观、生活和生产中的空间大小等，而且还包括许多无形和我们不能直接感觉的生态产品，有些内容很可能是只有我们的灵魂才能感觉到的，如对构成完整生态系统或生命之网的依赖等。人是自然的产物，人的灵魂源于自然，因此只有在自然中才能得到真正的安宁与幸福。人类灵魂归宿的自然条件的任何骚动，轻则会引起人类灵魂的不安，重则会导致人类的毁灭，所以要实现人的幸福，就一定要维持人生存的生态系统的完好性。这正如马克思所说的：“从理论领域来说，植物、动物、石头、光等，一方面作为自然科学的对象，另一方面作为艺术的对象，都是人的意识的一部分，是人的精神的无机界，是人必须事先进行加工以便享用和消化的精神食粮；同样，从实践领域来说，这些东西也是人的生活和活动的一部分。人在肉体上只有靠这些自然产品才能生活，不管这些产品是以食物、燃料、衣着的形式还是以住房等的形式

---

① 本部分内容参阅和引用了柳杨青著的《生态需要的经济学研究》（中国财政经济出版社 2004 年 11 月），本人参与了本书的设计等工作。

表现出来。在实践中，人的普遍性正表现在把整个自然界——首先作为人的直接的生活资料；其次作为人的生命活动的材料、对象和工具——变成人的无机的身体。自然界，就它本身不是人的身体而言，是人的无机的身体。人靠自然界生活，这就是说，自然界是人为了不致死亡而必须与之不断交往的、人的身体。所谓人的肉体生活和精神生活同自然界相联系，也就是说自然界同自身相联系，因为人是自然界的一部分。”[①]就充分说明了生态需要不仅是对满足人类维持基本生理需要的各种生态产品的需要，包括对维持人这个生态系统保持完好状态并且能够持续生存的各种生态产品的需要。

如同人类在物质需要和精神需要方面的情况一样，生态需要不仅指由人的生态性所产生的自然性生态需要，而且包括后天发展起来的各种社会性生态需要，这也是人与动物之间的最大区别之一。随着社会进步，社会性生态需要的比重会不断上升。

自然性生态需要的内容，主要有对洁净水和空气的需要、对良好的自然和社会景观的需要、对优美的生活与工作场所环境（包括宁静）的需要、对一定量居住、工作及休闲活动空间的需要、对保证人类持续生存所需的生物多样性和生态平衡（包括稳定的大气和气候环境等各种保持生态稳定的内容）的需要等；社会性生态需要的内容，主要是人际关系本身以及维系并决定人们之间相互关系的宗教、家庭、亲友、文化制度等一系列社会性因素。这两种需要之间是相互联系的。因为人与人之间的关系与人与自然的关系是相互影响和决定的，如在“小国寡民”社会，人们之间的依存关系非常紧密，因此无论是产品的分配还是人与人之间的关系也较公平，同时受地理区域的严格限制，必然会产生人与自然关系的紧密和和谐相处；进入资本主义社会后，人与人之间的关系松散，竞争造成的生产关系差别巨大，这种关系必然使人与自然处于对立的状态中，这种情况说明，要使人的生态需要得到满足，不仅需要提供良好的自然生态产品，而且必须提供良好的社会性生态产品，即必须不断地完善社会生产关系。可持续发展理论中提出或倡导的公平和共同参与思想，是这方面内容的部分反映。

生态需要从性质上讲，它既是一种最基本的需要，但同时又是一种高级的需

① 马克思：《1844 年经济学哲学手稿》，北京：人民出版社，1985 年版。

要[①]。生态需要之所以是一种最基本的需要，是因为人本身是个生态系统，同时又是整个生态系统中的一个有机组成部分，因此保证一定的自然性生态需要的满足，是维持人这个生态系统必不可少的条件，如人呼吸不到必要含氧量的空气或喝到一定量的淡水就会死亡。由于自然界直接提供了满足这种需要的产品，因此在一般情况下人们是不太关心这种需要及其满足程度的。只有在物质需要和精神需要得到满足，同时生态产品在传统经济发展过程中因生态环境破坏而变得短缺和质量严重恶化时，人们才会关心生态需要。这时生态需要的满足程度不仅关系到人们的生存安全，而且因稀缺而成为衡量人们生活质量和社会地位高低的标志，因此使它成为一种高级需要。

正由于对人类社会来说“稀缺的就是有价值的”，因此本属于人类最基本需要的生态需要，在今天已经逐渐成为一种较高层次的需要。人类具有的“失去的就是有价值的”天性，使生态产品在供给丰富时，生态需要往往并不成为人们关心的问题，似乎只有相对稀缺的物质和精神需要才是人类最主要的需要；可当物质需要和精神需要在持续的经济增长中得到较大程度的满足，人类因此开始关心生态需要的时候，生态产品的供给却因在此过程中被严重破坏而由原来的丰裕变得稀缺，要得到较高质量的生态产品就必须付出高昂的代价。例如，目前杭州临西湖且植被环境良好地段的房子价格已达数万元甚至数万美元，且有价无房，是城中心黄金地段房价的数倍甚至数十倍；大城市的人们想要呼吸到新鲜的空气和见到洁净的自然水和蓝天，必须耗巨资长途跋涉到边远的山区乡村，因此高质量生态需要的满足已成为一个高层次的消费需要。稀缺程度越高的产品需求也就在消费层次中占有越高的地位，也就是人们努力追求的并且是社会中心或政府所必须努力满足的目标，同时该过程也是经济增长的过程。因为一旦生态产品变得稀缺，它对人类社会的经济价值就会凸显，不仅个人在这方面的支出会不断增加，而且由于生态需要具有非常强的公共性，因此为了满足这种需要，公共财政在这方面的支出比重会以更快的速度增长。

---

① 刘思华：《理论生态经济学若干问题研究》，南宁：广西人民出版社，1989 年版；刘思华：《当代中国的绿色道路》，武汉：湖北人民出版社，1994 年版；刘思华：《论生态经济需求》，载《经济研究》1988 年第 4 期，第 77～79 页；伊世杰：《消费经济学原理》，北京：经济科学出版社，2000 年版；伊世杰：《论生态需要与生态产业》，载《湖南师范大学学报（社会科学版）》1998 年第 5 期，第 2～6 页；伊世杰：《生态需要与后工业社会》，载《求索》1998 年第 2 期，第 9～12 页。

此外，生态需要还具有以下三方面的特点：

（1）生态需要具有明显的公共性，即不具有明显的排他性，或者说排斥的成本太高。这正如在面对大气污染时有人指出的那样，不管穷人还是富人，他们呼吸的空气是一样的，就说明了这种公共性。生态需要的公共性说明，生态产品供给中的大部分必须由社会中心或公共财政来满足。例如，生态需要中对洁净空气和水的需求、对良好景观的需求、对浓厚文化氛围和社会关系的需求等，都不是通过狭隘的市场能够完全提供的，而必须通过范围不等的社会，如居住小区的生态景观、文化氛围和社会关系等，必须由小区内的所有居民和物业管理者的共同行动来提供；一个城市的生态产品需要则需由政府和各种社会性组织来提供，正因为如此，保护生态环境，增加生态产品供给，不仅是每个人的义务，而且是政府的主要职责。生态需要的公共性，决定了政府和各种社会性组织是生态产品的最主要供给者。由于生态需要既是一种基本需要，同时又是一种高级需要，因此随着经济发展过程中社会对生态需要满足程度要求的提高，各级政府用在满足生态需要方面支出的比重会不断提高，这也正是当今各国政府正经历的事情。

（2）生态需要的满足具有很强的外部性，即在消费生态产品时，除自己得到满足外，还能给其他人带来生态需要满足。例如，人们美化自己的庭院，能给邻居带来很大的满足；江河流域进行防止水土流失和美化景观的植树造林，会极大地改善下游地区人民的生态需要状况；城市小区美化环境的行动，会使整个城市的人们因生态环境改善而受益；一个国家改善空气质量的行动，像我国为减少硫、氮化物排放的洁净空气行动，会改善世界的空气质量，从而对世界性生态需要的满足做出贡献。这种情况同时还说明，生态产品的生产也具有明显的外部性。人们种花养草，不仅可以给自己和他人带来美感，而且能够改善生态环境，如给昆虫提供了食物、净化了空气等。自然，有时生态需要的满足也具有明显的外部不经济性后果，如使用空调制冷和制热而使自己生活舒适，对能源的消耗会产生各种污染；清洁活动中产生的垃圾会对垃圾堆放地的环境产生严重的破坏等。不过一般地说，生态需要的外部经济性要强于其外部不经济性。生态需要满足的这种特点，使一个社会可以通过鼓励人们增加对生态产品的生产和消费来提高整个社会的生态需要满足程度。

（3）生态需要的消费具有极强的可持续性。因为生态资源或生态资本对生态产品的生产具有持续不断的再生产能力，只要对它的消耗不超过这种能力，它就能够不断地向人类提供生态产品，在此过程中往往还具有自我增殖能力，所以生态消费对生态资本或生态资源的损耗很小，甚至还会在此过程中增加生态资本的积累，使后代人受益。一般地说，人们对生态产品的消费越多，意味着生态产品的生产也越多，从而生态资本的积累就必须越大，因此社会的可持续发展能力也就越强，子孙后代的福利就越有保障。这是生态需要的消费区别于物质产品消费最明显的地方之一。物质产品的生产不仅会消耗资本存量，而且会消耗大量的自然资源和对生态环境造成破坏，所以对物质产品的消费越多，社会资本（包括生态资本和精神资本等各种资本）存量的消耗也就越多，可持续经济发展的能力就越弱。所以，加强生态需要的满足，适当减少或抑制人们的物质消费，是实现可持续发展的重要保证。

4.1.4 绿色生产与绿色消费

从关于绿色消费模式和绿色消费的内容可以看到，绿色生产与绿色消费是相互促进的，就是说要促进绿色生产，就必须倡导绿色消费，而要使绿色消费得到实现，就必须大力发展绿色生产。绿色消费是绿色生产的目的，绿色生产则是实现绿色消费的手段，所以两者之间是相互促进的，绿色经济的再生产，就是要做到两者之间的相互促进过程。

显然，在现实社会中，人们消费中不可能做到完全理性，从而人们实际的消费行为与绿色消费模式的要求相距甚远，如当前人们对需消耗大量资源并会对环境造成巨大伤害的一次性消费品和塑料包装品的使用，虽然它对当前的生产有巨大的推动力，但它引导的生产运动方向显然是不可持续的，所以要使生产与消费之间实现良性循环，就需要对消费过程进行适当的引导，使其符合绿色经济的要求。这也就是说，自发的消费伦理并不能完全满足绿色经济的要求，尤其对于我们这么一个追赶型国家来说更是如此，当前我国的消费伦理和消费行为就显得过度追求物质消费需求，如食品的精美、汽车、家用电器、住房等，大量使用一次性消费品和塑料包装品，对消费品的选择与使用而不注意它们对环境的影响，在日常行为中也不时地破坏环境，如随地吐痰、乱扔废弃物、在公共场合吸烟等，就明显不符合绿色经济的要求。这说明，个人的消费行为与消费模式需要社会中心或政府对消费伦理与消费行为进行调节和引导，如通过舆论宣传使人们更客观地认识自身与生态环境和资源的关系，将传统的两者对立的认识转变为两者和谐的认识，建立起破坏环境和浪费资源是一种犯罪，保护环境和节约资源则是一种高尚美德的行为观念；对人们的日常消费行为进行规范，使其符合社会的道德和环境标准；在政策上对那些在生产和消费过程中会破坏生态环境和消耗不可再生资源的产品征收较高的税收，或者通过法律与行政手段进行严格限制或取缔，对那些符合绿色经济要求的产品生产与消费进行鼓励等，将会对人们的消费伦理和消费行为产生明显和积极的影响，使社会早日建立起与可持续发展要求一致的消费伦理与消费行为。

要使消费符合绿色经济的要求并成为推动绿色生产的动力，不仅需要消费能够随经济发展而不断增长，而且要求消费取向与消费结构发生转变。例如，在消费取向上向绿色产品转换，在消费结构上向精神文化需求和生态需求倾斜，不断降低物质消费在消费支出中的比重，这样不仅能够减少自然资源的消耗和对生态环境的压力，而且可以使消费结构更趋合理，能使劳动者的各种需要得到满足而使能力全面发展，更加符合绿色经济对劳动力的要求，从而推动经济的可持续发展。要实现这点，也需要社会或政府的调节与引导。

绿色消费行为与模式的形成，必然极大地推动绿色生产的发展。当今随着整个社会环保意识的加强，对企业生产的环境监督力量也在加强，迫使企业加强环境保护的关注与投入，因为这不仅关系到它们的社会形象，而且关系到它们产品的社会接受度，从而决定着它们的命运。随着人们对健康的关注以及绿色消费的兴起，人们不仅开始关注产品消费本身的安全，同时也关注产品生产过程及其产品最终废弃过程的健康与环境安全，由此促使企业进行产品生产工艺与对象的转换。随着社会对绿色产品需求的大量增加及其价格水平的不断提高，促使许多企业转身绿色有机产品生产，市场上的绿色有机论证产品因此大量增加。所以，绿色消费行为及其模式的形成是绿色生产的前提。

在促进绿色生产方面，不仅需要绿色消费行为与模式的形成，还需要消费结构合理。大的方面，消费结构主要由物质消费、精神文化消费与生态消费组成。在这三种消费中，满足物质消费的生产是最消耗资源并且对生态环境造成损害的，因此，在绿色消费中除了倡导物质产品消费中的绿色理念外，应该特别加强生态消费与精神文化产品的消费，提高它们在消费中的比重。

我们知道，虽然满足人们合理的物质消费是一切社会的目标，但从某个角度看，当前人们对物质产品的消费已经过度，这种情况在发达国家尤其明显，如用于减肥与治疗相关疾病的支出可能已经超过食品支出，用于美容方面的支出更是惊人，绝大部分非一次性消费产品都在它们的使用寿命前被抛弃或更替，由此造成的资源浪费现象极其严重，同时造成严重的环境损害，所以适当节制物质产品消费，进行合理、适当的物质产品消费理念，是绿色消费的正常要求。显然，节制物质消费，不仅不是要减少、降低消费水平支出，反而要不断地提升个人与整个社会的消费水平与消费层次，达到这个目标的手段就是增加精神文化产品与生态产品在消费中的比例。从需求层次与消费层次理论知道，相对于精神文化与生态消费来说，物质消费，尤其是消耗大量资源的满足吃、穿、住、用的物质消费，是一种较低层次的消费需求，而精神文化与生态产品需求则属于较高层次的需求，所以促进精神文化与生态产品的需求，不仅有助于改善消费结构，而且是提升消费层次的重要举措。更重要的是这些产品的生产不仅消耗的资源少，而且还是促进绿色生产和资本积累的，无论是精神文化产品还是生态产品都是如此。

对生态产品的生产与消费来说，生态需要的满足具有强烈的公共性、外部性与可持续性，因此这些产品的生产与消费不仅能够促进绿色生产，而且符合绿色经济人文关怀与自然关怀的要求，同时在很大程度上是与资本积累，尤其是绿色资本积累过程相一致的，即这些生产甚至包括消费本身就是绿色资本积累的过程，所以促进生态需要的满足，是绿色生产、绿色消费与资本积累相统一的过程。

精神文化产品的生产与消费也具有同样的性质。这是因为相当部分精神文化产品具有可复制性，也就是具有明显的公共性与外部性，同时还具有可传承性。传承性也就是一个社会的资本积累，而公共性与外部性则能够满足消费公平的绿色发展要求，符合人文关怀的基本精神。更主要的是精神文化产品的消费不仅是较高层次的消费满足，而且它们的生产过程消耗的自然资源少，也不会产生消费后对生态环境有破坏作用的废弃物排放，同时无论是生产过程还是消费过程，都对提高劳动者的劳动能力有极大帮助，因此还是一种重要的人力资本积累过程，所以，大力满足人民群众的精神文化需求，是绿色生产一个极其重要的方面。

从以上分析可见，只有积极倡导绿色消费，绿色生产才有足够的动力，同时也只有大力发展绿色生产，绿色消费的需求才能得到有效满足，由此绿色经济的目标才能实现。

4.2 绿色生产与分配的关系

分配关系是一个社会生产关系的集中体现，同时连接着生产与消费，所以在社会经济中起着十分重要的作用。

绿色生产需要绿色分配来支撑。这是因为对生产要素与资本积累比例的分配，决定着绿色生产的规模、结构及其运行，对收入的分配决定着绿色生产的产品是否能够正常实现，从而再生产过程是否能够正常运行的基本条件，所以绿色生产依赖于绿色分配功能的正常发挥。

4.2.1 绿色分配的内涵

绿色分配的内涵包括多方面的内容：产品在消费与积累之间的分配；不同要素所有者之间的分配；各要素所有者内部之间的分配；不同形式资本补偿与积累形式之间的分配；不同区域之间的收入分配与要素分配；不同产业之间的资源分配等。绿色经济分配关系的内容，就是社会的分配方式与分配结果，必须符合绿色经济的各项要求，促进绿色生产的发展。

消费与积累的关系如何，在很大程度上取决于对它们内容的认识。在传统上，积累仅指物质积累，人力资本方面的投资被作为消费对待，那么两者间在短期内的矛盾关系就比较突出；如果把人力资本的投资作为消费来对待，那么两者间的矛盾关系就比较缓和。为了避免认识上的不同而产生分歧，这里将消费限定为非知识资本型的单纯性消费。在做了这种区分后，则消费与积累之间在短期内是存在一定矛盾的。绿色经济中消费与积累之间的关系，应该是既使人民的消费水平能够不断提高，同时又使积累能够不断增加。由于今天资本积累的重心日益转向人力资本（包括大部分知识资本），而人力资本的积累本身就是一种消费过程，所以从广义消费看，消费与积累是能够得到很好统一的。对一些生态产品，如生态景观等产品的消费也具有同样的效果。

在实际过程中，积累与消费的分配关系，在很大程度上取决于产品在不同要素所有者之间的分配方式和分配结果。如果在社会生产中，物质资本起主导地位，那么资本所占的份额会较高，从而积累的比例会较大，因为它反映了经济发展主要依赖于资本积累的增长。这正如在传统社会中，土地在生产与分配中占主导地位时，地租在产品分配中所占的份额就较高一样。在现代社会中，人力资本，尤其是知识资本取代物质资本占据主导地位，所以它在分配中的比例不断上升，从而资本积累的重心也向其倾斜。由此我们可以看到，当今世界上最富裕的人，都是近几十年高科技领域的创新人物。

绿色经济的分配方式及其分配结果，必须正确处理各要素间的分配关系，既要使各自所得的份额与它们在经济发展过程中的作用相一致，又必须充分兼顾公正与公平，尤其是在产品的再分配中更应该注意这一点。如果说在产品的初次分配中，应以效率为取向，那么在再分配中，则应以公平为优先。自然，公平的程度不能对效率有太大的损害，否则就会牺牲绿色经济的能力，这同样是违反绿色经济要求的。

产品的分配结果如何，不仅是一个公平与效率关系的问题，而且它还决定着社会产品能否正常实现和社会在一定经济规模基础上能获得多大的福利。一般地说，较高公平程度的分配结果，能够得到较大程度的社会福利。这是因为，“不患寡而患不均”是现代的一种共同现象，所以较高公平程度的分配结果，有助于提高一定产品基础上的福利水平。

分配比例关系不仅决定着一定产出基础上的福利水平，而且决定着社会产品能否得到正常实现。这是因为商品需求结构是由产品在不同所有者或不同收入水平人们之间的分配结果或比例所决定的，而不同收入层次人们之间的产品需求是不同的，所以产品在不同收入人们之间的分配比例决定着产品的实现程度。如果由分配比例决定的需求结构与生产结构不一致，就会导致产品实现的困难，就可能引发经济危机，使生产无法正常进行。绿色经济的分配关系，就是要正确处理产品在不同所有者之间及其内部间的比例关系，实现生产结构与需求结构的一致，从而保证经济的稳定运行。

在积累规模确定后，还必须合理确定各种形式资本间的比例关系。这种比例关系是否协调，决定着已积累的资本能否有效地发挥作用。因为如果比例失调，就会在系统的“最差（小）限制律”作用下，使资本不能被有效地利用，就会对绿色经济造成损害，所以不同形式间的资本分配比例关系也是十分重要的。自然，这种比例也不是固定不变的，随着经济条件的改变，它们之间的比例关系也会改变。在传统工业经济向知识经济的转变过程中，人力资本和知识资本在资本总量中的比例会不断提高，与此对应的是，它们在总产品中所得的份额也会上升。

要实现绿色经济的要求，还必须处理好产品分配和资本积累在各产业部门间和区域间的分配比例，这是经济均衡发展和实现社会公平公正的重要条件。对产业结构和区域结构的资源配置比例来说，其均衡与否同资本积累在各种形式资本分配上的比例关系一样，受系统“最小限制律”的作用。对它们之间的产品分配来说，则不仅关系到经济比例是否协调，而且关系到社会公平与公正，关系到社会稳定和民族团结。虽然在这方面公平与效率之间存在着一定的矛盾，如公平程度超出一定范围内会牺牲效率，但如果不兼顾公平同样也会牺牲效率，因为它所产生的低收入和高收入人们劳动时间的下降，以及低收入者进取心的丧失等都会降低宏观效率，其产生的社会对抗则更是效率的最大威胁，所以公平与效率之间既存在矛盾但又是统一的。绿色经济的分配方式就是要正确处理两者间的关系，使公平与效率得到较好的兼顾[①]。

4.2.2 绿色生产与绿色分配

绿色经济中的生产与分配，就是要使产品分配符合绿色生产的要求并推动它的发展，同时绿色生产的发展能够促进产品分配的改善。

绿色生产与绿色分配之间关系的核心问题，应该是实现公平与效率的统一。这是因为，公平不仅是绿色经济中人文关怀的重要体现，而且是实现绿色生产与绿色消费的重要保证，如果产品分配不公平，那么就存在着在生产中以破坏生态环境来换取经济利益的机会，由此必须会导致生态环境的破坏；同时对贫困的人来说，在生产与消费中追求的是产品的数量而不是质量，生态环境对他们来说也是没有什么价值的，因此也就不会注重生产过程中的环境保护与人身安全，对产品是否有害健康也不会很在意，假冒伪劣必然泛滥，这也就是为什么在我国经济发展达到相当水平，部分人追求价格高的有机绿色产品的同时，假冒伪劣产品仍然屡禁不止，原因就是我国产品分配中存在着日益严重的两极分化；对数量的过度追求，还会导致化肥农药的大量使用等反绿色生产行为的泛滥，也就是说，贫困是对生态环境的最大威胁，并且是绿色生产的最大阻力，传统的绿色生产就是因此而被以石化产品投入为代表的“灰色生产”所替代的，所以在一个两极分化的社会是不可能建立起绿色

① 关于宏观公平与效率的关系，请参见杨文进《论宏观公平与效率的关系》(《当代财经》1997 年第 6 期)。

经济的。为此，加强产品分配的公平，是建设绿色经济的根本保证。在这方面，除了促进市场机制作用下的资本积累作用外，社会中心或政府也必须积极介入产品分配过程，以保证收入分配的相对公平，从而为绿色生产提供必要的社会条件。

通过市场机制和一定的收入分配，促进资本积累的加强，也是促进绿色生产的一个重要方面。因为资本积累是促进社会共同富裕的有效手段，同时也是绿色生产的物质基础，所以通过分配加强资本积累，也是促进绿色生产的一个重要方面。

通过合理地调节要素和资本积累在满足三种需要前面的分配比例，对绿色生产的作用显然是极其重要的。相对于物质产品生产来说，生态产品与精神文化产品的生产不仅对资源的消耗更少，而且有助于生态资本与知识资本的生产与积累，是一种更加绿色的生产。同时对物质产品的生产来说，合理的要素分配与资本积累，也是绿色生产的必要前提。因为在物质产品生产中，也存在资源在什么产品间分配的问题，同时绿色生产的实施需要必要的资源投入，如将资源投入于绿色生产技术的研发与生产组织，就能有效地促进绿色生产，所以加强生产过程的资源分配，是保证绿色生产顺利进行的物质基础。

合理地调节区域间的收入分配关系，也是促进绿色生产的一个重要方面，这也同样是实现公平与效率相统一的客观要求。因为在生态环境基本矛盾的作用下，会产生人们对生态环境利用或保护方面利益与成本之间的不一致，所以不利于生态环境的保护。这种情况在不同区域之间更为明显。例如，在江河上下游之间，上游地区保护生态环境是要付出一定成本的，但它们本身从中得到的利益则是比较有限的，大部分利益被下游地区所享有；同样，上游地区破坏生态环境的主要受害者也是下游地区，虽然从长远看对上游地区也会造成损害，但这种损害与从中得到的利益相比是小的或较小的。如果下游地区希望上游地区保护好当地的生态环境，降低上游地区的理性行动对自己造成的不良后果，它就必须对上游地区因改变行为所遭受的损害进行补偿，并且必须使其因此得到的利益大于原来的行为利益，同时还必须保证两者之间的收入差距不致太大。所以，做到区域之间分配关系相对合理，是保证绿色生产能够正常进行的必要条件。

同绿色分配能够有效地促进绿色生产一样，绿色生产的积极推进也能够更好地改善绿色分配关系。这不仅因为一个社会所能分配与消费的产品是不能超越其生产范围的，为满足社会绿色需求而进行的绿色生产，尤其是其为实现人文关怀与自然关怀而进行的生产结构，在一定程度上决定了社会的分配结构与消费结构，所以绿色生产同样能够促进推进绿色分配与绿色消费；更主要的是作为一种代表社会发展方向的生产方式，绿色生产具有更高的经济效率，从而这方面的生产会带来更高的收益，从而提高从事绿色生产方式人们在收入分配中的比例；同时，绿色生产是一种比传统生产方式具有更高人文关怀的生产方式，因而这种比例的提高自然会更好地促进分配关系的改善，所以，如同绿色分配能够有效地促进绿色生产一样，绿色生产也能够更好地促进绿色分配。

4.3 绿色生产与交换的关系

交换是再生产的一个重要组成部分，其状况对绿色生产有着非常重要的作用。

4.3.1 绿色经济交换方式的内涵

再生产过程中的交换是通过一定的交换方式来实现的。交换方式是一个社会在分工基础上各经济主体之间的社会联系形式，它包括商品交换的方式、价格形成的机制、结算方式等内容。我们知道，分工协作创造的财富要大于各生产单位独立创造财富的总和，具有这种作用的原因之一就是其特有的交换方式。因为它以商品交换的方式将系统中分散的各部分连接了起来，使它们形成一个有机的整体，从而产生出系统效应，所以商品交换方式具有增加社会财富的功效。该效应的大小与商品交换方式的形式及其组织等有密切关系。交换方式还是连接生产、分配与消费的纽带，其状况决定着再生产其他几个方面的功能和状况。交换方式不仅包括产品的交换，而且包括要素的交换以及商品与货币的交换等。

绿色经济的交换方式就是要使通过交换方式产生的系统效应达到尽可能得大，并且符合绿色经济要求，即要满足商品流通有序高效、商品价格与价值基本相等、生产与需要一致、正确引导生产与消费、平衡市场供求、市场交换公平与公正等。这说明，作为连接生产与生产、生产与消费、生产与分配、分配与消费纽带的交换方式，在再生产中起着十分关键的作用。

要满足绿色经济的要求，交换方式或者说商品的流通过程必须做到高效率，即它本身消耗的资源必须尽可能少，流通时间必须短，信息反馈及时，生产与需求得到良好的衔接等。为此，必须建立与符合经济发展要求的流通体制，建立高效率的流通机构或组织、高效率的信息传递机制、良好的符合绿色经济要求的引导机制、高效率的资金结算体制、公正有效的监督机制等，以实现整个流通过程中的高效率和公平公正。

社会生产的最终目的是满足社会需要，这种需要满足的程度则是由交换方式及其效率决定的。如果商品流通的环节设置不合理，信息传输渠道不畅通而导致信息失灵，就会造成供求的脱节，这正如我国目前的绿色产品市场这样，生产者为产品找不到好的销路与价格而焦虑，需求者则因购买不到真实的绿色产品而犯愁。这种情况在我国其他商品交换中也是比较普遍的。

合理的交换方式不仅能够有效地联系供求，而且也能在一定程度上调节供求关系和稳定价格，以实现总供求的平衡。例如，建立合理的储备体系和投机机制，就能够在这方面发挥一定的作用。

合理的交换方式还应该能够正确地引导消费，使消费和生产符合绿色经济的要求，如通过一定的政策与舆论引导，可将生产与消费的重心引导到绿色产业和产品中来，从而实现经济的可持续发展。

市场经济中的产品交换也就是产品的初次分配，这种分配的状况决定着资源配置的方向，反映了人们之间在生产与分配方面的关系，所以交换方式决定着实际的资源配置和产品分配。在市场经济中，具体的资源配置是由各种产品之间的利润大小支配的，而各种产品利润的大小则是由它们在市场中的交换价值或价格决定的。价格的高低除了受生产结构、社会需求结构等因素决定外，很大程度上由交换方式，其中包括市场垄断势力、流通环节、流通组织方式及由它们决定的流通效率等因素决定。今天由于生产过程技术进步的速度较快，使得产品生产成本占商品价格比例不断下降，这时流通方式及其效率对商品价格的高低就起着十分重要的作用。由于不同部门的流通组织方式不同，流通效率也不一样，因此不同商品间的价格比例关系或利润也不同。这种不同不仅产生了不同部门间的利益差异，而且对资源配置结构起着决定性的作用。符合绿色经济要求的交换方式，应该是各部门的产品价格都与价值相符，各部门之间的利润率一致，实现各部门之间利益关系的均衡，从而达到资源配置结构比例的协调。

作为初次分配，交换方式还决定着劳动者内部及与其他要素所有者之间的分配关系，从而决定着一个社会分配的公平与公正程度。劳动者作为要素，在交换中是否能得到与其价值相一致的价格，不仅反映了他们与其他要素所有者之间的关系，反映了产品分配是否公平与公正，从而社会能否实现稳定，而且决定着劳动者在劳动消费中的耗费能否得到正常的补偿，由此决定着经济发展能否持续。其他要素在交换中得到的利益是否与生产力发展对它们的要求一致，也是决定经济能否持续发展的重要条件。符合绿色经济要求的交换方式，应该能够根据绿色经济的需要，不断地对各要素在初次分配中的价格及其占总收入的比例进行一定的调节，在实现公平公正的基础上，使各要素的再生产满足生产力发展的需要。

在市场经济中，商品价值和各部门的利益是通过货币形态得到实现的，要使商品流通正常进行，就需要有高效率的结算体系和信用保证体系，以使资金的运动能够与商品价值的运动一致。因此，符合绿色经济要求的交换方式，还应包括高效率的金融体系。从马克思的流通理论知道，资金的循环状况对整个再生产是起着决定性作用的。在现代经济系统中，由于货币运动与商品运动的相对独立，社会生产及其结构与社会分配和社会需求及其结构决定因素的不一致，极易产生生产与需要在总量与结构间的不一致，从而会造成商品运动与货币运动在总量与结构上的不一致，这种不一致会引起宏观与微观经济运行的不稳定，因此能否建立高效有序的金融体系，就成为决定一个社会经济能否持续发展的关键。20 世纪 90 年代发生的数次金融危机对主要当事国经济的破坏程度，就反映了金融体系的健全程度对一国绿色经济的重要性。

4.3.2 绿色生产与交换方式

从绿色交换方式的内容知道，交换方式的状况对绿色生产是否能够顺利进行起着决定性的作用。这是因为，与计划经济中的生产决定交换不同，在市场经济中是交换占据支配性地位，也就是交换决定生产，所以交换方式的良好程度决定着生产的状况。

在市场经济中，由于生产者与需求者处于分散状态，因此信息传递是否及时、准确、全面，不仅对生产，而且对整个再生产过程都至关重要，由此说明在绿色经济中必须建立高效有序的信息传递体系，尤其是价格信息体系。在这方面，既要充分发挥市场机制的功能，如建立健全主要商品的期货与现货市场，促使价格形成机制功能的发挥，以正确引导生产与消费。当前在我国，为了促进绿色生产与绿色消费，政府可以通过对价格一定的调节来促进生产与消费，如对绿色生产与消费需求提供一定的补贴等。

建立有效的价格调控体系，使资源配置符合社会经济发展目标。由于生态环境基本矛盾容易造成生态环境的破坏和资源的浪费，因此需要通过法律和财政金融等手段对它们的市场价格进行调节，使它们与社会价值一致，以达到保护资源和生态环境，实现绿色经济的目的。通过适当的价格机制引导生产与消费，如对符合绿色要求的产业与产品进行鼓励，促进社会增加对它们的投资与消费等，对那些污染环境与浪费资源的产业及其产品进行限制，降低它们的市场竞争力，同时对那些与可持续发展要求严重不符，如会严重破坏生态平衡的野生动植物交易进行取缔，对不符合社会道德规范的各种商品交易进行严格控制等，将能有效地促进绿色经济；建立符合生产力发展要求和社会道德规范的劳动价格体系，以实现公平与公正的目标。

在使价格机制能够充分反映供求以及成本等方面的信息，就必须建立高效的反垄断与非正当竞争机制，以防止价格、供求等信息被人为扭曲。在我国，因垄断与非正常竞争所导致的价格信息失灵带来的效率福利损失是非常惊人的，所以加强反垄断与非公平竞争的力量，建立公平、公正的市场体系，对促进我国的绿色生产是有极大的作用的。

建立公平有序的要素市场体系，也是促进绿色生产的重要条件。只有在这种体系下，劳动者等要素的合理报酬才能充分反映，劳资关系才能比较融洽，同时资源配置才能反映真实的市场供求状况。

建立有效的金融结算体系，也是促进绿色生产的一个重要方面。我国当前金融结算体系面临的一个重要问题，就是资金的供求之间出现较严重的不对称，大量资金被用于低效率的国有企业与房地产上面，民营企业与创新企业则难以得到发展急需的资金，同时获得资金的成本太高，大部分利润被垄断性金融机构攫取，由此严重削弱企业发展的后劲。利益分配的不公，也是严重阻碍社会和谐的，与绿色经济要求的人文关怀是背道而驰的。

建立诚信高效的交易体系，也是促进绿色生产的一个重要方面。我国交易体系中存在的一个极其严重的问题就是诚信体系的不健全，违约、诈骗、以次充好、售假买假现象普遍，由此导致的交易成本高昂，成为阻碍我国生产效率提高的一个重要根源，所以建立健全交易中的诚信体系，成为绿色经济建设中一个极其迫切的任务，这也是关系到绿色生产是否能够真正得到有效实施的前提条件。因为在一个缺乏诚信的体系中，人们既不会真正地进行绿色生产——无法与冒充的绿色产品竞争，消费者更不会相信绿色产品，所以它会摧毁绿色生产的根基。这种情况在我国当前已是非常普遍的现象，导致一些真正的有机绿色产品无法正常销售，而（高端）消费者则购买不到真正的绿色产品，所以，要促进绿色生产诚信体系的建立是必不可少的条件。

物流是连接生产与消费，或者说供给与需求的桥梁，提高物流效率、降低物流成本，是提升整个资源配置效率的重要环节，同时也是保证绿色生产有效率的前提。显然，做到低成本与高效率的有效手段，就是实施绿色物流，即在物流过程中，通过统筹安排，减少流通环节，降低分拣、运输、投递成本，同时选择最有利于保护环境和人身安全的措施的物流。在我国当前，因普遍且价格较高的道路收费，加之缺乏范围较广的物流体系，物流成本的高昂是我国再生产过程中的一大弊病。所以，如何降低物流成本是提升我国经济整体效率的一个亟待解决的问题，这也是绿色生产对绿色流通的客观要求。

绿色交换是一个涉及面非常广泛的领域，因此是一个需要加强统筹协调的对象，这个对象是否处理得当，不仅关系到本身的效率高低，而且对生产与消费有着重要的作用，所以加强这方面的建设，对绿色生产的顺利进行具有非常积极的意义。

4.4 绿色生产与环境支持系统的关系

绿色生产的一个重要特点，就是非常强调生态环境在生产中的作用，不仅在生产中要特别注意对生态环境的保护，而且更重要的是要得到生态环境的有效支持，所以在这里，绿色生产与生态环境之间是相互制约又相互促进的。

4.4.1 环境支持系统的内容

在第 2 章中讲到，作为绿色经济系统有机组成部分之一的“环境支持系统”，指在经济发展过程中对资源的利用和对废弃物的处理，均应维持在环境的允许容量之内，否则，经济发展将难以为继。

4.4.1.1 环境的含义

环境是指以人类为主体的外部世界，即人类生存、繁衍所必需的、相适应的环境。它可分为自然环境与人工环境。自然环境是人类出现之前就存在的，是人类目前赖以生存、生活和生产所必需的自然条件和自然资源的总称，即阳光、温度、气候、地磁、空气、水、岩石、土壤、动植物、微生物以及地壳和稳定性等自然因素的总和，也就是直接或间接影响到人类的环境自然形成的物质、能量和自然现象的总体。人工环境指由于人类的活动而形成的环境要素，包括由人工形成的物质、能量和精神产品，以及人类活动中所形成的生产关系和上层建筑。

环境是由环境要素构成的。环境要素构成环境物质组分。它们是认识环境、评价环境、改造环境的基本依据。环境要素具有这些特点：①最差（小）限制律，即环境质量的好坏，取决于诸要素中处于“最低状态”的那个要素，不能用其余的处于优良状态的环境要素去替代和弥补，因此在改造自然与改进环境质量时，必须对环境诸要素的优劣状态进行数值分类，循着由差到优的顺序，依次履行每个要素，使之均衡地达到最佳状态；②等值性，它指各个环境要素，无论它们本身在规模上或数量上如何的不相同，但只要是一个独立的要素，那么对于环境质量的限制作用并无质的差异，或者说任何一个环境要素，对于环境质量的限制，只有它们处于最差状态时，才具有等值性；③整体性大于各个体之和，或者说环境的整体性大于环境诸要素之和；④先后出现、互相联系、互相依赖，指环境诸要素在地球上的出现具有先后之别，但它们又是相互联系、相互依赖的。

各环境要素在一定规则下的有机结合就构成了环境。按照系统论观点，人类环境是由若干个规模大小不同、复杂程度有别、等级高低有序、彼此交错重叠、彼此互相转化变换的子系统所组成，是一个具有程序性和层次结构的网络。因此可以从不同的角度或不同的原则，对它进行不同的分类。按照环境的范围并由近及远的分类，可将环境分为聚落环境（包括院落环境、村落环境和城市环境）、地理环境、地质环境和宇宙环境。任何一个层次的环境系统，都是由低一级层次的各个子系统所组成，而它自身又是构成更高级环境系统的组成部分。

环境系统是一个复杂的，有时、空、量、序变化的动态系统和开放系统。系统内外存在着物质和能量的变化与交换。在一定的时空尺度内，若系统的输入等于输出，就出现平衡，否则就会出现不平均，向着熵或负熵方向运动。环境作为一个在各子系统和各组分之间存在着相互作用，并构成一定网络结构的系统，具有这些特点：①整体性，它指地球的任一部分或任一系统，都是人类环境的组成部分，各部分之间存在着紧密的联系，因此局部的环境污染或破坏，会对其他地区的环境造成影响或危害；②有限性，是指系统的空间有限，这同时也意味着人类环境的稳定性有限、资源有限、容纳污染物质的能力有限；③不可逆性，是指环境遭到破坏，无论人类怎样努力，都不可能完全回到原来的状态；④隐显性，是指对环境的污染与破坏对人类的影响，其后果的出现要有一个过程，需要一定的时间；⑤持续反应性，它指环境的破坏或污染不仅影响当代人的利益，而且会影响后代人的利益，即其影响具有长期性；⑥灾害放大性，指一些小的或不引人注目的环境污染与破坏，经过环境的作用以后，其危害性或灾害性，无论在深度还是广度方面都会明显放大，如上游小片林地的毁坏，可能造成下游地区严重的水旱灾害。

4.4.1.2 环境支持体系是绿色生产的载体

环境是人类生存和生产的载体，作为环境或生态环境有机组成部分的人类命运与福利，是与环境的质量及其变化息息相关的。两河流域古文明的消亡、古丝绸之路的泯灭、地中海周围一些地区的衰落、中国黄河流域文明的衰退等，都是人口数量与经济规模超过了环境的承载能力而致其不断恶化的结果，由此充分说明生态环境在人类社会生产中的作用。

从经济学的角度看，环境还是一种价值或资本，其数量的变化，决定着一个社会经济发展的方向。生态环境在经济中这种作用的体现，就是在理论上，尤其是在经济学理论上从原来独立于经济发展的外生变量转变为内生变量，并且在生态环境与经济发展出现两难的取舍中，有越来越多的国家、政府和人们，倾向于生态环境的保护与建设，而不是采取以往那种以牺牲生态环境来换取经济增长的态度。

众所周知，经济学的发展过程，也就是资源概念不断拓展的过程。例如，在古典经济学那里，资源的范畴仅仅局限于劳动与资本，科学技术与人力资本都没有被作为经济发展过程中的内生变量来对待。到了 20 世纪 50 年代，技术进步论逐步取代资本决定论成为经济增长理论中的主流学派。索洛在 1956 年发表的《经济增长的一种理论》一文中第一次提出了“技术进步对经济增长具有最重要的贡献”的观点，把技术进步由原来的外生性因素变为内生性因素。而人力资本和知识，则是到了七八十年代才成为经济增长过程中的内生性因素。80 年代后，随着可持续发展思想的深入，生态环境才逐渐被发达国家纳入普遍推行的国民经济绿色经济核算，可以被看作是生态环境日益作为经济增长过程中的内生变量的一种体现。

需要注意的是，这里所提的生态环境从经济发展过程中的外生变量转变为内生变量，并不是指生态环境被人们当作外生变量时它对经济发展不重要，而是指人类社会没有把它作为一种具有市场价格的经济资源来看待，不把它纳入经济核算体系；当人们把其作为内生变量看待时，则是将其作为一个具有市场价格的经济资源看待并被纳入经济核算体系中。实际上，在任何时候无论人类社会发展到什么程度，生态环境都是人类生存与发展的摇篮。今天，随着生态环境和公共性自然资源的日益短缺和质量恶化，将其作为经济资源看待并进入经济核算体系，已经成为一种世界性潮流。自然，由于各国经济发展水平不同和各国的生态环境和自然资源状况及面临的主要矛盾不同，因此各国之间在生态环境与自然资源的经济资源化和市场价格化方面的程度也是不同的，但这种趋势在各国都是明显的。

生态环境之所以在理论上成为决定经济发展的作用因素，是因为人类具有的"短缺的东西就是有价值的"天性，决定了人类在经济发展的不同阶段对生态环境的不同态度。

从人类生产的发展过程看，一种要素或资源在经济发展中的重要性，并不完全取决于它在生产过程中的实际作用，如生态环境历来都是人类生存和发展的基础，尤其是生产发展水平处在较低阶段时更是如此，因为这时人类征服和协调自身与自然关系的能力还比较低，所以生态环境在经济发展过程中的作用是比较大的，但由于生态环境质量比较好、自然资源丰富，人类也就感觉不到它的作用甚至存在，不仅把它作为免费的午餐来对待，而且把它作为具有无限容纳能力的垃圾场来对待；这时相对短缺而在人们生活中相对重要的耕地或资本，就被人们作为生产力或经济发展过程中最重要的要素来对等。这说明在经济发展过程中，一种要素是否被人们所重视，是以它的短缺程度和人们在观念上对它的需要程度或重要性来衡量的。随着条件的变化，各要素在经济发展和人们观念上的重要性是会不断改变的。随着人类的物质生产达到较高程度，物质资本的短缺程度下降，生态环境却在人们长期对它们的不合理使用过程中变得日益稀缺，而此时人们对它们的需求，尤其是质量的要求却是不断提高的。因为在衣、食、住、行等方面的物质需要得到基本满足后，人们必然会从较低层次的物质产品需求，转向层次更高的生态环境需求。在这种需求与供给之间非均衡的矛盾中，生态环境作为一种经济资源的重要性日益突出，这种情况必然会反映在人们的观念和市场价格中。今天，已有越来越多的人认为生态环境是一种重要的经济资源，它们在人们的生活中占有十分重要的地位，如那些在生态环境良好地区的房地产的价格，就要远远高于生态环境差地区的房地产价格，对良好生态环境的追求，已经成为当今人们的一种时尚和生活目标之一。这时人们才认识到，以牺牲生态环境的方式来换取一定的经济发展，可能是得不偿失的。这种情况，必然会促使人们转变对生态环境的态度与行动。

生态经济基础矛盾，在一定程度上使得人类成为一种短视和自私的物种，如人类为了一时之需而把自己赖以生存和发展的美丽家园和摇篮，破坏成一个满目疮痍并可能最终会埋葬自己的坟墓，但要看到的是，人类可能又在一定程度上高于其他生物。因为人类在一定程度上能够认识自然规律，并具有一定改正自己错误的能力，虽然这总是在事后，并总是以巨大的社会危机和生态破坏为代价达到的，但他总能认识到自己行为的不足，并能通过一定的制度安排来加以克服，正是这一特点，所以使人类在前所未有的生存与经济发展危机前面，认识到良好的生态环境和丰富的生态资源是人类生存和发展的基础，以牺牲生态环境来取得一时的经济发展是竭泽而渔的行为。今天人们已认识到，传统上那种“先污染后治理”的经济发展方式付出的代价，要比可持续发展方式大许多倍，因此这种方式是得不偿失的，必须改变这些行为。所以从这点看，人类并不是完全不可救药的。但愿这种转变来得并不是太迟。因为生态环境具有非常强的不可逆性和不可预见性，从混沌理论看，一定时间和空间内的生态环境变化，可能会导致若干时间后整个生态环境的巨大灾变，而目前人类对生态环境的破坏会对生态环境的发展和整个生命系统产生什么影响，还是茫然无知的，但愿这种影响不是毁灭性的，从而人类还有时间从这种教训中学习到一些对自身有益的知识。

人类态度的转变既然是在生态环境恶化和生态资源被严重破坏的情况下（被迫）发生的，那么人类的这种态度或者观念就会通过他们对生态环境的市场评价和政策变化反映出来。已有越来越多的人愿意付出一定的经济代价来换取更好的生态环境和节约生态资源，人们也愿意付出更高的代价来换取更好的生态环境质量；同时在许多方面，保护生态环境得到的经济利益要大于破坏它们得到的利益。随着人们对良好生态环境需求强度的不断提高出现的旅游热，就使得一些地区从保护森林资源和自然景观中得到的经济利益远远大于破坏它们得到的利益，如保护森林资源和自然景观并用于旅游开发，所得利益就远比砍伐森林和改变自然景观（如采石等）的做法大。这是因为随着物质财富与生态财富在人们福利中的重要性和它们稀缺程度的改变，会导致人们对它们的主观评价，从而导致市场价格的改变。随着社会生产能力提高所带来的不断丰富的物质财富，在这方面的基本需求得到满足后，人们对一定量物质财富的主观评价值会降低，这正如在生态财富丰富时，人们对它们的主观评价值很低一样；而在生态财富方面，则会由于其日益稀缺而不断提高对它们的主观评价，同时随着生活水平的提高，人们对良好生态环境需要强度会不断提高，在它们的供应日益短缺的情况下，必然会不断提高对它们的主观和价格评价。这种改变，也就使得传统的那种以生态财富来换取物质财富的方式变得非常不可取。

生态环境成为经济发展过程中的内生变量并具有价值，那么在考察一项生产活动的效果好坏时，就不能像传统的经济理论那样，仅从人们对生态环境利用的直接生产过程去分析，而应该从该活动的整个再生产过程，其中包括产品的消费及其残余对生态环境的影响的全过程去分析。这意味着在绿色生产理论中，一定社会生产活动所形成的社会价值总量，并不是传统价值中所有个体生产或所得价值量的简单相加，它还要在此基础上，加上这些生产活动所产生的对生态环境价值的贡献这部分价值，同时减去该过程造成的生态环境价值损耗和社会对此过程造成的残余物处理过程中所支出的价值等这些耗费。这也就是说，生态环境的价值化，将改变传统的从个别生产角度判断一定量经济活动的效率和价值生产的狭隘看法，转变为从再生产全过程来看待一定经济活动的效率和价值生产。这正如一些生产活动，仅仅从直接生产过程和消费看是有效率的，如目前与人们生活密切相关的各种塑料包装产品，但从再生产的全过程看，它们却是效率极低甚至是无效率的，如它们造成的遍及城乡的白色污染，已成为令各国棘手并会贻害子孙的严重公害，它们对环境所造成的损害及其对它们的治理费用，可能要远远大于它们的市场交换价值。生态环境的价值化或成为经济发展的内生变量意味着，在可持续发展经济理论中的资源配置优化标准，不再是看一定量生产是否给当事人带来最大的经济利益，而是看它能否给社会整体带来最大利益，同时不是看该活动是否能给当代人带来最大利益，而是看它能否给人类带来最大的长期利益。

4.4.2 环境支持系统对绿色生产的作用

环境支持系统是向绿色生产提供自然资源并吸纳其排泄物的载体，这个系统及其功能的好坏，在很大程度上决定了绿色生产是否能够有效实现的命运。

绿色生产不仅要求在生产过程中不破坏生态环境，更主要的是它自身必须在一个良好的环境下进行，如进行绿色有机产品的生产，就绝对不能在被污染的环境中进行；更主要的是，良好的生态环境能够有效地降低生产成本，提高绿色生产在与其他生产方式中的竞争能力，由此说明绿色生产的有效进行离不开良好生态环境的支持。

生态环境有一定的吸污除垢能力，这种能力是与生态环境本身的质量好坏成正比的，即生态环境的质量越好，其吸污更新的能量就越大。与之对比，人为的治污不仅效果差，而且成本巨大，所以良好的生态环境能够有效地降低排污治污的成本，促进绿色经济发展。

前面讲到，生态资本区别于其他资本的一个重要特点，就是它具有较强的自我增殖与积累能力，而生态资本则是绿色生产最重要的物质基础之一，所以，保护好这个基础可以有效地促进绿色。

系统中任何两个因素之间都是相互依存与促进的。良好的生态环境能够有力地促进绿色生产，反过来，绿色生产的推进也会有力地促进生态环境的不断改善。因为绿色生产本身就是以保护和改善生态环境为前提的，其中的一些生产，如植树造林、满足人们生态需要的各种生产等都是增殖生态资本的，所以绿色生产的实施过程也必然是生态环境不断改善的过程。

4.4.3 加强对环境支持系统的保护

环境支持系统对绿色生产如此重要，要使绿色生产得到保障，就必须在实践中加强对生态环境的保护。

绿色生产的环境保护就是人类在实现经济发展目标时，不能以破坏环境为代价，不能使环境向不稳定和无序的方向运动，特别不能使生命支持系统遭到破坏而使生命之网瓦解。由于环境在长期的经济发展过程中已遭到严重的破坏，因此在今后的经济发展过程中，必须使环境不断地得到改善，使这种破坏在系统作用下产生的威胁人类和可持续经济发展的不可逆性、隐显性、持续反应性、灾害放大性等不良影响控制在一个较小的范围和深度内，并且这种努力必须经济有效。

保持生物多样性是保持生命之网完整和持续的重要条件。生物多样性越丰富和越完整，生命之网就越牢固，作为生命之网中一个环节的人类社会的持续发展就越有保障，所以“持续发展需要多样的植物、动物和微生物种质的基因库”。[①]遗憾的是，在人类利己和“强大的生产力”破坏作用下，生物多样性正在遭到日益严重的破坏。这正如联合国在《21 世纪议程》中所指出的：“尽管过去 20 年来不断加强努力，但是全世界的生物多样性仍在继续减少，主要原因是环境受到破坏、过度开发、污染和不适当地引进外来植物和动物。生物资源是一种资本资产，具有能够持续地提供利益的巨大潜力。要紧急而果断地采取行动来保护和维持各种基因、物种和生态系统，使生物资源得到可持续的管理和利用。”由于生物资源对经济可持续发展具有特别重要的作用，因此联合国在《21 世纪议程》中特别强调要加强对生物资源的保护，指出 “要在国家一级和国际一级加强对生物多样性进行评估、研究和系统地进行观察和评价的能力。必须有效地采取国家行动和开展国际合作，做好生态系统的原地保护和生物及遗传资源的非原地养护以及增强各种生态系统功能。这种做法要能成功，当地社区的参与和支持是不可缺少的要素。最近在生物技术方面获得的进展已经显现出各种植物、动物和微生物所含的遗传物质应用于农业、卫生福利、环境等用途上可能具有的潜力。与此同时，在这方面尤其重要的是要强调各国有主权权利按照它们自己的环境政策开发它们自己的生物资源，以及有责任养护它们的生物多样性和可持续使用它们的生物资源，并确保在它们管辖范围内或控制下的活动不致对他国或处于国家管辖范围界限外地区的生物多样性造成损害。”[②]

从本质上说，绿色生产的环境保护就是要协调好生产发展与环境保护的关系。在这方面，它们之间是一对矛盾统一体。就矛盾的方面讲，人类进行经济活动，就一定要从环境中获取资源并向环境排放废弃物，即使绿色生产也不能完全免除，这必然会破坏与污染环境，虽然环境自身有一定的净化和容纳能力，但如果经济活动向环境排放的废弃物超过了这种能力时，就会导致环境的恶化；作为经济系统要素和经济载体的环境被破坏，必须会反过来阻碍绿色生产的正常进行，如它会提高生产成本和降低产出，从而阻碍经济发展。环境与生产的关系说明，绿色生产一定要与环境的容纳能力相适应，对环境资源的索取与向环境排放废弃物的量，一定要控制在环境的更新与净化能力之内。

从经济学意义上说，环境是人类的一项重要资本，因此绿色生产的环境保护与

① 联合国：《21 世纪议程》，16.21。

② 同上，15.3。

改善，其实质就是要实现环境资本的不断增长，最起码要保证其存量不能减少。以环境来换取一时的经济增长，实际上是以环境资本来换取传统的经济资本。由于环境资本具有自我增殖性或更新能力，因而以环境资本来换取经济资本的做法往往是得不偿失的。因为环境的变化具有不可逆性，当环境的破坏超过其自我修复能力时，即使用多倍的经济资本也弥补不了环境资本的损失，正因为如此，才会出现先污染后治理的成本要远远大于两者协调时成本的情况。这意味着，不同性质的资本间没有直接的可比性，一定量的环境资本对人类的实际价值，可能要大于等量的经济资本，因此才会出现人类在享受空前的经济福利的同时，也面临着空前的生存与发展危机的情况，从而才会产生绿色经济思想与实践。这说明，一定量的经济资本并不能代表一定量的环境资本，要实现绿色生产的目标，环境资本的存量必须做到非减性，这是环境资本与其他资本的重要区别之一，正因为如此，使它成为绿色生产的基础。作为一项具有价值的资本并进入经济核算，在进行环境保护工作时就必须做到经济，即以尽可能小的成本取得尽可能大的产出。

绿色生产的环境保护目标，还包括环境的再生产必须满足人类在生态环境方面的福利需要，如景观的需要、良好空气和水质的需要、生物多样化的需要等。因为对作为环境重要组成部分的生态需要，是人类的重要福利之一，所以只有这种福利需要得到满足，人类才能感到幸福，人类的生产目的才能真正实现。

环境作为经济系统中的一种内生变量，作为一种价值资本，它在再生产过程中的消耗就必须得到足够的补偿，否则就会阻碍经济的发展。长期以来，这种消耗是没有得到足够补偿的，这意味着人类长期以来一直是寅吃卯粮，正是这一点，导致了传统经济发展方式的不可持续性。可持续经济发展就是要扭转这种趋势，使环境资本能够不断增加，以实现人类社会和经济的可持续发展。

要实现环境的可持续利用，就必须对现行的不利于环境保护的制度安排进行改革，以限制生态环境基本矛盾的作用。

实现环境可持续利用的最主要和有效的方法，是建立起反映环境价值的新的国民经济核算体系，根据环境的价值实行有偿使用和补偿制度，同时建立起环境资本的积累制度。一定的制度安排，是决定人们行为和行动的纲领。只有建立起与环境价值一致的有偿使用与补偿制度，才可能建立起与可持续经济发展要求相一致的生产方式和消费方式，改变那种破坏生态环境和以环境价值来换取经济价值的做法，从而实现保护生态环境的目的。

由于在实际过程中，在现有的技术水平下，经济发展与环境保护之间存在着一定的矛盾，如按西方发达国家的环境保护标准来要求我国的生产，那么我国相当部分企业都要被关闭。解决这个矛盾的方法就是不断加强环境保护方面的技术进步。

在技术进步的基础上，应逐步改变我国能源的使用结构，向可再生能源和资源倾斜，向低污染能源倾斜。改变社会的消费方式和消费行为，大力发展公共性消费方式，如以公共交通代替个人交通等。

大力推广循环经济，是实现资源与环境可持续利用的重要举措。因为资源的循环使用，也就是减少资源的消耗与排放，所以能够有效地保护环境。

4.4.4 生态环境的可持续利用要求

虽然生态环境由外生变量转变为内生变量，会促使人们关注生态环境的保护及其可持续利用，但如果没有相应的法律和制度保证，在生态经济基本矛盾的作用下，要做到生态环境的可持续利用是难以实现的。我们认为，要做到生态环境的可持续利用，必须做好以下几方面的工作。

4.4.4.1 建立科学的生态文明观

国家和社会必须有意识地大力推行爱护环境，实现人与自然和谐相处的生态伦理观，也就是建立起生态文明为核心的伦理价值，以取代传统的人与自然对立的伦理道德。科学地反映人与自然和谐发展的伦理道德，是做到生态环境可持续利用的最基本保证。因为人的行动是由行为支配的，而行为则受到人的意识中最深层的伦理道德的支配。当前我国大量存在的假药泛滥、食品掺假等一系列严重的违法犯罪现象，普遍认为并不是中国缺乏相应的法律和制度，而是缺乏最基本的道德底线，反映了我国在伦理道德建设上的重大不足。所以，以生态伦理为核心的生态文明建设，是实现生态环境可持续利用的最基本保证。

然而，在市场生态经济基本矛盾的作用下，科学的生态文明并不能够很容易地自发建立，尤其是要在短时期内建立，则更没有可能。因为在生态环境的公共性及其利用所产生的利益个人性之间的矛盾基础上，尤其是在激烈的市场竞争中，若无建立在一定强制力基础上的生态文明伦理道德的约束，人们必然会以牺牲公共性生态环境的做法来获取个人利益，这在以生态伦理为核心的生态文明出现较长时间断层的我国则更为突出。例如，目前遍布各地的毫无任何防治措施的各种污染性企业，以吃野味为荣的消费心理、乱扔垃圾和随地吐痰现象等，都说明了我国生态伦理道德的缺失，同时也说明仅靠缺乏强制力的宣传教育，是难以在较短的时间内建立起普遍性和科学性相统一的生态文明来的，因此，需要社会中心通过带有一定强制力的灌输来保证生态伦理的建立。这正如新加坡在较短时间内建立起较高程度的社会文明，是通过带有强制力的灌输和违规惩罚，如在公共场合吐痰要被罚以重金甚至禁闭等。所以，我国要在较短的时间内建立起与可持续发展要求相适应的生态伦理，也必须通过具有强制力的措施才行。为此必须大力加强生态文明立法，尤其是要加强生态文明的教育立法，规定从幼儿园起的各级教育都必须对学生进行生态文明教育，以培养国人深层次的生态伦理道德。只有在这样的基础上，我国生态环境的可持续利用才有真正的保证。

4.4.4.2 加强生态环境保护的立法

生态伦理虽然是实现生态环境可持续的基础，但这毕竟是靠无强制力的人的自觉行为来实施的，当人的利益与道德观念发生冲突，并且利益的砝码较重时，前者往往是敌不过后者的，这正如所有人从良知中都知道污染环境是不道德的，但我国的绝大部分企业在局部利益与伦理道德之间发生矛盾时，几乎都选择了为达到个人或局部利益而放弃伦理道德的选择，就充分反映了这点，所以，要使生态环境得到可持续利用，在加强伦理道德建设的同时，还必须大力加强生态环境保护立法的工作，对那些真正保护生态环境的行为进行奖励；对那些破坏生态环境的行为进行严厉的惩罚。实践证明，凡是生态环境保护工作做得好的国家，如西方各发达国家，都是生态环境保护立法完善和执法严格的国家；与此相反，那些生态环境不断恶化的国家，则一定是生态环境保护立法欠缺和执法不严的国家。

4.4.4.3 明确生态环境利用与保护方面的产权

这也同时是生态环境立法的内容之一。因为，没有明确的产权，生态经济基本矛盾的作用就会得到充分的发挥，就不可避免地会出现“公地悲剧”的结果，同时生态环境立法也就无从发挥作用——它不能确定人们的行为是否违法。所以说，产权的确定是生态环境保护的前提条件之一。显然，生态环境方面的产权内容是非常复杂的，它既包括所有权，也包括使用权和利用的行为方式等，因此不等于人们在这方面的法律所有权，如某片森林，其主人并不能够随意地利用它，如任意地砍伐，而必须符合法律规定的利用方式等。同时这也说明，在国家面前，既没有严格的私有产权，更没有神圣不可侵犯的私有财产，从而没有绝对意义上的私有制，一切私有制都具有程度不等的公有制性质。例如，不仅人们从中所得的相当一部分要归公有（税收）——该比例是由国家意志决定的，而且它的利用方式等都受到国家法律的严格制约。产权的界定还是人的行为符合规范的必要条件。没有产权的界定，人的行为就会变得无序，相互之间就会产生严重的干扰甚至对立，社会秩序就无从建立。在一个无序的社会，生态环境的保护是无从谈起的，生态经济基本矛盾的作用就会得到最充分的发挥。所以说，要实现生态环境的可持续发展利用，就必须建立起明晰的生态产权制度。

要使产权制度在生态环境保护方面的作用得到有效发挥，还要求产权的规模必须达到一定的程度，这种情况在物种保护等方面尤为重要。这也就是人们常讲的外部经济内部化要求。例如，在农业生产中，要做到保护环境和生物多样性，在病虫害的防治上面，就必须利用生物相克原理，如利用青蛙等来防止虫害，而青蛙等益虫具有在一定区域范围内的流动性，同时它们本身有一定的市场价值，如果农户的农田面积很小，那么人们不仅没有保护它们的利益动力，而且会捕捉它们以获得直接的经济价值，这样生态防治的目的就会落空。这种情况在林业、江河湖泊和海洋生态环境的保护上同样存在。所以说，产权规模程度也是生态环境保护的必要条件之一。这种情况说明，要使我国的农业生态环境得到根本好转，除了要延长产权的时间外（产权时间短必然会造成资源利用上的短期行为），还必须不断地扩大每个农户的产权规模，以实现外部影响的内部化。

4.4.4.4　建立生态环境的补偿机制

这种补偿机制包括两个方面的内容。

（1）被消耗或破坏的生态环境必须得到价值上的足够补偿，也就是通过人造资本和人的劳动来修补被破坏的生态环境，并且补偿的量不能小于被人类消耗的生态环境的价值量。如果这种补偿小于生态环境的损耗量，生态环境的价值存量就会下降，其再生产能力就会受到损害，它的可持续利用也就没有可能。显然，与此要求相比，我国目前在这方面做得是非常不够的。例如，新中国成立几十年来，我们基本上一直是以生态环境和自然资源的过量损耗来换取经济增长的，虽然改革开放以来加强了对生态环境保护的力度，但仍然没有从根本上改变这种趋势，如“三废”的排放总量仍在继续增加，在我国的中东部已找不到一条未被污染的大中型河流和一个较大的湖泊，污染成为人们日常生活中最普遍的现象；同时由于乡镇企业的迅速发展，使原来的工业污染由城市扩展到了全国乡村，整个生态环境受到了严重破坏，而且污染源太分散，保护和治理极为困难。它们对我国生态环境的影响将是长期的，其造成的损失即使在目前看也是极为惊人的，如仅水污染一项，给我国造成的经济损失就达到数千亿元。同时据不完全统计，“六五”期间，每年因大气污染造成的经济损失超过 120 亿元，每年因水污染造成的经济损失超过 100 亿元，每年因农药和固体废弃物造成的经济损失达 160 亿元，仅此三项，每年造成的经济损失即超过 380 亿元，约占同期国民生产总值的 6.73%；更为严重的是，20 世纪 90 年代中期以来，据估计我国每年的环境损失约占同期国内生产总值直接经济损失值的 10%以上，远远超过同期国内生产总值的增长部分。而这种损失，只要用占其不到 1/5 的投资就可避免。据估算，我国生态环境保护投资的投入产出比约为 1∶6，可同期我们对生态环境进行的保护性投资还不到国民生产总值的 1%（2002 年工业污染治理的投资只有 188.4 亿元，只占当年国民生产总值的 0.18%；2002 年用于环境保护的总支出是 578.1 亿元，占当年国民生产总值的 0.55%），即使这点少得可怜的支出，相当大部分也被无效的投资而浪费了。例如，滇池近百亿元的投资几乎没有产生一点成效；淮河、太湖的污染治理效果也极不理想，大部分污水处理设施没有得到有效利用，很多治污设施建成之日就是它们的废弃之时。从 1984 年到 1987 年年底，国家环境保护局组织有关部门进行了全国工业废水处理设施运行情况调查，发现在所调查的 22 个省市的 53 个大中城市和 23 个地区共 5 566 套废水处理设施中，因报废、闲置、停运等原因而完全没有运行的设施数量占 32%，运行的处理设施数量占 68%；而在运行的处理设施中，有 52.4%的设施运行率不足 50%，只有 30.75%的设施运行率大于 80%，也就是说，在运行的处理设施中，能实现预定投资目标的有效投资额，不到运行设施投资量的一半，考虑到那些未运行的处理设施的投资额，则总体有效的投资只占全部投资的 31.3%。对上海市几家企业的污水处理装置进行的抽样调查结果表明运转率只有 69%，合格率只有 20%。另据《全国部分城市环境保护补助资金使用与效益调查报告》对 24 个城市的调查，截至 1986 年年末，24 个城市报废、停运行和建成运行的项目数有 917 个，总投资为 94.5 万元。如果考虑到一些治理项目采用的技术比较落后，治理效果不好等因素，所投资的使用效果更差。正因为这样，所以使得生态危机成为威胁我国国家安全的头号敌人。这种情况说明，我国环境保护投资总额太小，占同期投资规模的比重也太小，适当增加这方面的投资，是可以给我国带来更好的经济效益和生态效益的，因为根据发达国家的经验，一般认为，如果将 3%左右的国民生产总值用于生态环境保护，就可以做到保持生态环境的相当稳定；如果将5%的国民生产总值用于环境保护，那么就可以使生态环境在经济发展过程中得到改善，所以，要做到生态环境的可持续利用，就必须加强对生态环境的补偿，建立起有效的补偿机制。

（2）补偿机制必须具有较强的预防性。事实证明，事后补偿往往得不偿失。要避免这种情况，就必须建立预防性的补偿机制，或者说补偿机制必须具有预防性。例如，在河流的上下游之间建立防止水土流失与水污染的事前补偿机制，就可以较好地防止生态环境的破坏。

4.4.4.5 要发挥市场机制在生态环境保护方面的积极作用

虽然市场与生态经济基本矛盾的存在，使得市场经济在生态环境保护方面存在着严重的不足，如不能有效解决外部性等问题，但市场机制在有效利用生态环境和自然资源方面也存在着许多积极的方面如在外部条件一定时，合理地配置生态环境和自然资源的作用，通过技术进步提高资源的利用效率的作用等。在一些方面，通过市场机制的作用来保护生态环境，有时会比人们有意识行为的效果更好。例如，在非洲对一些野生动物的保护，通过商业性的旅游开发，对当地生态环境的保护效果就好于单纯的行政保护，因为它更好地兼顾了当地居民的眼前利益与长期利益，得到当地人们的积极参与而使行动目标获得成功。所以说，在保护生态环境方面，应该重视市场机制的作用。

4.4.4.6 加强科学技术在生态环境保护和可持续利用方面的重要作用

虽然技术进步史证明，有史以来的技术进步绝大部分是破坏生态环境的，但生态环境的保护却又离不开科学技术的进步，这也就是所谓的“解铃还需系铃人”。要加强生态环境的保护，尤其是要不断地进行生态创新，以满足人类对生态产品日益增长的需要，就必须依赖科学技术进步的作用。对此，人类是别无选择的。只不过在该过程中，要通过一切手段加强对科学技术作用的监控，以防止其可能出现的对生态环境和人类生存不利的影响。

4.5 绿色生产与社会支持系统的关系

绿色生产要得到有效实现，社会支持系统的有效发挥也是必不可少的条件之一。这是因为，绿色经济系统是一个有机整体，每个部分功能的有效发挥，都需要得到其他部分的协调与支持，所以绿色生产要得到有效实施，就需要得到社会支持系统的协作。

4.5.1 社会支持系统的主要内容

“社会支持系统”是指社会对经济发展过程中各种干扰的处理能力。从绿色生产的角度看，也就是社会统筹各种能力支持绿色生产的能力，其中最主要的是法律保障力、政策协调力、智力支持力、金融支持力、社会和谐力等。

4.5.1.1 法律保障力

法律保障力是指社会在法律层面对绿色生产支持的能力，其中包括促进绿色生产以及相应的绿色消费与绿色流通等方面的法律，其中包括对破坏生态环境以及各种危害人民生命健康的生产与消费等方面的法律，执法的力度等。法律方面的保证是绿色生产得以正常进行并具有竞争力的前提条件。

4.5.1.2 政策协调力

政策协调力是指政府通过各种政策并协调政府各部门能力支持并保障绿色生产的能力。作为一种代表社会经济发展方向但在目前受到生态环境的市场价值尚没有得到市场充分确认的情况下，若没有法律与政府政策的支持，绿色生产尚难以在所有领域与非绿色生产竞争，要使绿色生产全面取代非绿色生产而成为社会的主流生产方式，就需要政府政策在各方面的支持并得到各部门的有力执行。

4.5.1.3 智力支持力

智力支持力是指社会在科学技术、生产管理与发展规划、社会舆论等方面对绿色生产给予的支持力量。这种力量的大小与整个社会的经济发展水平、国民教育程度、社会科学技术的投入力度、社会化专业咨询服务发展水平、整个社会的绿色理念或生态伦理程度等因素密切相关。科学技术发展水平高且社会化专业咨询服务程度高，就能够为绿色生产提供较强大的智力支持，保证绿色生产的市场竞争力，否则，绿色生产将因受到科学技术发展水平等因素的限制而难以顺利发展，正如太阳能生产中高污染治理技术被少数发达国家的公司垄断，因此使得这方面的绿色生产难以进行一样。一个社会的生态意识或者说生态伦理文明程度的高低，也是决定绿色生产能力的重要条件。只有当全社会的生态意识强烈时，绿色生产才有真正的社会保证。

4.5.1.4　金融支持力

金融支持力是指整个社会为支持绿色生产筹措资金的能力。现代经济是以货币为初始投入的经济，整个社会的运行都是建立在货币（信用）的基础上，所以能否有效且价廉地为绿色生产提供资金，是绿色生产能否正常进行以及是否有效率的关键。有效的金融体系不仅必须在信息传统、资金分配等方面具有高效率，而且必须与整个国民经济体系相一致，能够有效地支持绿色生产的进行。只有建立有效的绿色金融体系，才能够保证绿色生产的顺利进行。

4.5.1.5　社会和谐力

社会和谐力是指为能够有效支持绿色生产而使整个社会保持和谐的能力。社会和谐既是绿色经济的目标之一，更是绿色经济与绿色生产的社会保证。任何时候任何经济发展水平，社会的不稳定都是最大威胁，这对绿色生产来说更是如此。因为，生态环境得到有效保证的前提是收入分配的相对公平与社会和谐，在一个和谐程度差与收入分配不公平的社会，生态经济基本矛盾的作用就会得到有效发挥，生态环境的保护就无从谈起，而社会动乱则更是会对生态环境造成重大破坏，所以保证社会和谐，绿色生产才有保证。

显然，这些内容是相辅相成的，它们之间的相互促进，将为绿色生产提供有力的社会保障。

4.5.2　绿色生产与社会支持系统的关系

任何生产都是在一定的社会环境中进行的，只有得到社会环境的支持，生产才能正常地进行，作为一种代表社会发展方向但尚处在成长过程中的绿色生产来说，要在与传统生产方式的竞争中胜出，就必须得到社会环境的有力支持。

绿色生产首先需要得到生态伦理的支持。伦理是一切社会行为规范、法律制度的基础，而行为规范与法律制度则是维持社会秩序的基础，只有建立起与生态伦理相对应的社会意识与文明时，绿色生产才具有社会条件。只有形成普遍的生态伦理意识，消费者才会愿意付出较高价格来购买在绿色生产方式下生产出来的商品，绿色生产才有自己的市场基础。所以，在绿色经济建设过程中，大力加强生态伦理以及相应的意识形态建设，是绿色生产顺利进行的社会基础。

要使一定的社会伦理或意识成为人们行动的指南，就必须通过法律与社会政策来加以实施，所以绿色生产的推进，必须要有以绿色伦理为基础的法律与政策的有力支持。只有在这些法律与政策的支持下，才具有与非绿色生产竞争的法制基础，所以要使绿色生产得以有效实施，就必须大力加强以绿色经济为中心的法律与政策建设，建立高效的法律支持体系。

以政府为主导的社会各方面的支持是绿色生产的重要保证。绿色生产是一个复杂的系统工程，涉及各方面的事务与利益，要使绿色生产顺利发展，就需要得到社会各方面的有力支持，为此就需要以政府和各种社会组织为核心的协调来统筹，所以必须大力发展以政府和各种社会组织为核心的社会协调力。

以生态伦理为指导的社会智力的有力支持也是绿色生产必不可少的保障。任何的科学技术对人类社会发展都具有两面性，要保证它们的利用既符合社会伦理又保障绿色生产的顺利发展，就需要生态伦理的约束。在此前提下，大力发展服务于绿色生产的科学技术，是绿色生产顺利进行的必要保证。没有绿色科学技术的发展，绿色生产是难以做到高效率的，从而难以与传统生产方式竞争。在这方面，尤其要发展以各种绿色技术服务为主的独立的社会中介咨询机构，这样能较好地保证一国绿色产品在国际上的通用性。

市场经济是货币经济，货币的筹措是以银行为中心的金融机构来完成的，所以大力发展以绿色经济为服务对象的金融支持力量，是绿色生产顺利进行的必要保证。

构建和谐社会为中心的社会关系是绿色生产发展的最有力的保障。和谐社会不仅是人与人之间关系和谐的保证，也是人与自然关系和谐的保证，只有在这种和谐关系下，绿色生产才有正常的社会环境，从而得到较顺利的发展，所以大力进行和谐社会建设，是对绿色生产的最大支持。

显然，在这些力量的协力作用下，绿色生产将得到顺利发展，同时，绿色生产的大力推进，也必然会加强这些方面力量的建设。

绿色生产是一个与绿色经济系统及其他子系统相互作用的过程，在此过程中，绿色生产必须得到其他系统的支持才能正常发展，同时也只有绿色生产得到发展，绿色经济和其他子系统的发展才有足够的物质基础作支撑，所以它们之间是一个相互促进的过程。这种关系说明，绿色生产的实施过程就是绿色经济系统整体演进的过程。

第 5 章
绿色生产的主体

任何社会的生产都是由一定的主体承担的，绿色生产的实施，同样是由一定的主体来实践的。只不过在市场经济中，绿色生产主体既可能是追求利润最大化的企业，也可能是以实现一定社会目标的区域或国家。

5.1 企业绿色生产

在现阶段市场经济中，企业或厂商是生产主体，也是最微观的生产承担者。只有企业实施绿色生产，绿色生产的社会目标才有坚实的基础。

5.1.1 企业绿色生产内涵

企业绿色生产是指企业以生态伦理为指导，通过绿色规划、绿色设计、绿色制造、绿色营销与绿色管理以使整个再生产过程以实现人与人和人与自然和谐，取得企业效益与社会和环境效益相统一的一种生产方式。

绿色生产的前提是整个生态伦理的社会化，作为生产主体的企业要实施绿色生产，首先要有生态伦理强烈意识，有深厚的人文关怀与自然关怀精神，以此指导企业的行为，然后才可在生产过程中实施绿色生产，所以，生态伦理是企业绿色生产的灵魂所在。

在确定实施绿色生产指导思想后，规划就是将这种精神体现在行动中的指南。企业规划主要指企业对自己的行动方针、战略、政策、主要生产方向或服务对象、工艺选择、销售管理等一系列事关企业发展的计划。规划主要对决定企业发展的主要事项进行统筹安排。

绿色设计是在生态伦理的指导下，以企业规划为指南，在生产方向或主要产品与生产地确定的前提下，对企业内部的生产布局、工艺流程等进行绿色安排，以达到在满足生态环境保护与人身安全的前提下，使整个企业的效率在技术上达到最大。

绿色制造是指在再生产过程中，使产品从设计、制造、包装、运输、使用到报废处理的整个过程不对生态环境与人身安全产生明显不利影响，并且做到高效率，从而取得企业效益与社会效益的有机统一。绿色制造的过程，将充分利用循环经济原理来进行生产，在提高资源利用效率的同时尽量减少对生态环境的不利影响。

由于这里将绿色制造作为一个独立的因素，因此这里的绿色营销是一种狭义的营销，也就是企业在流通领域的营销。作为狭义的绿色营销，是指企业在流通领域，从保护生态环境与人民健康为宗旨，采用高效的流通手段（解决流通过程中供求之间信息不对称带来的供求难题），降低流通成本，满足消费者对绿色生产的需求等一系列营销方式，实现企业效益、社会效益与生态效益的有机统一。

绿色管理是以生态伦理为指导，将人文关怀与自然关怀精神贯穿于整个企业经营管理的全过程，达到有效利用资源，最大限度地减少废弃物排放，为社会提供绿色产品，实现企业效益与社会效益和环境效益相统一的行为过程。绿色管理的核心内容就是将生态伦理精神贯穿于整个企业的经营活动中，并实现高效率目标的企业行为。

企业的绿色生产是以上内容的有机统一，是围绕生态伦理这个灵魂而展开的系统工程。不过要特别强调的是，作为市场经济参与者的企业，追求利润始终是其不变的目的。企业之所以要采取绿色生产方式，是因为在生态伦理日益深入人心，体现人文关怀与自然关怀精神的劳动保护与环境保护不断加强，绿色生产方式将比传统生产方式更能保证企业取得好的效益。

5.1.2 企业绿色生产实施

企业进行绿色生产是根据企业绿色生产的要求来展开的，也就是在生态伦理的指导下，以市场为导向，以取得最大利润为目标，来统筹整个企业的生产经营活动。

正如马克思所指出的那样，虽然蜜蜂的成就让工程师汗颜，但工程师胜过蜜蜂的地方在于其工作是有计划的，企业在进行经营活动时也是如此。也就是说，企业要进行绿色生产，首先要有一个反映其战略意图的规划，也就是绿色生产规划。

企业的绿色规划是在生态伦理指导下，以获取最大利润为目标，根据企业的发展战略，对有关企业的一切重要事项做出合理计划。这些计划，包括进入什么产业、以谁为服务对象、需要达到的目标、如何应对主要对手的竞争（竞争策略）、应该选择什么样的工艺流程、实施什么样的绿色产品战略、资金如何筹措、企业的主要管理体制应该怎样等。

进入什么产业和以谁为服务对象，在企业规划与战略中怎样占据核心的地位，这也是最能体现企业家才能的地方。因为一旦进入了某个行业，受沉没成本的制约，企业能够有所作为的空间也就不是很大，这时工艺流程与主要产品已经确定，原材料等成本与产品销售收益等都由外部决定，企业很大程度上只能随波逐流，这正如当今的钢铁企业一样，在面对高昂的成本（铁矿石与工人工资等）与低下的产品价格形势下，再努力也难以改变效益低下的现状，所以在制定企业规划时，确定进入什么行业与服务对象是最为重要的。对绿色生产企业来说，在可持续发展与绿色潮流席卷全球的形势下，应该选择符合潮流的绿色产业与产品作为自己的发展方向，以满足生态消费与绿色消费需求为对象，制定绿色发展战略，选择有利的生产方式和技术以使自己的绿色产品来占领并扩大的市场，同时制定有效的绿色竞争策略、加强绿色管理等，以保证自己的竞争力。

在科学的企业规划与发展战略的基础上，制定有效的绿色管理政策是保证规划得到有效实施的基础。绿色管理政策是通过一系列具体规定、政策以保证规划与战略目标的实现。管理绿色政策的内容，包括目标管理政策、人事制度、完成任务的奖罚制度、研发制度、对外关系政策、营销制度、生产管理制度等，管理政策制定的是否恰当并且是否能够得到有效执行，是关系企业发展目标能否顺利实现的关键。很显然，作为绿色管理的特点，就是以完成企业绿色发展规划与战略为目标基础，将人文关怀与自然关怀的绿色理念贯穿在企业的整个管理活动中。

作为以市场为导向的生产，绿色生产显然要以绿色产品为中心来展开。绿色产品就是不仅对消费者无害，并且最终的废弃物可回收或对环境无害的产品。生产出来的产品是绿色产品，是绿色生产的最基本要求，更高的要求则是在生产过程中也不对生态环境和人身造成损害。对企业来说，生产何种绿色产品及绿色的深度，应根据市场需求状况及其发展趋势、自身的经济技术条件、企业效益等因素综合考虑，制定正确的绿色产品发展战略。

在绿色规划与发展战略的基础上，服务于绿色产品生产的需要，在确定的厂区范围内，根据绿色生产与循环经济的要求，合理进行厂区规划，以使资源得到最有效利用并尽可能将外部不经济内部化或者说将废弃物资源化。

绿色产品生产的核心显然是绿色制造，也就是在生产过程中充分考虑对人文与自然环境的影响，保证产品在生产过程中对生态环境和人身健康的不利影响降到尽可能低，同时又能保证企业获得尽可能大的效益为目标的生产过程。绿色制度要求在生产过程中，采取循环经济技术以有效利用资源并减少废弃物的排放，尽可能保护生态环境，同时采用有利于劳动者身心健康的工艺与材料。

生产出来的绿色产品是否能够被社会接受以及接受的程度，在很大程度上取决于企业的绿色营销战略或策略是否恰当。它要求生产者通过恰当的渠道，如广告或各种社会公关活动等让需求者了解企业的产品是严格按照绿色生产标准生产的，产品的生产与使用对人身与环境都没有明显的损害，以此为企业和产品树立良好的社会形象；通过一系列有效的组织管理，提高流通效率，降低成本以使产品价格具有竞争力，从而为企业赢得好的效益。

很显然，对企业来说，既要在整个经营活动中贯穿生态伦理，又要保证盈利性，因而绿色生产是一个包含各种活动的复杂的系统工程，需要统筹兼顾并相互协调，才能保证目标的实现。

5.2 产业园区绿色生产

在绿色生产方面，范围越大的主体的实施条件就越有利。这是因为，任何生产都不可能在再生产过程中不产生对生态环境有害的外部不经济，处理这些外部影响所需的成本是巨大的，不仅是一些中小企业无法承担，甚至大型或巨型企业也无法承担，需要社会化的协作，正如在第 4 章关于循环经济的演进时指出的，循环经济是在社会化分工协作不断加强的过程中演进的，范围越大循环经济的程度也就越高，作为包含循环经济的绿色生产也同样如此，所以产业园区的绿色生产是企业绿色生产最基本的演进。

5.2.1 产业园区绿色生产内涵

产业园区是指为实现一定的社会经济发展目标而由政府或企业创立的特殊区位环境。联合国环境规划署（UNEP）认为，产业园区是在一大片的土地上聚集若干企业的区域。产业园区属于一种特定形式的区域经济，或者说是最小单位的区域经济形式。产业园区的具体形式多种多样，主要包括高新区、开发区、科技园、工业区、产业基地、特色产业园等。现有的产业园区大部分是政府为实现一定经济目标而主导的，或者是聚集创新资源与培育新兴产业，或者是推动城市化建设等。

产业园区的主要特征就是在一定的区域范围内，聚集了较多同类或存在直接投入产出联系的企业，因而能够起到资源共享，带动关联产业发展，将外部影响内部化，同时可以极大地提高土地使用效率，从而能够取得明显的规模与聚积经济效益。

与企业绿色生产的内涵相似，产业园区的绿色生产是指园区以生态伦理为指导，通过绿色规划、绿色设计、绿色制造、绿色营销与绿色管理以使整个再生产过程实现人与人和人与自然和谐，取得园区效益与社会和环境效益相统一的一种生产方式。

与追求利润最大化的企业有所不同，园区本身作为一个相对虚拟的经济主体，虽然也要追求园区效率与效益的最大化，但却并不直接以利润为目标，而是以最大的社会、环境与园区整体的经济利益为目标，因此在绿色生产方面，它比企业有更强烈的伦理意识，更浓厚的人文关怀与自然关怀情怀，以此统筹园区的规划与产业布局，施以更强烈的绿色管理手段。

园区规划是指对自己的行动方针、战略、政策、服务对象与标准、空间布局、工艺选择、销售管理等一系列事关园区发展的计划。规划主要对决定园区发展的主要事项进行统筹安排。在园区绿色生产中，规划是最为重要的内容。这是因为，相对于企业来说，园区有更多的可控制因素，即有更大的主动性，尤其是在空间布局与实施循环经济方面更是如此，所以做好园区的绿色规划，对绿色生产的有效推进是至关重要的。

绿色设计是在生态伦理的指导下，以园区规划为指南，在园区主要产业选择已定，根据循环经济与工艺流程等要求，合理进行产业布局，以使资源得到最有效利用，同时最有利于废弃物的回收与处理等，也就是根据循环经济原理来设计整个园区的生产布局与工艺流程等，以达到在满足生态环境保护与人身安全的前提下，使整个园区的效率达到最优。

在绿色设计中，不同于企业以围绕绿色产品生产为核心来进行整个筹划，在产业园区的绿色设计中，是以园区内的不同产品生产者之间相互吸收副产品以及消除外部不经济为目标，以实现整个园区的绿色生产。正是因为在这些相互以对方副产品为投入的园区生产中，它甚至不需要每个企业在生产过程中做到完全的绿色生产，如允许企业对自身在生产过程中产生的各种有害环境的废弃物以某种形式直接排放（到园区指定的位置），而园区通过企业间的统筹布局资源化或净化这些废弃物，以达到园区范围内的绿色生产，所以，园区的绿色生产设计是一种比企业更高级的绿色设计。

虽然具体的生产过程与产品营销都是企业自主进行的，尤其是产品营销，但园区在督促企业进行绿色制造与营销方面负有重大责任，尤其是在其管辖的制造领域更是如此，如在对进入园区的企业进行选择时，须要求后者提供符合园区要求的绿色生产保证，并在厂房建设与设备安装时提供绿色制造与工艺流程设计图纸等，以保证企业的生产过程符合园区的绿色特征。

园区绿色管理是园区经济生产最重要的特征。这是因为，对园区的管理者来说，相对于企业，园区是一个相对虚拟的生产者，它只是一个生产性企业聚集的“区域”，本身不是生产的主体，主体是企业，在这种情况下要保证园区的绿色生产，就必须加强绿色管理，其中包括对生产主体即绿色企业的认证，为企业进行绿色生产提供各种便捷条件，统筹园区各生产主体的废弃物的回收与利用，这也就是说，在生产过程中，各单个企业可以不必一定是绿色生产或进行循环经济，但园区必须实施循环经济并保证整个生产是绿色性的。这是因为，对有些性质的生产来说，实施绿色生产的成本太高而无法承受，而在园区，通过社会化的分工协作就可解决这些问题，如冶炼等生产过程产生的废水、废渣中的重金属回收，达不到一定规模是无法进行的，如果将这些企业集中在同一区域并建立统一的废弃物回收系统，那么这些会严重污染环境的废弃物就会变成有利可图的资源，这正如城市废水由各家各户处理的成本是无法想象的，必须由集中统一的回收处理系统一样，所以在这里，绿色产业园区的一个重大特点就是它能够将一些灰色甚至黑色生产，在不改变生产流程的情况下变为绿色生产，原因就是它通过社会化的分工协作等能够提供“转变颜色”的服务功能，这也正是园区绿色管理的最主要的功能之一。

5.2.2 园区绿色生产实施

与绝大部分区域经济是自发形成的不同，产业园区往往是根据一定的规划而设立的，因而在产业与（分工协作的）工艺流程等方面的空间布局、产业与落户企业的选择等是有明确规划的，实施政策、法律法规等有着明确的导向性，所以产业园区能够更好地实施绿色生产。

如前所述，产业园区的一个特点就是产业的聚集程度高，并且落户企业是有计划引进的，能够形成有效的社会化分工协作，因而比单个企业能够在更高层次与更大规模上实施绿色生产，它甚至可以在不改变企业工艺与生产流程的情况下将原来单个企业的黑色转变为绿色生产，通过集中化治理或者是将废弃物资源化而将外部不经济内部化甚至资源化。产业园区的这种特点，决定了它在绿色生产方面能够发挥积极的作用。

要将这种作用转化为现实性，就需要在设立产业园区的规划中，对园区的产业选择、空间布局、服务管理等进行符合绿色生产要求的内容进行详细规划，以达到园区绿色生产的目标。

在实施园区绿色生产方面，对在投入产出方面废弃物排放与回收利用之间存在紧密联系企业在生产流程方面的空间布局，以达到减少运输距离和提高资源的利用效率，减少废弃物排放，是实施园区绿色生产的一个重要内容。所以，加强园区的空间布局，对提高园区的绿色生产水平具有非常重要的意义。

相对于企业来说，园区在实施绿色生产方面的优势，是它的相对规模，即它能够建立集中污染治理系统来为众多的具有相似污染排放物的企业服务，从而使得原来不能独立进行绿色生产的企业的生产由此转化为绿色生产。因为许多废弃物的回收处理所需的起始规模要求很大，这是单个企业无法独立承受的，正如许多的排污企业在政府的严令下建立了污染治理系统，但因费用太大无法承受而时常停运和偷排一样——如果治污系统正常运转将吞噬企业的全部利润甚至更多，所以一些产业园区的建立正是解决这个问题的产物。产业园区具有的这种优势，使它能够集中一些无力治理污染的企业而将它们的黑色生产转化为绿色生产，这种特点使得产业园区能够在绿色生产方面发挥极其重要的作用。对于正处在调结构转变经济发展方式的我国来说，以产业园区的发展形式将一些仍然具有较大社会需求但会排放一定污染又缺乏独立治理能力的企业集中到产业园区，不仅能够延缓这些企业的生命周期，而且能够将它们的生产转换为绿色生产。

将那些会对生态环境造成不良影响的废弃物，但却可能是其他企业重要投入品的企业集中在同一产业园区，从而将污染环境的废弃物资源化，也是产业园区绿色生产最为重要的一个方面，这也是循环经济的一个重要内容，这在国内外都有许多成功的经验。这种形式可以将污染生态环境的废弃物转变为宝贵的经济资源，不仅避免了废弃物对环境的污染，而且能够节约成本，为双方企业带来明显的经济效益，所以在绿色产业园区的建设中，应该大力推进这方面的资源重组。

显然，园区本身作为一个相对虚拟的生产主体，要实现绿色生产的目标，加强管理是最为重要的任务。这种管理，一是为园区企业提供绿色生产方面的技术支持和各种便利服务，协调好绿色生产方面存在投入产出联系企业间的关系等；二是加强对企业在绿色生产方面的监督，保证企业的生产符合园区绿色生产的要求，对它们进行必要的奖罚。

5.3 城市绿色生产

虽然通过合理的产业选择，产业园区能够比企业在更大范围内做到绿色生产，但相对于生产的整个产业链来说，产业园区的空间范围仍然太小，要实现更高程度的绿色生产，需要更大空间范围的绿色生产主体，城市绿色生产就是其中之一。

5.3.1 城市绿色生产含义

城市绿色生产是指城市以生态伦理为指导，通过绿色规划、绿色设计、绿色制造、绿色营销与绿色管理以使整个再生产过程实现人与人和人与自然和谐，取得经济、经济社会与环境效益相统一的一种生产方式。

从经济学的角度看，城市是一个人口与工商业高度密集，分工体系相对齐全的综合经济体，通常是周围地区的政策、经济与文化交流中心，是物流、信息流、价值流、人口流的交汇点，是一种特殊的区域经济体。

作为一个地区的社会中心，城市在区域经济中占有核心地位，落实好城市的绿色生产，不仅对一个区域甚至对整个社会的绿色生产都具有特别重要的地位。同时从熵理论知道，城市作为一个人口与经济聚集中心，靠自身资源是无法实现持续增长的，必须不断地从外部输入所需的资源并向外部生态环境排放废弃物，因此城市的生产方式对整个区域的生态环境起着重大作用。

显然，以绿色生产为导向的城市，本身必须以建立"绿色城市"为目标。所谓绿色城市，简言之，就是将自然关怀与人文关怀精神贯穿于城市活动的每个方面的城市，具体来说，就是所有经济主体都具有深厚的绿色理念并以此指导自己的行动，经济、文化与生活之间相互和谐与高效，经济活动高效，适宜居住与生活。

与企业作为单纯的以利润为目标的主体或与产业园区作为实现某种特定目标的经济主体不同，城市是一个复杂的综合体，承载着社会、经济、文化与人口等方面协调发展的任务，目标更加多元化，这一方面增加了管理的难度，但同时也为在更高程度上实现绿色生产目标提供了更好的条件。这是因为，经济聚积程度越高，范围面积越大，社会化分工协作程度也就越强，实施循环经济的条件也就越好，各种资源的利用效率也就越高，废弃物的资源化利用就越充分，所以，绿色生产的进行也就越有保证。

自然，产业的聚集与分工协作只是为绿色生产的更好进行提供了便利条件，要使绿色生产得以有效实践，还需要在城市再生产过程中有效地实施绿色生产战略。

任何主体绿色生产的前提都需要绿色伦理的指导。如果说园区作为一个相对虚拟主体而比企业承担更多的社会责任而要比企业有更强烈的生态伦理意识和更浓厚的人文关怀与自然关怀情怀，那么具有更多社会责任与目标的城市，在生态伦理意识和人文关怀与自然关怀情怀等方面无疑要更加强烈，同时从某种程度也有实践绿色生产更好的条件，如城市具有一定的立法权和政策制定权，从而能够更好地在生态伦理指导下统筹城市的规划与产业布局，由此更好地达到绿色生产的目标。

城市规划是指对自己的行动方针、战略、政策、服务对象与标准、空间布局、工艺选择、销售管理等一系列事关城市发展的计划。规划主要对决定城市发展的主要事项进行统筹安排，如前面园区绿色生产分析中指出的那样，相对于企业，园区有更多的可控制因素，从而在实施绿色生产方面有更大的主动性，那么相对于园区，城市在这方面的特征更加明显，它不仅有更高程度的分工协作，更大的地域空间，而且有更多的法律、政策与经济手段，所以在实施绿色生产方面有更大的自由裁量权，要使这些优势得到有效实践，就需要良好的城市绿色生产规划，因为一旦生产主体及其协作关系等在空间上得到落实，其物流、废弃流等因素就难以改变，所以在实施城市绿色生产方面，规划占有非常重要的地位。根据绿色生产和循环经济的要求，统筹生产、生活、文化等活动在空间、流程等方面的布局，对绿色生产的有效推进是至关重要的。

城市绿色设计是在生态伦理的指导下，以城市规划为指南，根据城市的定位与功能区划等，结合循环经济与工艺流程等要求，合理进行产业布局，以使资源得到最有效利用，同时最有利于废弃物的回收与处理等，也就是根据循环经济原理与低碳经济要求，以有利于生产与活动等来设计整个城市的生产布局与工艺流程等，以达到在满足生态环境保护与人身安全的前提下，使整个城市的效率达到最优。

在绿色设计中，既不同于企业以围绕绿色产品生产为核心来进行整个筹划，也不同于以园区内围绕某种产业以不同产品生产者之间相互吸收副产品以及消除外部不经济为目标，城市是一个生产、生活的综合体，是政治、经济与文化的中心，因而它的绿色生产是一个包含生产、交换、消费与分配等四个环节的统一的过程，因而需要更加综合的绿色规划与设计，同时它有更大的空间与行政立法权力，也能够在更高的层次上实施绿色生产。

在具体的规划与设计中，应该根据城市的功能定位合理地对城市的生活、生产、交通、通讯等进行设计，如在交通布局及其设置上，长距离应该优先发展绿色公共交通，短距离应该鼓励自行车与步行；合理划分生活与生产、商业区域，做到不同功能区域之间的相对分离，同时又不使彼此之间的距离太远；为防止热岛效应的出现，在城市设计中，必须注意城市空气流通的通道合理，当前许多城市，如杭州在暑期出现的热岛效应就是因为原有的空气流通通道被堵，热量无法及时扩散的结果。在生活区域规划与设计中，合理规划医院、学校、购物、健身、休闲等方面的布局，以充分体现人文关怀；在生产区域，根据循环经济与低碳经济要求，将存在着明显投入产出关系的产业或企业进行合理布局，尤其是废弃物的回收利用、废水排放与循环利用等。

虽然从理论上说，在实施绿色生产中，规划与设计是最重要的组成部分，但由于大部分城市都是历史形成的，因此在很大程度上规划与设计是受到不同程度的局限的，虽然通过城市改造等可以在一定范围内改变城市的区位功能布局，但成本也是十分巨大的，因此在城市绿色生产中，管理也就成为最为重要的环节。作为不仅具有管理权，而且具有一定法律与政策制定权的城市来说，这应该是它能够较好完成任务的领域。所以在城市绿色生产中，加强绿色管理是实现绿色生产目的最主要任务。这同时也是因为如园区一样，城市作为一个综合体只是一个区域范畴，本身或者说代表城市的政府是一个虚拟的生产者，并不是具体的生产者，生产者是分布在城市各个区域的企业或居民，因而要做到城市区域范围的绿色生产，就需要城市政府作为管理者，加强对区域内各生产主体的管理。

作为一个综合体，在绿色管理中，最主要的是制定与生态文明要求相一致，充分体现人文关怀与自然关怀情怀的法规、制度、政策与实施细则等，以做到有法可依，同时加强执法力度，做到执法必严。在完善的法制基础上，加强对不同微观主体的绿色生产意识的培养，促使他们在生产中自觉实施绿色生产，是实现绿色生产目标的重要基础。

作为一个比园区更大的综合生产体，城市显然具有比园区更好地审判绿色生产的条件，如它能够在更大范围内实施循环经济，具有更高程度的规模经济程度，从而在对各种废弃物的回收利用方面具有更高的效率，所以在城市绿色生产中，在合理布局的前提下，加强绿色管理就能够在更高的程度上实现绿色生产目标。

5.3.2 城市绿色生产实施

城市作为一个历史自发形成的人口、经济高度密集的综合体，一方面为实施绿色生产创造了良好的条件，但同时作为一个需要巨大物流、能量等输入维持的系统，不可避免地会产生巨大的对环境与人体有害的废弃物，如何协调好其中的关系，使整个城市的经济活动符合绿色生产的要求，成为城市管理者与全体市民共同的挑战。

显然，在任何时候，意识与伦理都是统率事物的核心，因此加强生态文明建设，建立以人文关怀和自然关怀为核心的社会意识，成为城市绿色生产的前提条件。

不过，“彭宇案”带来的社会后果也时刻提醒人们，仅有良好的社会意识与伦理而没有相应的法律与制度保证，社会意识与伦理就不会转化为有效的社会行动，所以在大力倡导生态文明伦理，宣扬人文关怀和自然关怀精神的同时，必须加强相应的法律与制度建设，没有法制保证的伦理是空洞无力的。

加强法律与政策的执行力度是实现绿色生产的重要保证。我国当前日益严重的生态环境破坏与环境污染，并不是因为缺乏相应的法律制度，而是执法力度不足所致，主要原因是在追求 GDP 政绩目标下的地方保护主义对环境违法行为的纵容，当今很多企业或地方建立的治污系统，只是在环境检查时才运行，检查一过即停运，所以在实现城市绿色生产的目标，就必须加强生态环境保护的执法力度，做到有法必依和执法必严。

企业为降低成本实施而偷排废弃物的行为，既有执行力度不足的原因，也有废弃物处理的成本太高的原因，超出了企业正常的承受能力，因此如何降低企业排放废物的成本也就成为企业与城市管理者必须认真考虑的问题。产业园区的设立是解决这个问题的有效途径之一，相对于产业园区来说，城市有更大的优势。因为与产业园区相比，城市的规模经济更大，聚集的程度也更高，产业链更加完整，因此资源化的废弃物能够得到更有效的利用，各种有害废弃物处理的成本会更低，所以城市在降低企业的废弃物排放成本方面有更大的优势。要将这些优势转化为现实，就需要城市在加强执法的同时，合理规划废弃物的排放与处理，如将同类型排放物及其利用的企业集中在一定区域，根据投入产出联系进行合理的空间布局，加强废弃物的回收与处理，对资源的再利用以及废弃物的科学处置提供经济补偿等，以提高城市绿色生产的水平。

产业间的相互资源利用是实现绿色生产的最有效途径之一。这是因为，一些产业的废弃物往往是其他产业所需的原材料，如炼钢产生的废渣是水泥生产和其他一些建筑材料生产的良好原料，因此将存在着投入产出联系的企业集中起来合理布局，就能够将一些企业的黑色生产转化为绿色生产，这也就是通过产业聚集将外部不经济内部经济化。相对于产业园区来说，城市能够聚积更高程度的投入产出链，从而能够实现更高程度的绿色生产。为此，就需要通过合理的规划与布局，同时通过积极的政策引导等促使相关企业进行合理的分工协作，以达到废弃物资源化和有害物质无害化处理的目的。

城市交通的合理规划是实现绿色生产的一个重要环节。合理的交通规划，不仅能够有效地将城市连接成一个有机的整体，可以节约人们的出行时间，而且可以有效降低能源耗费，减少废弃物的排放。城市雾霾成分的构成中，很大部分来自汽车尾气的排放，其中交通拥堵的贡献是非常大的，而交通拥堵带来的人们情绪烦躁等，更是社会福利的重大损失。

作为人文关怀的体现，城市在实施绿色生产中，必须合理地规划与落实关系人民生活、休闲与保健等有关的托儿所、学校、医院、养老机构、公园、健身、购物等方面的建设，同时加强绿化等生态环境的建设，使人们在宜居的环境中幸福生产。

城市作为一定综合体，要使城市成为绿色生产的主体，就必须进行综合的管理，以达到最好的效果。

5.4 国家绿色生产

国家绿色生产也可以称为区域绿色生产。它们都属于在一个较大且具有多元化特征的空间范围内进行的绿色生产。如果要严格区分区域与国家，也就是国家有比较明确的法律与制度制定能力，有征税权与货币发行权等。自然，国家绿色生产也就称为社会绿色生产，因为它是一个社会的整体的有意识行为。

显然，相对于厂商、产业园区与城市来说，国家或区域的绿色生产不仅是范围最大的，同时也是级别最高的，从理论上说，在实施绿色生产方面也是有利条件最多的，从而也是较易达到绿色生产目标的。

5.4.1 国家绿色生产含义

国家绿色生产是指一国以生态伦理为指导，通过合理的法律、制度与政策安排，促使所有行为主体在生产过程中将人文关怀与自然关怀落实于行动中，以实现人与自然和谐的绿色生产目标。

人的行为是受在一定伦理基础上的法律、制度等支配的，因此建立良好的生态伦理，是实现国家绿色生产的重要保证。在这方面，国家具有比其他微观主体更大的优势。这是因为，一定的代表社会进步的伦理，虽然在一定程度上是社会在一定条件下自发产生的，但要成为一个社会占主导地位的社会意识，却需要统治阶级或国家通过一系列政策措施等着力推行，这正如当前逐渐成为社会主流意识的生态伦理，就是国家通过立法、政策鼓励与舆论引导等一系列措施而逐渐实现的，当代青少年对生态环境保护的意识明显高于他们的长辈，原因就是政府从幼儿园开始就反复向他们灌输生态环境保护的重要性，由此在他们的心灵深处就扎下了深厚的自然关怀意识；同时，要将一定的社会伦理转化为人们自觉的行动，更是需要国家法律和政策的引导，否则就会成为空谈，这正如我国的传统伦理与政治宣传都强调“助人为乐”与“尊老爱幼”的精神，但这些千年积累的伦理却被“彭宇案”摧残得枝叶凋零一样，由此说明法律与制度的建设与引导，要比空洞的说教更加有效，这正如“吐痰”“乱扔垃圾”等不良行为，数年的淳淳教导，不如高额罚款与刑法有效。正是国家具有这种法律与制度的制定力与执行力，因此在推进绿色生产方面，国家具有比其他微观主体更大的优势。

一个社会的循环经济是随着经济发展而不断演进的，也就是随着社会分工协作程度的不断深化，循环经济的程度将会不断提高。这是因为，随着分工协作程度的深化，资源的利用程度与效率也就越高，许多原来会污染环境的废弃物将会变成宝贵的资源，同时，产业链越完整资源利用的效率就会越高。从资源循环的过程看，只有被放错地方的资源，而没有绝对的废弃物，关键取决于技术进步、产业链的完整程度以及资源的价格等，一般来说，资源的价格是随着经济发展水平的提高而不断上升的——不可再生资源的储量因此会不断减少，从而资源循环利用的效率也就会越高。显然，相比于城市、产业园区以及企业来说，在这些方面国家都具有无可比拟的优势，如国家可以利用财政资源用于短期难以见效的资源利用与环境保护方面的技术研发，国家的产业链是最完整的，国家通过财政税收、价格与金融等手段调节资源价格，从而更好地达到循环经济高效利用资源的目标。在这方面，一个社会的绿色生产能达到何种程度，取决于经济发展水平与国家意志。在经济发展水平一定时，国家意志也就成为决定因素了。例如，当国家下定决心治理雾霾时，从上到下节能减排的意识与执行力度也就空前高涨，各种政策在很短的时间内就推出，由此使人们看到重现蓝天的曙光。

国家在实施绿色生产中，在推行生态伦理、加强人文关怀与自然关怀建设、制定相关的法律制度与政策的同时，制定切实可行的绿色生产发展战略及其实施细则，是实现绿色生产的重要基础。

绿色生产战略就是为实现绿色生产目标而制定的指导各项计划和策略，核心内容是做到资源环境、经济与社会之间的协调发展，实现人与自然和人与人之间的和谐相处，为此而制定的各项可持续发展战略方针、战略目标、战略重点、战略步骤和战略对策的统一。

绿色生产的战略方针就是指在实现绿色生产的过程中要实现什么样的目标以

及努力的方向。具体来说，就是要通过绿色生产而在整个再生产过程中贯穿生态伦理，实现人与自然和谐的目标，以实现人类社会的最大福利目标。显然，绿色生产的战略方针中绿色生产战略中的灵魂，决定了其他各个方面的内容。

绿色生产的战略目标就是在实现绿色生产战略方针的过程中要达到什么样的具体标准，是战略方针的具体量化，因此是衡量整个战略计划执行好坏的标准。具体来说，就是要确定在一定的时间范围内生态环境的改善程度，如废弃物排放量降低多少、绿色食品的比例、绿色建筑的比例、水质的改善度等要达到什么程度。

绿色生产的战略重点就是为实现战略方针和任务，应该特别给予关注的方面，如对我国当前来说，就是如果改进生产方式，提高绿色生产水平，从而达到清洁生产、节约资源、改善生态环境、有效保护人民身体健康等。

绿色生产战略阶段是指在实现绿色生产战略方针和目标的过程中，应该被分解为几个主要的阶段，或者说每个阶段应该达到什么样的目标以及最终达到整个目标所需的时间等。对绿色生产的目标来说，显然不是一蹴而就的事业，而是一个漫长的过程。为此，就应该根据国情，围绕需求与可能来设置不同阶段的目标与任务，正如我们根据国情将我国的发展战略确定为三个阶段或分“三步走”那样。

绿色生产战略对策是指为实现绿色生产战略方针和目标，应该采取哪些具体的措施和政策等。

显然，绿色生产战略是一个有机整体，各方面必须协调统一，只有这样，绿色生产战略的效果才能得到实现。

5.4.2 国家绿色生产实施

国家作为一个世界最大的经济核算单位，因其有比较完全的立法权与行政权，因而在实施绿色生产方面较其他经济主体具有更大的优势。

如同城市只是作为一个虚拟的生产主体一样，在实施绿色生产过程中，国家也不是作为直接生产主体出现的，而是作为绿色生产方式的倡导者与引领者出现的。在这种情况下，要使绿色生产目标得以实现，就需要在全社会有意识地倡导生态文明，加强人文关怀与自然关怀的舆论引导。更重要的是，作为法律与制度的制定者，代表国家利益的政府应该通过法律制度与政策来反映这种意愿，如在法律制度上坚决制止严重破坏生态环境的行为，对这些行为给予严重的刑罚与经济处罚，对保护与改善生态环境的行为给予褒奖。

绿色生产需要完整的产业链做基础，因为许多产业或企业排放的可能污染环境的废弃物往往是其他产业或企业良好的投入品，所以产业链越完整，实施循环经济的条件就越充分，从而绿色生产也就越有保证。相对于其他主体来说，国家主体内部的产业链无疑是最完整的。不过，这种完整的产业链能在多大程度上成为循环经济的坚实基础，则取决于各种社会条件，如产业布局、产业间的聚集程度、技术发展水平、资源的价格水平、外部不经济的企业成本等。产业布局越合理，也就是存在投入产出关系的部门之间的空间距离越短，耗费的运输成本也就越短，各部门之间废弃物与投入品之间的转换就越有可能实现。产业间的聚集程度越高，生产与消费过程中的各种副产品和废弃物得到利用的程度也越高。资源利用的技术水平越高，不仅生产中的资源利用效率会越高，而且废弃物的再利用程度也就越高。在市场经济中，资源利用中的成本与收益关系无疑是最重要的，资源的价格水平越高，资源的利用与再生产的程度也就越高，如当水价大幅度提高后，水的循环利用也就成为必然的选择。如果废弃物排放的成本超过对它的治理，实施绿色生产也就不可避免。这也就是说，尽管国家有最完整的产业链，但要使绿色生产成为现实，却也需要国家通过一系列的措施来帮助其实现，如资助绿色生产技术的创新与发展，提高资源的价格水平（开征资源使用税等），制定产品回收再生产的强制性政策与鼓励性政策，制定鼓励产业间废弃物利用的政策等。在这些方面，国家是具有相应的能力的。

国家实现绿色生产目标的体现就是实施绿色生产发展战略。通过绿色生产发展战略的实施，国家将各种实现绿色生产的意志落实在各项具体的政策中，以引导、督促各级经济主体实施绿色生产。

5.4.3 外部影响的内部化

国家的绿色生产与其他主体绿色生产的最大区别之一，就是后者都会产生程度不等的外部影响，而在国家层面，除了少部分产生的国际影响外，这些不同主体的外部影响都会被内部化。

微观主体产生的外部影响既可能是有利的，也可能是有害的，一般而言，在生态环境利用基本矛盾（即生态环境的公共性要求人们对其保护与生态环境利用所得利益的私人性而促使人们以牺牲生态环境换取个人利益之间的矛盾）的作用下，外部不经济的程度往往要大于外部经济。这些对微观个体来说的外部影响，对国家来说都是内部影响，而且一般地说，这种外部经济的社会成本要大于社会收益，更重要的是，它会影响不同利益群体之间的利益关系，如在河流上游地区排污，会严重影响下流地区人们的利益。为了避免或者减轻这种不利后果，国家就必须加强对微观主体外部影响的调节，如对产生有利外部经济的活动给予财政补贴或税收优惠，以使企业收益能够与社会收益相一致；对那些产生外部不经济的活动则给予惩罚，如收取排污费、资源使用税等，并且做到社会成本与企业成本一致。

第 6 章

绿色生产的实现途径

绿色生产要有效实现就必须通过一定的社会经济发展战略和能力建设来加以落实。发展战略是绿色生产的制度保证，能力建设则是绿色生产的物质基础。

6.1 绿色生产发展战略

一种理念要得到实现，只有通过体现主体意志的发展战略才有可能。也就是说，绿色生产发展战略是绿色生产得以实现的政策保证。

6.1.1 绿色生产发展战略的主要内容

“战略”传统上指“指导战争全局的计划与策略”，目前被引申为“为实现某种目的而制定的计划和策略”。战略包含五个方面的内容：战略方针、战略目标、战略重点、战略阶段、战略对策。

绿色生产发展战略是一般“战略”在绿色生产方面的具体体现，因此从一般的意义上说，绿色生产发展战略就是为实现绿色生产目标而制定的，用来指导各项计划和策略。具体来说，就是以生态文明为指导，将自然关怀与人文关怀落实在再生产的每个方面，有效节约资源并保护环境，有利于人民身体健康，以实现人与自然和谐相处而制定的各项可持续发展战略方针、战略目标、战略重点、战略步骤和战略对策的统一。

6.1.2 绿色生产发展战略是当代社会的必然选择

众所周知，当某个问题被社会各界普遍关注时，一定是该问题的严重性危及人们重大的社会经济利益，人类在经济发展方面的情况就是这方面的典型代表。工业革命以来，人类的经济增长速度虽然是有史以来最快的，因此人类的经济消费水平达到空前的程度，它不仅超过了一切预想家的预测，而且超过了一切理想社会所要求的水平，但这种成就却是以人类生存基础的破坏为代价实现的，以致人类在享有空前的物质福利的同时，人类却也同样面临有史以来最严峻的生存危机，而人类作为一个物种的最大福利却是种族的持续生存和繁衍，这说明当今人类的发展方式是不可持续的，是以牺牲后代人的利益来满足当代人利益的短视行为，不符合人类的最大利益目标，所以，作为地球上最高级物种的人类，必然要对这种发展方式进行反思，由此产生出反映可持续发展思想与行动的绿色生产发展战略。

绿色生产发展战略之所以是当代人类社会共同的必然选择，是因为当今世界的经济或收入增长，从长期看不是持续的。例如，它是以生态资本（包括资源资本与生态环境资本）的严重损耗与人民生命财产的严重损失为代价实现的；人类虽然享受到了空前的物质福利，但因生态环境遭破坏而产生的生态需要得不到基本满足，人类的持续生存能力空前低下；以精子数量和活动率衡量的男子的总体生殖能力在近百年来急剧下降，以致在人们摄入的各种营养成分达到空前甚至严重过剩的今天，竟然出现了“拯救精子”的强烈呼声，就充分说明了人类作为一个物种持续生存面临的巨大危机。这些情况说明，人类作为一个物种，在传统经济增长的过程中，并没有得到相应的福利增长。所以，转变经济发展方式、实施绿色生产是当今社会的必然选择。

6.1.3 绿色生产发展战略的内容

根据绿色生产发展战略的内容，主要有以下五方面的内容。

6.1.3.1 绿色生产发展的战略方针

方针是整个战略的核心内容，因此确定绿色生产的战略方针，是实现绿色生产发展战略目标的关键。

从理论上看，绿色生产发展战略的目标，就是充分体现生态文明的要求，使整个再生产过程不断绿色化，以实现人与自然和谐相处、人民福利不断深化的目标。这项内容，决定了绿色生产发展战略的目标、重点、阶段与策略等内容。

社会文化和伦理道德的改变，显然是绿色生产发展战略方针得以实现的首要条件。因为行动是由观念制约的制度决定的，而观念是由社会文化和伦理道德决定的，所以要使绿色生产发展战略方针实现，就必须建立与绿色生产要求相一致的社会文化与伦理道德。

与这种伦理道德的改变相适应，要求改变传统的消费观念和幸福观念。例如，将原来那种追求不断增加物质满足的消费观念，转变为精神、生态与社会三种消费相协调，适当节制物质消费的消费伦理与消费模式；从追求人与人之间差异，或者说以支配他人和自然为目标的幸福观念，转变为追求人与人之间平等和人与自然和谐为最大目标的幸福观念。

显然，要实现可持续经济发展战略方针的社会文化和伦理道德得到实现，就必须改变与此不相适应的社会政治经济制度，如建立起公平与公正的社会政治经济制度。制度是决定人们实际行为和行动方式的根本，如同人们采用外部不经济方式来获取个人利益，是一定制度安排的结果一样，要使人们的行为符合绿色生产发展战略的要求，就必须建立起人们采用外部不经济方式获得的利益小于采用外部经济方式的利益的制度，才有可能真正实现。所以说，可持续经济发展的战略方针，包含着彻底改变现有社会政治经济制度要求的内容。

要使绿色生产发展战略目标得到实现，就需要加强构成其基础的要素建设，因此绿色生产发展战略方针包含着与要素建设有关的一切主要内容。同时，一定的要素能起到什么样的作用，是与系统的功能结构状况密切相关的，因此要提高要素的效率而取得尽可能大的绿色产出，就必须加强组织结构等因素在内的系统功能的建设。这种功能的建设同时也是社会资本的建设。它涉及微观层次、中观层次与宏观层次的系统建设及其相互协调机制的建设等内容。要做到这一点，就需要对整个社会的方方面面进行制度创新与技术创新等。例如，在调节机制上，必须建立高效率的微观管理体系，稳定区域经济的中观管理体系，能够有效地协调各方面并使社会的资源配置达到最大效率的宏观调节机制等。

6.1.3.2 绿色生产发展战略的目标

由于目标是方针在一定时期内的具体实现形式或量化，因此绿色生产发展战略目标也就是可持续经济发展方针在一定时期的具体量化形式。

作为绿色生产发展战略方针在一定时期的具体实现形式，绿色生产的战略目标也就是绿色生产在整个再生产过程中的比重，或者说整个社会再生产的绿色程度。这正如我国的战略方针是实现现代化，其战略目标是在某个时期达到某个具体的标准，如在2050年达到西方20世纪80年代的平均收入水平一样。

6.1.3.3 绿色生产发展战略重点

绿色生产的战略重点就是为达到绿色生产发展战略方针和目标所要解决的主要问题或主要矛盾。一般地说，在整个系统向战略目标推进的过程中，会存在一些阻碍该目标实现的因素，因此解决这些因素所造成的困难，也就成为实现战略目标的主要任务。这些矛盾被解决了，战略目标的实现也就容易达到。

由于绿色生产的战略重点，是解决那些在今后一段时间严重制约绿色生产发展战略目标实现的因素，因此我们认为，从当前世界各国面临的制约绿色生产发展的主要问题来看，绿色生产的战略重点，应该是转变观念、变革制度、协调人口与经济发展的关系。这正如我国政府在实施可持续发展战略时指出的“实现可持续发展战略必须转变思想观念和行为规范。要正确认识和对待人与自然的关系，用可持续发展的新思想、新观点、新知识，改变人们传统的不可持续发展的生产方式、消费方式、思维方式，从整体上转变人们的传统观念和行为规范。”[①]当前社会经济的不可持续发展的重大原因之一，就是人们仍然抱着传统人与人之间和人与自然之间对立的文化伦理、追求单纯经济发展的观念，结果导致生态环境不断恶化，自然资源日益耗竭，人与人之间的关系日益紧张等，由此严重阻碍了可持续经济发展目标的实现。前面讲到，这些看似与经济发展关系不大的社会性因素，实际上却是决定绿色生产是否能够有效实现的核心因素，是社会资本的重要内容。

制度变革是与观念转变相适应的又一重点。观念转变是制度变革的前提条件，制度变革则是观念到行动的体现和保证。制度的缺陷被公认是阻碍绿色生产目标实现的最重要因素，因此变革现行阻碍绿色生产发展的制度，显然应该是实施绿色生产发展战略的重点之一。制度之所以重要，是因为它决定了人们实际的行动，如人

---

①《中华人民共和国可持续发展国家报告》，北京：中国环境科学出版社，2003年版。

们采取绿色生产还是非绿色生产的做法，取决于一定的制度安排使人们从哪种方式中取获得更大的利益，只有当人们能从绿色生产中获得比非绿色生产更大的利益时，人们才会真正实施绿色生产。如果制度安排的结果与此相反，那么即使人们有实施绿色生产的良好愿望，这种愿望也不可能得到实现。所以，在转变观念的基础上，变革与绿色生产不相适应的社会政治经济制度，是绿色生产发展战略的重点之一。

6.1.3.4 绿色生产战略步骤

绿色生产战略步骤是指在战略目标确定的情况下，根据主客观条件，将战略目标分解为几个不同的阶段目标而分步骤加以实施，从而最终达到目标的行为。将战略目标划分为不同的阶段目标而加以实施，人们的努力目标将更加明确，因而更具有针对性和可实施性，能够更好地完成目标任务。

根据我国经济发展水平等国情，我们认为绿色生产的战略步骤可以分为两个阶段：第一阶段是从目前的非绿色生产向浅绿色生产阶段的转移；第二阶段是从浅绿色生产向深绿色生产阶段的转移。

6.1.3.5 绿色生产战略策略

绿色生产的战略也就是为实现绿色生产发展战略的基本目标而应该采取什么样的对策来完成，因此，战略策略也就是发展战略的实施措施。

显然，与绿色生产发展战略的阶段相适应，绿色生产的战略策略也应该分阶段实施。为实现由非绿色生产向浅绿色生产方式转换的目标需要两个阶段：

第一阶段的策略是完成基本伦理观念的转变、资源的耗费速度由正变负、生态环境的恶化趋势得到有效遏制、产品的绿色程度不断提高、社会公正程度有明显提高等任务而制定相应的政策措施。例如，为达到资源的消耗速度由正变负，应该通过各种措施促进包括管理等内容在内的技术进步，发挥市场机制在节约资源方面的作用，开征资源使用税，鼓励开发、使用新资源，尤其是可再生资源的开发，加强循环经济等。在遏制生态环境恶化趋势方面，积极推行生态伦理，鼓励资源的再生利用，加强环保技术开发，加大对生态环境保护的力度，通过经济和法律手段使外部不经济内部化等。加强社会政治经济方面的改变，以提高社会在各个方面的公平程度，为资源利用的可持续性和社会事务的共同参与制造必要的条件。通过这些措施，使再生产过程的绿色程度不断提高。

第二阶段的策略是保证资源的消耗能够稳定在资源的再生能力与技术进步所

产生的资源替代范围内；生态环境能够向好的方向转变，生态资本能够以较快的速度增殖，以实现三种资本的相对均衡；三种消费能够达到比较均衡的程度；社会公平程度有根本改善等，为此制订和采取相应的政策措施，如完善社会政治经济制度，提高社会公共消费的比重，加强区域协调，强化收入的再分配和财政转移制度，制定更加严格的自然资源和生态环境保护政策等，使整个社会的生产由浅绿色向全面绿色深化的过程发展。

要特别指出的是，这里只是从一般性要求来分析绿色生产的策略，实际的策略应该根据各国或各地区的具体情况和面临的主要矛盾来制订。在实际过程中，没有适应于所有国家或地区的一般性策略，更没有适应于所有国家或地区的绿色生产发展战略，每个国家或地区都必须根据自己的特殊情况来制订适应于自己的绿色生产发展战略。

6.1.4 绿色生产发展战略实施中应注意的关系

由于绿色生产战略内部包含着许多并不完全协调的目标，因此在实施绿色生产发展战略中，不可避免地会遭遇到一些相互矛盾的情况，对这些矛盾必须妥善处理，以保证可持续经济发展战略的顺利进行。

（1）正确协调短期增长与长期发展的关系。短期增长与长期发展之间是既统一又矛盾的。短期增长是长期发展的一个有机组成部分，同时也是长期发展的基础。没有短期增长，长期发展就成为一句空话。但同时要看到的是，如果过于追求短期增长，那么很可能会造成长期发展目标的落空，尤其当较快的短期增长是以过度利用自然资源，并且是以破坏生态环境为代价实现的时候，这种情况就更明显。过快的短期增长，也会产生一系列如利益分配不均等所带来的严重社会矛盾，会产生人们的观念意识落后于经济增长而产生的上层建筑与经济增长不相适应的矛盾等，这些都会严重损失长期发展的基础。我国目前就面临着这种威胁，如自然资源被过度消耗和浪费、生态环境严重恶化、两极分化空前突出、区域发展极不平衡、社会内部孕育着严重的对抗情绪等，都严重地威胁着我国社会经济的持续发展。正是在这种形势面前，中央非常及时地提出，在经济发展过程中要做到“五个统筹”，必须以科学发展观来统筹社会经济发展的全过程，反对片面追求经济的高增长。

较快的长期发展，不仅需要资源的稳定供给和良好的生态环境为基础，而且需要丰富的人力资本为动力，需要良好的社会关系为保证，这些都会对短期的经济增长有所影响。例如，通过发展教育来积累人力资本，可以为社会的长期发展提供保证，但却明显地会影响短期的经济增长。因为教育是一种在短期内有投入而无直接市场价值产出的投资活动，所以增加教育投资，必然会影响该期间的经济增长。在保护生态环境和节约资源等方面，长期发展与短期长期之间同样存在着这方面的矛盾。

这种既统一又矛盾的关系，就要求我们在实施绿色生产发展战略中，妥善处理两者的关系。既不能因为过快的短期增长而牺牲长期发展的基础，又不能因为长期发展需要而过分抑制短期增长。自然，在实际过程中如何做到这点，是需要高度的管理技巧的，同时必须根据社会经济发展的客观需要，科学地统筹两者间的关系，以实现短期发展与长期发展的有机统一。

（2）妥善处理区域协调与区域发展的关系。这里的区域协调，是指不同区域之间在经济发展过程中的相互适应与均衡发展。区域发展则指区域内部各方面的协调发展。在一个社会或国家的可持续经济发展中，如何处理好区域协调与区域发展的关系，同样是关系绿色生产目标能否实现的重要条件。

一般地说，在经济发展过程中，做到区域间的发展协调，能够保证整个社会取得较快而稳定的发展。因为在社会分工日益加强的今天，任何一个区域的发展，都会在资源供给与产品实现等方面产生对其他区域的需要，要使这些外部需要得到满足，就需要各区域之间经济发展水平与速度能够相互一致，为此，就需要区域间的协调发展；如果发展不平衡，就可能会产生各区域生产的产品无法得到正常实现，或者是所需的资源供给没有保证等，或者一些区域采取外部不经济的方式来进行生产，从而导致整个社会绿色生产目标的落空，同时，区域的均衡发展还是保证社会稳定的重要条件，而稳定则是绿色生产的最大保证，所以，区域间的协调发展是整个社会绿色生产目标实现的基础。

我们认为在区域发展与区域协调过程中，既不能过度干预，也不能无为而治。在顺应区域经济发展规律的基础上，合理地利用各种手段调节区域经济发展关系，是可以较好地做到区域协调与区域发展的有机统一的。例如，在整个社会的经济发展过程中，随着先进地区较快经济发展而加强的承受能力，逐渐加强区域间财政转移的力度，同时加大引导资源在区域间转移的政策力度等，是可能在不损害区域经济发展的基础上，协调好区域间的经济发展关系的。

（3）处理好生态环境保护与经济增长的关系。从某种意义上说，这也是短期增长与长期发展的关系之一。因为为进行绿色生产提高生态环境保护的力度，其造成的生产成本提高而明显影响短期的经济增长，却有可能为发展提供良好的基础而有利于长期发展；但由于短期增长是长期发展的基础，如果因为对生态环境的保护力度过大而超过了一定经济发展水平上的社会承受能力，则不仅会严重损失短期经济增长和破坏绿色生产，而且会使社会长期发展的目标落空，甚至会造成生态环境更严重的破坏。因为贫困与不发展，要比一定经济增长对生态环境的破坏更大，我国西部许多地区生态环境的严重破坏，很大原因就是贫困造成的。所以说，正确协调好生态环境保护与经济增长的关系，也是短期增长与长期发展的关系之一。

实施绿色生产发展战略，客观要求处理好这方面的关系。既不能因为追求过快的经济增长而严重牺牲生态环境，也不能因为过度保护生态环境而严重阻碍经济增长。在这方面，必须根据社会经济发展的需要和生态环境的承受能力，在它们之间取得相对平衡。有的时候，如果牺牲一定的生态环境，能够比保护它而给社会带来更大的利益，那么生态环境在短期内的牺牲也是必要的。但这种牺牲，必须在经济发展过程中，以经济发展积累的资本进行补偿，并且到一定时候，这种补偿还必须保证生态资本的增长能够快于其他资本的增长，以实现三种资本的协调。

（4）兼顾好公平与效率的关系。公平与效率的关系，本质上就是经济增长与社会稳定的关系。它们之间既存在统一性，但又存在着明显的对立性。经济增长需要社会稳定做保证，而社会稳定也需要一定的经济增长为基础，但过快的经济增长，也就是较高的效率，则往往伴随收入分配的较大差距，也就是会产生较严重的不公平，当这种不公平严重到一定程度时，就会产生社会的不稳定，社会的不稳定则会反过来严重阻碍经济的增长。同时，过于稳定的社会，则往往伴随过度的分配公平，这必然会阻碍效率的提高而不利于经济增长。

这种既矛盾又统一的关系，决定了我们要实现绿色生产的战略目标，就一定要协调好两者的关系，既要保证经济活动有一定的效率或活动，又必须保证社会公平与公正原则能够得到充分体现，以实现社会的最大福利。因为，没有一定的效率，绿色生产就不可能在市场经济生存，经济增长也就不可能得到保证，而没有经济增长保证的生产方式是不可能持续的，会产生一系列阻碍其目标实现的因素，如贫困、生态环境不能得到有效保护等；而没有公平，则绿色生产要求的资源的可持续性和社会可持续性就不能得到实现，绿色生产的目标会因为缺乏自然与社会基础而不能实现等；同时，公平与社会稳定，无论对个人还是对社会来说，都是一项非常重要的福利。所以，要实现绿色生产的战略目标，就必须处理好两者间的关系。在这方面，每个社会都必须根据自身的需要和国情，在两者之间的关系上进行合理的选择，以实现社会的最大福利。此外，协调好城乡关系、内外关系、各产业间关系等，也是实现绿色生产战略目标的重要内容。

6.1.5 不同主体绿色生产发展战略的重点

很显然，主体的空间范围与约束条件的不同，它们各自发展战略的重点也是不同的。

对企业来说，它所能够控制的只能是自身的生产过程与部分营销活动，各种外部因素都是它所不能决定或者不能影响的，因此绿色生产发展战略的重点必然是有关绿色产品的研发、生产与营销的。

对产业园区来说，作为一个主要活动仅局限于生产领域但又不是作为直接的生产者，既不直接控制产品的生产与销售，也无法掌控外部影响绿色生产的因素，因此发展战略的重点主要也是产业选择、合理组织园区内的生产布局与废弃物的无害化处理、对各企业的绿色生产监督等内容。

对城市来说，由于其拥有一定的法律与政策制定权力，同时拥有更大的再生产范围，它不仅包括生产，而且也包括消费、流通与分配等，拥有相对完整的再生产过程，因而其战略重点既包括对绿色生产的引导与控制，也包括对消费、流通与分配的引导与控制，更重要的是要保证各个方面之间的相互协调与促进。

国家是整个社会法律与政策的制定者，肩负着对整个社会再生产进行监督与引导的职责，因此相对于其他微观主体来说，国家在绿色生产方面的战略重点主要集中于宏观方面，其中主要是有关绿色生产方面的法律与政策制定、执行与监督，国家层面的绿色生产布局，再生产各环节之间的相互协调等。

从整个社会看，要取得好的绿色生产发展效果，不同主体之间的发展战略必须形成一种相互补充与促进的关系，为此在制订发展战略时，小的微观主体必须参与到更大的主体的战略制订中去。

6.2 绿色生产能力建设

绿色生产的核心问题之一，就是不断提高整个社会的绿色生产能力。只有绿色生产的能力得到不断提高，绿色生产的目标才能够真正实现。

6.2.1 绿色生产能力的基本含义及内容

绿色生产能力是一个社会运用其能够支配的各种资源，使整个再生产符合生态文明要求方向运动及其速度的能力。一个社会能够在何种程度上实现绿色生产的目标，是由它在这方面能力大小决定的。这些能力包括伦理价值、各行为主体的绿色意志、拥有的经济资源、生态和环境条件、科学技术等。具体地说，能力建设涉及一个国家的人力、科学技术、组织、体制和资源等方面的能力。这说明，绿色生产能力是一个多因素的综合系统，它一方面取决于各因素或各要素的数量与质量，另一方面取决于将各因素协调起来共同推动绿色生产的能力，或者说各要素效率的高低。

绿色生产能力的构成，按照系统科学的观点，主要包括两个方面：经济系统内部的绿色生产能力和经济发展环境的绿色生产能力。

经济系统内部的绿色生产能力，是由经济系统的组成要素及其结构与功能状况所决定的绿色经济再生产能力，是人类协调自身内部及其与自然之间关系满足自身绿色产品需要力量的总和。它既包括现实的社会生产力，也包括潜在的社会生产力。它主要由这几部分组成：①该社会的劳动者利用和创造知识协调自身与自然关系，并且生产出各种使用价值与劳务的力量，即人力；②生产过程中所积累的由过去劳动创造的生产资料，即物化劳动或物质资本；③在生产过程中通过一定技术的劳动方式所实现的全部知识力量，即科学技术力；④一个社会将各基本要素组织起来转化为现实生产力的力量，即协作力与决策力；⑤人们在生产时所利用的土地和其他自然资源对经济产出的贡献力量，即自然力或自然生产力；⑥一个社会利用外部力量来推进本国绿色生产的能力，即国际协作力。一个社会经济系统内部的绿色生产能力是所有这些力量的有机统一。

经济发展环境的绿色生产能力，是指绿色生产所需的生态环境资源可持续能力和社会环境资源可持续利用能力的统一。

绿色生产所需要的生态环境的可持续能力，是指由自然再生产过程所决定的自然生产潜力和由生态平衡规律所制约的生态环境平衡自我调节能力。它主要包括四个方面的内容：①自然资源的可持续利用能力。它主要由对可更新资源的利用是否超过了它的可再生速率；对不可再生资源的利用是否超过了其他资本形式对它的替代速率等来表示。②环境污染吸收和净化能力。它主要以污染物和废弃物排放是否超过了环境的承载能力来表示。③生物的多样性。它主要以生物的灭绝速度是否超过了生物的创新速度，从而生物多样性是减少还是增加来表示。④生态系统平衡的自我维护和稳定能力。这主要以维持生态安全，保持生态系统相对稳定并向着有利于人类社会发展方向运动的能力等来表示。

绿色生产需要的社会环境的可持续能力，是指由社会的上层建筑和意识形态所决定的社会进步、社会公正、社会稳定、公共安全保护能力和人类行为过程中的自我调节能力。它包括社会生态伦理决定的人与自然关系的认识、社会生产目的、人们的消费观念、人类对自然的认识水平、人类的文化习惯与行为道德规范、公众的环境风险与环境影响意识、由政治民主决定的公众参与程度等。在决定绿色生产能力方面，社会环境的可持续发展能力往往是决定性的。因为它决定了人们的行为及其行动方式，人的行为及其行动方式则决定了绿色生产的方向和效果，所以在绿色生产能力系统中，社会环境的可持续发展能力是起支配地位的。

从来源说，绿色生产能力有两种，一是自身形成，二是外部注入。自身的能力形成，主要包括物质资本与人力资本的积累、生态文化的形成等。外部注入，是指引进国外的资金、技术、人才、观念等，以提升本国的绿色生产能力。在当代，任何一个社会绿色生产能力的培养，其来源都包含这两个方面。

为方便后面的分析，这里将绿色生产能力的内外构成因素归纳如下：

☞ 自然资源和环境质量的存量与更新能力。它既包括下面将提到的资源承载能力和环境缓冲能力，也包括经济发展过程的环境稳定能力、资源再生产能力等。一般情况下，自然资源的丰度不仅与其数量（主要是可再生资源）的更新能力一致，而且与环境的质量及更新能力一致。自然资源和环境质量的存量与更新能力，是绿色生产的物质基础。这个基础越厚实，一个社会的绿色生产能力也就越强。

☞ 人力资源的再生产能力或人力资本的积累能力。人力资源的再生产能力，包括数量与质量两个方面。数量指一个社会拥有的具有适应绿色生产基本要求的劳动力数量；质量指劳动者劳动能力的高低。在绿色生产中，不仅要求人口的数量生产必须适应社会经济发展的需要，而且更要求人口的质量必须适应和满足生产力发展和科学技术水平提高的要求。在当今，对广大发展中国家来说，制约绿色生产发展的主要障碍，就是人口与环境资源的承载能力不相适应，人口数量增长太快不仅消耗了经济发展的成果，而且导致生态环境受到严重破坏，环境的破坏则削弱了绿色生产发展的能力，贫困则使得绿色生产失去发展所需的社会基础。所以，在经济发展过程中，使人口的再生产适应绿色生产发展的要求是十分重要的。

☞ 物质资本存量及其积累能力。一个社会的物质资本存量及其质量状况，是该社会生产力长期发展的保存成果之一，是绿色生产顺利进行的物质基础。它们的丰度与质量，反映了一个社会绿色生产的基础是否牢固，从而决定着该社会的绿色生产能力的强弱。物质资本不仅是一个社会经济发展的重要手段，而且在绿色生产系统中，在一定范围内，它们与自然资源和生态环境或生态资本之间具有一定的替代性，如通过物质资本的投入，既可以代换部分自然资源和生态环境，也可以直接转化为自然资源存量的增加和生态环境质量的改善等，所以加强物质资本存量及其积累能力的建设，是促进绿色生产的重要内容。

☞ 绿色科学技术存量及其发展能力。这里的绿色科学技术不仅包括自然科学技术，而且包括社会科学技术。在促进可持续经济发展方面，社会科学的作用不仅不比自然科学小，甚至要更大。这是因为，社会科学是人的行为的灵魂及其行动的指南，它支配着人的行为方式和行动效果，自然科学是由人的行动方式支配的，是一种被利用的工具，它被如何利用，是由社会科学支配的人的行为决定的，所以说，在绿色生产发展中，社会科学的作用是支配性的。一个不重视社会科学的社会，不仅是一个缺乏文化的社会，而且是一个没有灵魂和缺乏凝聚力的社会，因此必然是一个不可持续发展的社会。加强社会科学创新能力，是一个社会保持活力的基本条件。技术出生产力，管理同样出生产力，而且是更重要的生产力。改革开放以来，我国管理水平不同的企业，其兴衰成败就充分说明了这一点。

☞ 社会绿色生产组织方式及其自我调整能力。通俗地说，它是指一个社会已达到的绿色生产管理水平及其进步能力。在一定的资源条件下，一个社会或生产组织所能达到的绿色生产力，是由要素的组织方式决定的，或者说，要素生产力的大小是由管理水平决定的。不过在这里，决定要素生产力大小的管理水平，不仅指生产过程中由技术和社会关系决定的劳动组织方式及其相应的生产关系，而且包括产品的分配方式及其结果。因为后者决定着人们在生产过程中的劳动积极性和劳动者的再生产能力，所以它同样是构成“管理”的重要因素。

☞ 社会经济制度及其变迁能力。它主要是前面提到的决定绿色生产的社会环境可持续能力。在绿色生产能力中，它往往是一种支配性因素。因为社会经济制度决定了人们的行为方式，而行为方式决定了人们的行动方向及其效果的好坏，这对于整个社会来说尤其如此，所以它决定着整个社会绿色生产能在何种程度上实现自己的目标。在某种程度上，可以说“制度决定一切”。所以说，加强社会经济制度的建设，使它们更加符合绿色生产的要求，是实现绿色生产目标的重要保证。

☞ 决策能力。决策能力是指一个社会在面对众多信息和复杂社会经济形势时，能够把握社会经济的正确发展方向并引导社会前进的能力。一个社会的决策能力，取决于多方面的因素，如社会对信息的鉴别处理能力，决策者的素质，决策咨询制度的完备程度，社会的凝聚度等，其中社会的凝聚度是最关键的因素。因为只有在内部团结，利益相对一致的情况下，一个社会才可能对内外部环境的变化做出正确的判断，从而决策才可能是有效率的。在一个内部纷争的社会，各方利益不一致，各自对什么是决定自身利益的判断依据不同，彼此之间的激烈竞争，必然不可能使社会做出有效的决策。所以说，社会凝聚度是决定一个社会决策能力大小的最重要因素。

☞ 社会协作力。指一个社会将各因素聚积起来，能够实现多大生产力的能力。从系统论知道，在要素一定时，一个社会能取得多大的生产力，就取决于系统内将各要素组合起来的能力了。组织方式不同，一定要素发挥的生产力是不同的，这正如一些企业由不同的人管理，就会产生出不同的效率一样。所以说，提高一个社会的协作力，是加强绿色生产能力建设的重要内容。社会协作力的大小，由该社会的伦理道德、管理水平、产品分配的公平程度、政治民主、决策能力、生产方式、社会制度等一系列因素决定，要提高一个社会的协作力，就必须加强这些方面的建设，并且使它们之间相互协调。

☞ 国际协作力。由于自然资源和生态环境都具有全球性，各个国家之间山水相连、气流相通，如果没有有效的国际合作，要防止大气和水资源污染，是完全没有可能的；同时各国之间在技术、资源、资本、管理经验等方面存在着密切的依存关系，每个国家在绿色生产能力方面的供给与需求之间都不会是完全平衡的，都需要进行国际间的能力输入与输出之间的协调。

一个社会的绿色生产能力是上面各构成因素的加和。同样，在前面分析中指出的在绿色生产中三种文明相互促进、三种资本相互增殖、三种创新相互作用、三种需要相互满足、三种可持续性相互协调等，都是一个社会绿色生产能力建设的重要组成部分。

6.2.2 绿色生产能力建设

要使绿色生产能力不断提高，就必须加强绿色生产能力的建设。

由于绿色生产能力是一个系统工程，因此要加强绿色生产能力的建设，也必须从整个系统建设着手。没有整个系统的推进，绿色生产能力是不可能得到有效提高的，如在系统演进中，如果没有制度的变革、结构的协调等，单纯的资本积累是不能保证绿色生产目标的实现的。

绿色生产能力的建设，要求技术进步与环境保护和资源的开发利用要求相一致；人口的增长必须与生态环境和自然资源的承载能力相一致；资本积累必须与技术进步的速度和要求相一致，与劳动力的增长相适应；各种资本积累的比例必须协调；再生产各环节的资源分配必须协调；社会的生产方式、交换方式、分配方式与消费方式，必须满足绿色生产的基本要求，并符合环境保护和资源节约的原则；生产结构、各种产品的比价、产品分配比例（包括在各阶层的分配比例及其消费与积累的比例）、消费结构比例之间必须相互一致；国际贸易与国际合作能使这些关系更加协调，制度的变革则能为这些内容的实现提供保证并促进它们不断改进等，只有整体的推进，绿色生产的目标才能够真正实现。

从系统论知道，系统协作创造的价值量，要大于各子系统创造的价值量的简单之和，即社会协作出剩余，并且剩余的大小取决于系统的功能结构。从价值生产的角度看，我们将这种创造社会剩余或社会价值与单个价值之差的能力叫做社会协作力，如果以价值来表示，那么可称其为社会资本。社会资本或者说系统的功能结构，是决定一个社会经济持续发展的最重要因素，它远比前面所分析的所有单个因素的作用都更重要。我们常看到资源禀赋条件相当或相同的国家或企业之间，其生产力或经济发展状况迥异的情况，其主要原因就是各自的社会资本不同。

社会资本的内容说明，要提高一个社会的绿色生产能力，不仅要在提高各要素的质量与数量、处理好再生产各环节的关系等方面进行努力，而且必须在提高它们之间的相互协作力上努力，这是更加重要的。因为从系统论和协同进化理论知道，系统的稳定和发展状况，取决于系统内各要素和各子系统之间的协同进化程度，所以要实现系统的最大绿色生产力，就必须使各部分之间保持协调的比例和进步速度。

绿色生产能力建设的内涵说明，绿色生产是一个庞大的综合系统，要提高可持续经济发展能力，其建设也同样是个庞大的系统工程，这需要社会全体成员的协作，需要所有人的共同参与。

6.2.3 促进可持续经济发展的能力建设

由于绿色生产建设是一项庞大的系统工程，因此促进该能力建设的措施也应该是系统的。

绿色生产能力从组成情况看，是由要素、各部分或子系统及其它们的集合所组成的，因此，加强其建设也应该从这几方面进行。具体来说，有以下几个方面：

（1）加强对绿色生产系统要素的建设。在这方面的主要内容有：改善生态环境质量，在节约不可再生资源的基础上，不断提高它们的利用效率；改善可再生资源的生产能力；加强人力资本建设，在控制人口数量的基础上，不断提高人口质量，改善人口结构；增加资本积累并提高其利用效率等。

（2）加强绿色生产系统的微观机制建设。这方面建设的主要内容，就是要建立起适合市场经济要求而有效率的绿色企业制度。企业是经济系统中最基本的子系统，是组合要素的第一层次，同时又是社会财富的具体生产者，所以加强企业的绿色制度建设，是整个社会实现绿色生产目标的微观基础。

（3）建立高效率的绿色市场经济体制。虽然市场机制存在着无法解决外部性而会产生人们滥用自然资源和破坏生态环境的行为，但在产权确定时，它也是提高资源配置效率的有效手段之一，所以在加强绿色生产能力方面，必须重视市场机制的作用。因为在市场经济中，资源的配置、产品的流通、分配、消费等都依赖于市场机制，所以只有建立起良好的市场经济体制，企业才能在有序的竞争环境下不断地进行技术创新、组织创新和制度创新，从而才能实现资源的优化配置。在建立高效率的市场经济体制中，产权制度建设和行为规范制度建设是其最重要的内容。因为市场经济是建立在不同社会分工商品生产者之间的交换行为或交换契约上面的，而这种交换行为赖以顺利进行的基本条件，就是明确的产权关系和公认的市场行为准则。产权界定是形成不同利益主体的基础，不同利益主体则是市场经济的基本要素。只有产权明确，人们才会进入市场交换领域，并为自己的利益去竞争，从而市场机制的作用才能发挥。要使这种竞争公平有效，就必须有一套公认的并能得到实施的满足各经济利益主体需要的市场行为准则。所以市场经济的产权建设和行为规范准则建设是市场经济体制建设中的两个最主要的方面。在产权建设方面，应根据社会政治经济条件的改变而不断调整。建立高效率的绿色市场机制，必须加强各项与市场机制有关的制度和行为规范的建设，同时要加强政府对市场机制的引导与必要的调节，以解决市场机制在外部性等方面的不足。

不过正如前面讲到的那样，市场机制本身是没有道德判断标准的，它会将经济引向什么方向，取决于社会将什么样的伦理道德与法律制度施加其上，所以在发挥市场机制促进绿色生产能力的建设方面，必须将绿色伦理及相应的法律制度施加其上。

（4）加强绿色科技创新能力。科技创新是提高绿色生产能力的重要手段。人类认识自然和协调自然的能力，都是建立在科学技术进步的基础上。虽然我们曾反复讲，科学技术进步也曾是造成人类社会经济不可持续发展的重要因素，但其根源却在于原来不适宜的社会经济制度，科学技术只是被人类利用的一种工具，它会对人类产生什么影响，取决于人类如何利用它，只要制度正确，科学技术就会造福于人类，所以人类要实现自己的绿色生产目标，就离不开科学技术的进步和创新。

（5）建立绿色生产要求的社会制度。必须建立符合绿色生产要求的社会伦理道德规范、司法体制等，这是市场经济体制发挥作用的前提条件。因为缺乏符合绿色生产要求的社会伦理道德规范，就不会产生相应的市场行为准则，而缺乏有组织的权力系统与司法体制，市场行为准则就不可能得到有效的遵守，市场机制的作用就不能得到有效发挥，所以说，符合绿色生产的社会制度，是市场经济体制发挥作用的前提条件和保证。

虽然从系统的层次性看，绿色生产能力的建设主要是这五个方面，但其实质则可归纳为要素建设与制度建设，制度建设又是其核心。因为要素的建设是由制度的建设状况决定的，这正如前面说到的，人们对生态环境是破坏还是保护，是由一定的制度内容决定的一样，所以制度建设是绿色生产能力建设的核心。虽然这并不是说制度决定一切，因为制度也是由一系列因素决定的，其中包括生态环境的现状及对人类的实际或潜在的影响等，但制度的重要性却是不容置疑的，所以不断完善社会经济制度，是推动绿色生产的最有效的方式。

在促进绿色生产能力的社会经济制度建设方面，最重要和迫切的任务是对文化伦理进行变革，或者说修正原有的价值取向。其主要内容就是将人与自然相对立的伦理观念，转变为人与自然相统一的伦理观念，将把追求物质消费作为幸福的目的、或消费多少物质产品作为衡量幸福大小标准的伦理观念，转变为把珍惜资源、均衡与适量消费、实现人与自然间和谐统一作为衡量幸福大小标准的观念。前面讲到，在传统的伦理观念作用下，虽然人类得到了空前的物质消费，但人类也因此面临着最为迫切的生存危机，而人类的持续生存是人类作为一个物种来说的最大福利，这意味着，当代人在得到更多物质产品的同时，福利却可能下降了，人类几乎正在印证这个古老的箴言——通向坟墓的道路是以良好的愿望铺就的。变革人与自然关系的伦理道德，实际上就是变革人类代际关系的伦理道德。因为在讨论代际公平时，后代人是不可能与当代人同时出现在谈判桌上来讨论相互之间的权利与义务的，它只能建立在当代人或由历史形成的道德选择上面，并通过这种道德规则对当代人的行为进行约束（从历史上看，当代人得到的资源和环境，也是前一代人在一定的道德规范约束下的结果）。如果当代人消耗过多的资源和导致生态环境破坏而使社会经济不可持续发展，也就意味着人类伦理道德沦丧或制度退化。因为生态环境遭到破坏只是伦理道德沦丧或文化蜕化的一种表象，所以伦理道德的变革是建立良好的生态环境的前提条件，从而是实现绿色生产的社会保证。

在变革人与自然关系伦理道德的同时，必须变革人与人之间的伦理道德，其中包括集团之间、国家之间、民族之间的伦理道德，也就是对代内公平的观念进行调整。人与人之间的关系是人与自然关系的反映，或者反过来说也成立。这是因为在两极分化的社会是不可能实现生态环境永续利用的。在人的生存与生态环境保护的两难选择面前，生态环境保护只能为人的生存让路。所以说，人类的共同富裕是生态环境保护的最有效方式。

6.2.4 绿色生产能力的建设过程

绿色生产能力的建设，既是一个社会生产不断绿化的过程，也是一个社会人口、资源、经济、环境之间关系不断更新和重建的过程。

绿色生产强调再生产不仅要从当代人和子孙后代之间各种关系相互协调的角度出发，更要从环境资源的供给能力出发，在环境容量允许的范围内进行开发。在人类社会发展的过程中，人类改造和适应自然的能力是不断增强的，其生产力水平的提高直接表现为劳动生产率的提高。例如，在传统农业条件下，1 个农业劳动力可养活 3～5 人，至多 10 余人；而在现代农业条件下，则可养活多达百余人。与此对应，人们对于物质和文化产品的消费需求，也随生产力水平的提高而有更高的要求。例如，在落后的生产力水平下，人类的生存发展主要以解决温饱问题为目标；而在发达的生产力水平下，人们则更加追求舒适和生活质量的提高。绿色生产能力的提高，不仅注意发展生产力，而且更注意人们需要的变化，使之在不断提高的新水平下保持供需间的平衡。

从消费的角度看，生产力发展和人类生活水平的提高意味着资源消耗的增加。例如，发达国家人均消耗的产品与劳务，其中特别是能源，往往是发展中国家的数倍甚至数十倍，但对资源消耗的增加，并不直接等于资源的枯竭。因为人们在发展生产力的同时，不仅增加了人类与自然之间相互协调的力量，同时也意味着扩大了资源的范畴。科学技术的进步，使原来一些不可利用的自然物质和能量，成了新的生产资料和生活资料的供应来源；使一些原来利用效率很低的资源，经过综合利用，可以发挥更大的效率；通过对原有生物品种的人工改造、人工培育，可以形成生产率很高的新的生物品种，使土地的生产力更大，提供更多的生物产品；通过发明和创造，合成更多的人造产品，可以替代自然产品；以再生资源替代非再生资源，可以使有限的自然资源，满足人类更多的需要。绿色生产能力的提高，意味着在生产力进步的基础上不断提高资源的承载力。

人类文明一经产生，自然界就不再是一个按照缓慢节奏进行演化的纯自然系统，而是逐渐人化的物质世界。生产力的发展，使人类对于自然界的作用和影响日趋深刻。人类在发展生产力的过程中，一方面增加了向自然界的废物排放，使森林被砍伐、物种减少；另一方面，人类进行生态创新，亦逐渐学会改变地球表层的天然生态系统，通过生物品种改良，提高其生长对环境的适应能力，增强其对有害物质的吸收和净化能力。人类的生存发展，在不断打破天然生态平衡的同时，也在逐渐学会建立新的人工生态平衡；在向自然界输入废弃物的同时，也在通过对生态环境的保护性投资而增加生态环境的容纳能力，如可以通过环境工程技术，对污染物进行无害化处理，可以使有限的环境容量支撑起更大的经济系统。因此，绿色生产能力的提高，也意味着环境容量的增大，生态平衡自我调节的能力增强。这种情况，使得社会再生产的扩大能够在一定范围内与生态环境改善相同步。

人类社会发展的过程，是经济增长的过程，是生产力发展的过程，也是人与自然的关系不断协调、平衡和优化的过程。绿色生产能力的增强，也就是人类协调与自然的关系、满足自身需要能力的加强。

绿色生产能力建设的过程，同时还是人类社会关系和社会制度不断完善的过程，是传统的资本主义不断异化的过程。因为要提高绿色生产能力，就必须根据绿色生产的基本要求，使社会各方面的制度建设向生态关怀与人文关怀的方向运动，这就要求不断地变革现有的社会生产关系和制度，即不断地进行各种制度创新，这个过程必然是传统的社会制度向新社会制度的演变过程，当这种变革达到一定程度，量变就会转化为质变，新的生产关系和社会制度就会在此过程中诞生，所以说，绿色生产能力建设的过程，就是一个社会不断异化的过程，是旧制度逐渐消亡与新制度产生的过程。

6.2.5 福利深化是提高可持续经济发展能力的重要手段

从运动过程看，绿色生产能力是一个不断持续提高的过程，同时也是人类福利不断改进的过程，更是一个相互促进的过程。这是因为，绿色生产能力的提高是人类福利改善的前提条件，福利增加既是绿色生产能力提高的目的，更是绿色生产能力提高的手段，没有人类福利的增加，绿色生产能力就会因为推动力不足而难以为继，所以福利深化是提升绿色生产能力的有效手段。

6.2.5.1 福利深化的含义

福利深化是指在一定产品或资源总量的基础上，通过一定方式促进福利的同时，实现生产力或经济的最优化发展，所以福利深化就是指福利不断增进并推进经济发展的过程。这也就是说，经济发展是使人民福利增进或使人民需要得到满足的物质基础；而满足人民在此过程中的各种需要，则又成为推动经济发展的最有效手段，从而两者间互为手段和目的，福利深化就是这种福利增加与经济发展互为促进的统一。那些单纯追求发展而忽视人民福利提高的发展战略或模式，如我国改革开放前的计划经济，或者单纯为了满足人民需要而使经济发展受到阻碍的做法，如当前的一些西欧国家，其福利深化的效果都不会太好，它们都会因失去来自人民追求利益和利益差别的动力，而使经济发展陷入停滞。

福利深化的内容说明，福利深化不仅是社会福利提高与经济发展的持续过程，是可持续经济发展能力提高的过程，而且是社会制度和经济体制不断变迁的过程。这同时也说明，任何一种生产方式和相应的社会制度都具有其特定的历史适应性，超过这个范围就会走向自己的反面。这一特点决定了在福利深化过程中，任何社会制度和经济体制都只具有历史的暂时性，而不具有历史的永恒性。随着客观条件的变化，要实现不断持续的福利深化，就必须不断地对在此过程中，那些逐渐显得落后的社会制度和文化意识形态进行主动的调整，否则将阻碍这一过程的顺利实现。由于一定的社会制度及其相应的文化意识形态等，是与过去形成的一定利益分配关系紧密相连的，因此要对这些内容进行变革，意味着必须对传统上已有的分配关系进行调整，或者说要以牺牲那些传统上在利益分配中占有优势地位人们的利益为代价，显然，这种要求必然会遭到这些人的强烈反对。虽然不管这些人如何反对，在生产力决定生产关系和其他各种因素作用的力量下，这种改革是一定会发生的，但它却说明，福利深化的过程，绝不是一个容易实现的过程，而是一个充满斗争和曲折的过程，是不同人们之间对利益的竞争过程。在实际中，通过社会中心有意识的主动调节，虽然可以减少该过程中的摩擦，从而较顺利地实现全社会的福利深化，但斗争却是不可避免的。

构成福利深化的因素主要有以下几个方面：

（1）个人激励。社会经济的发展动力最终来自于内部人民的积极性。这种积极性的大小是与一定的激励机制密切相关的，或者说与人们从其活动中可得到报酬的大小相关的。

现代社会，人们在不断地追求绝对福利增加的同时，更希望相对福利能不断改善。对前者的追求，成为推动经济发展的永恒动力。对相对福利提高的追求，对绿色生产会产生两种不同的作用力量。对提高个人相对福利，使自己处于尽可能高的地位，是促使人们不断进取的最主要动力。这正如前面曾指出的那样，当社会的福利满足超过温饱需要时，人们对相对福利的关心将甚于对绝对福利的关心，只有当努力的结果有可能使自己处于更高的相对福利地位时，人们才会有积极性，如果达不到这个目标，积极性就会因此丧失，要维持这种动力，就需要社会的相对福利有一定的差距。只有在这种体制下，人们才可能以自己的努力实现其目标。但由于社会整体的经济发展，需要全体人民普遍的积极性，绿色生产更需要全体人民的共同参与，同时一种生产方式的变革，若要比旧生产方式更能促进生产力的发展，并顺利实现这种变革，就需要它能提高社会绝大多数人的绝对福利和相对福利，只有这样，才能得到多数人的拥护而顺利实现，同时促使人们积极地参与，使经济取得较快发展，因此，相对福利的差别就不能太大，并且必须在经济发展过程中不断得到改善，结果就出现相对福利在促进经济发展方面的矛盾情况。如从动力机制来说，它需要以相对福利有较大的差别为基础，但从需要满足与可持续经济发展的关系看，又要求相对福利的差别不能太大，并且要随着经济发展的过程而不断缩小，因此就产生了可持续经济发展在这方面的两难选择。

（2）生产者选择。生产者选择包括两方面的内容，一是生产者或厂商对生产要素和生产方式的选择，二是对生产方向或生产什么的选择。自然，对后者的选择是在法律允许范围前提下进行的。在实际过程中，生产者的生产效率或积极性，如同个人的积极性是与这些选择自由的大小密切相关的一样。当这种自由被严重限制时，厂商将不能根据市场和社会需要来有效地配置资源，能力不能有效地发挥，利益也不能得到充分实现，积极性就会丧失，这就如同我国改革开放前的企业情况一样。

由于市场经济条件下的生产者目的，是为了取得尽可能多的利润，而利润是成本与收入之差，因此要在实际的生产过程中实现其目标，一是尽可能地降低成本，二是增加收入。对生产要素和生产方式的选择，就是为了尽可能地降低生产成本，对生产方向的选择，则是为了取得尽可能多的收入，只有这两方面给予生产者选择自由时，他才能根据市场变化有效地配置资源，从而实现自己的利益。如果这些选择自由被限制，其实现利益的路途就被堵塞了，在这种情况下，积极性自然也就会丧失。正是在此机制的作用下，使得我国的计划经济在进行到一定阶段后，由于没有来自生产者和个人的积极性，而不得不进行改革。

（3）产品分配。在决定社会福利与经济发展过程中，产品分配可以说具有决定性的作用，因为它是整个经济机制的核心因素，决定着人们利益的实现程度，决定着每个人的绝对福利和人们之间的相对福利，决定着社会的物质资本积累和人力资本积累，决定着个人和生产者的生产积极性，所以决定着福利深化的状况。

（4）资本积累。这里的资本积累包括物质资本积累、生态资本积累和知识经济积累。资本积累对绿色生产与社会福利增加的重要作用是人所公认的。在自然资源一定时，社会的经济发展速度和福利增加速度，主要取决于物质资本和人力资本的积累速度。一般地说，在这些资本的利用效率不变时，它们之间具有正比关系。不过，由于资本积累既是未来消费的积累又是眼前消费的扣除，因此在这上面存在着正反两面性，当积累率过高，就会牺牲较大的当前消费，当这种牺牲超过一定程度时，也会导致效率的下降。同时，资本积累会对福利深化产生什么影响，还同时取决于积累资本的效率，如果效率低，则不仅起不到福利深化的作用，反而会阻碍这个目标的实现。如在 20 世纪 50—80 年代，我国的资本积累率与日本相差无几，但由于我国资本的使用效率远远低于后者，以致在 50 年代初，两国在几乎相等的国民经济规模上，到我国改革开放时，日本已成为世界经济强国，我国却仍在为摆脱贫困而苦苦挣扎。

（5）对外贸易。从国际贸易理论知道，在国内资源一定时，通过对外贸易，参与一定程度的国际分工，将增加一国可得到的产品总量，从而促进该国的经济发展和福利深化。我国改革开放以来，在经济发展与改善人民生活方面取得的巨大成就，就与我国在该期间大力发展对外贸易有密切关系。自然，对外贸易对一国社会深化到底会产生什么样的影响，取决于该国的经济发展水平、贸易策略、对外开放的程度和步骤等一系列因素，对策不当，也可能会对该国的福利深化产生重大的阻碍作用，如可能沦为发达国家的经济附庸等。

（6）社会与经济制度。社会与经济制度或体制，在福利深化方面往往具有决定性作用。因为前面提到的各种与福利深化的因素，它们对福利深化的具体作用，都与一定的社会与经济制度有密切关系。例如，个人激励，其中与激励大小有关的产品分配、个人职业与消费性选择等因素，都与社会经济制度有关；产品分配方式及其结果，生产者选择等，更是经济体制的有机组成部分；资本积累，同样受到社会制度的严重制约，如前所述，在一个制度不完善的社会中，资本积累是受到严重抑制的。所以，社会和经济制度是决定福利深化状况的最主要因素。

其他影响福利深化的因素还有很多，如生态伦理、文化传统、政治体制等，对此不一一分析。在实际过程中，这些因素是相互影响，共同作用于福利深化的。

6.2.5.2 福利深化是提高绿色生产能力的重要手段

任何社会，经济发展的动力都来自于人民对经济利益不断增长的追求，并且一个社会只有当它能使绝大部分人的福利有所改善时，经济发展的目标才能够实现。因为，一个社会的经济发展要得到实现，必然要求社会绝大多数人的参与，要做到这点，就必须使他们的福利能够在此过程中不断改善；在那种经济发展成果只为少数人享有的社会，经济发展的动力必然不足，并且是不可持续的，所以说，绿色生产的福利深化，就是通过福利改善的方式来推动绿色生产发展的，并且由绿色生产发展来改善人民福利。

在经济发展过程中，满足人民不断增加的需要，不仅是人们从事生产的目的，而且是促进经济发展的最有效手段。因为，一方面劳动力是生产要素，是生产力的有机组成部分，其数量和质量，决定着生产力的发展状况，而劳动力数量与质量的再生产状况，是由他们消费产品的多少决定的，所以他们的消费状况决定着绿色生产发展的状况；另一方面绿色生产的能力，取决于该社会人们的劳动积极性和创造性，这同样取决于人们在产品消费中的满足程度，从相对福利理论知道，这种（社会性的整体）满足程度是与产品分配的公平程度成正比的，所以在经济发展过程中，不断地改善产品分配关系，是提升整个社会绿色生产能力的最有力手段。

经济福利深化的过程，也就是前面所讲到的各种影响福利深化因素的建设过程，这些因素的建设过程，也就是绿色生产能力提高的过程。

福利深化中的福利，不仅包括人们在收入与经济消费过程中的福利，而且还包括人们在生态消费、社会参与、劳动过程、人际关系等方面的福利。这些福利决定着人们对生态环境的态度或价值取向、生产积极性、技术创新的动力等几乎所有与绿色生产有关的问题。所以福利深化过程，也就是对前面分析的绿色生产发展的各个方面和整个制度进行变革和创新，不断改善人们的福利和推动绿色生产发展的过程。这种情况说明，福利的改善既是绿色生产的目的，同时更是它的作用动力。只有福利的改善，人们才有生产的积极性，并为绿色生产提供更好的物质条件（劳动力质量的提高和人力资本积累的增加），绿色生产的目标才可能得到实现，所以在这里，绿色生产的目的成了发展的最好手段。绿色生产的福利深化，就是目的与手段之间的相互促进和相互转化。这种情况说明，绿色生产能力的提升与福利深化的过程是同一的，即绿色生产需要福利增进作为要素和动力源泉，更需要它作为追求目标；而福利深化同样需要绿色生产能力提高作为实现目标的手段和物质基础，并且需要绿色生产能力提高推动的社会制度变革来为它的实现提供社会保证。

6.2.6 加强绿色生产能力建设的基本思路

绿色生产的最终目标是谋求人与自然关系的协调和社会经济的可持续发展，其中，绿色生产能力的提高是可持续发展的必要条件，人与自然关系的协调则是可持续发展的充分条件，所以绿色生产能力的建设就是要不断加强这两方面的统一。

6.2.6.1 加强绿色生产能力要素的建设

要素建设是绿色生产的基础，要使绿色生产能力不断提高，就必须加强基础的建设。为此，必须做好以下方面的工作：

（1）加强物质资本的积累，提高已积累资本的利用效率。物质资本的质与量，是一个社会绿色生产的重要物质基础和手段，也是该社会已积累的劳动力资源和自然资源与环境，能否得到有效利用和保护的基本条件。在一个物质资本贫乏的社会，缺乏资本装备的劳动力资源是得不到充分和有效利用的，在一定范围内，其经济发展是必然要以自然资源和环境的巨大破坏为代价的，绿色生产必然难以正常进行。而在物质资本积累丰富的社会，则会一切相反。所以在实际过程中，在使人民的物质生活水平有所提高的前提下，尽可能地提高积累率，在资本利用效率不变的基础上，不仅可以使经济得到更快的增长，而且可以更有效地保护自然资源和环境，使绿色生产得到顺利发展。在此过程中，还必须千方百计提高资本的利用效率，这也是达到提高社会积累率的重要手段之一。

（2）加强人力资源开发，促进人力资本积累。长期以来，人们一直强调在生产力系统中，人是其中最活跃的因素，但实际上只有那些高质量、能利用社会最新技术并从事技术创新和组织创新的劳动力，才是生产力系统中具有革命性的活跃力量；那些达不到生产力基本要求和进步要求的劳动力，不仅不能成为推动生产力发展的力量，有时反而会成为生产力发展的累赘。例如今天那些质量达不到生产力起码要求而不能被生产力系统吸纳或被生产力排斥在外的劳动力，即是如此。人力资本的积累不仅会提高劳动力质量，而且更会不断地更新人们的观念，加速生产方式与生活方式的转变，促进社会制度的变革，这些作用对经济和社会的发展，有时是比单纯劳动力质量的提高作用更大。所以在经济发展过程中，不断加强劳动力资源的开发与利用，促进人力资本积累，是一个社会促进绿色生产的最重要手段。

（3）加强绿色科技创新能力建设。科学技术是第一生产力，科学技术的进步不仅可以提高生产效率，而且可以改变人们的思想观念，可引起生产方式和劳动方式的变革，同时也是当今人类保护自然环境的最有效手段。对我国来说，应随着综合国力的提高，不断增加科技方面的财力投入。目前我国在科技方面的投入占国内生产总值的比重是不高的，虽然近几年有明显提高，但也只占国内生产总值的 1%左右，而发达国家的科技开发经费占国内生产总值的比例达到 3%～5%。更严重的是，由于我国科技管理体制落后，如产、学、研分割，使许多科研成本通过鉴定之时，就是进入保险柜之时；重复投入严重；相当部分项目的目的仅仅是为了科研人员评职称之需等，导致科研经费和科研劳动的严重浪费，效率低下等。因此，要提高我们的科技创新能力，就需要不断地增加科研投入，形成多层次的科研投入机制，同时对科研管理体制进行重大改革，为科研人员进行重大科研创新提供制度保证，以激发科研人员的创造性，促进成果的转化等。

（4）更新管理方式以提高管理水平。一定的生产管理包含着不同要素间的组合比例、人们在生产过程中的权力与责任划分、产品的分配等内容，因此管理方式不仅决定着已有生产要素的利用效率，而且决定着一个社会的绿色生产能力。因为人们在实际过程中的生产关系与分配关系，都是由一定的生产管理方式来实现的，这些关系不仅决定着一个社会的积累、消费和比例，从而决定着一个社会的资本积累速度及现有资本的利用效率，而且决定着人们的劳动态度和创造、科学技术的进步速度等，一定的管理方式和管理水平，还是决定一个社会在已有的资源基础上能取得多大生产效率的关键。所以说，加强生产管理，根据经济发展状况不断更新管理方式，是提升绿色生产能力的关键。

（5）加快经济增长方式转变。加快经济增长方式转变，核心任务就是要建立起集约化经营和资源节约型的国民经济体系和以生态消费为特征的绿色生产消费与服务体系。在此过程中，一方面社会必须为此创造必要的条件，另一方面则是在强化竞争机制的过程中，促进企业管理水平的提高。在我国，由于管理水平落后，使我国积累的生产要素难以发挥应有的作用。

（6）完善调控手段。市场机制虽然有效率，但却也会产生经济运动不稳定和其他一系列不符合可持续经济发展的弊端，因此需要计划的调节；计划调节虽然从理论上能够避免市场机制的缺陷，但却又会产生与此性质相反且实践证明更严重的弊端，这种情况说明：要实现国民经济持续稳定的发展，就必须发挥市场与计划两种经济手段的优势，使它们相互取长补短，以提高资源配置效率，同时又保持宏观稳定。

（7）加强制度建设。前面讲到，制度在绿色生产中占有核心的地位，因此加强制度建设也就必须成为绿色生产能力建设的关键。在这方面，建立适应绿色生产要求的生态伦理、社会制度和分配制度，建立公平的社会经济秩序等，都是提高绿色生产能力的重要因素。

（8）加强社会协作。社会协作是提高一些要素生产率的重要因素，协作出效益，协作出生产力。绿色生产的社会协作，包括国际、国内等社会各个层次的协作。

6.2.6.2 加强自然与环境支撑能力的建设

一定质量和数量的自然资源和生态环境，不仅是人类生存和繁衍的基础，而且是绿色生产的基础，因此协调好经济发展与自然环境的关系，是绿色生产顺利进行的前提条件。

在协调人与自然关系方面，必须注意以下几点：

（1）再生产的规模必须同地理环境容量相适应。这里的环境容量实际上是指地理环境对人类经济活动的承载能力。人类的经济活动离不开自然资源的开发与利用，地理环境中任何一种物质相对于人类需求的短缺与过剩，都可以成为计算地球承载力的依据。从总的方面看，地理环境的承载力大体上可以遵循三条途径进行：①资源途径，通过资源总量与资源的人均占有需要量的下限的比例来求取；②环境途径，通过环境自净能力与人均排污及制防能力（扣除人为净化后）的平衡来计算；③生产途径，通过土地的物质生产能力与一定的人均消费标准相除来得出结论。人类利用自然、改造自然力量日益增强，人口数量与人均生活消费水平呈上升趋势，其能否保证人与自然关系相协调，关键是要使之控制在特定的地理环境容量，即环境承载力之内。超过了这一界限，便会出现资源的掠夺性开发，生态平衡将受到破坏而恶化。

（2）必须从自然环境的整体性出发从事开发利用自然的活动。自然环境是由各个相互联系、相互制约的自然地理成分（包括岩石、地貌、气候、土壤、水文和生物等）组成的综合体。人类对这种自然综合体进行开发利用，必须从整体出发考虑和评价它们的自然条件和自然资源优势，绝不能从某一成分，或某一自然资源的优势出发，孤立地、片面地做出评价。例如，一片土地是否适宜农耕，重视土壤条件是非常重要的，但如果没有水分和温度条件来保证作物的生长，地形崎岖、通达性差，就很难做出其土壤条件好就是适宜农耕的评价。从整体出发评价自然环境对生产活动的影响，可为合理利用自然提供科学依据。但合理利用自然决不能理解为只是为了充分发挥各个地方的自然优势，最主要的是要保证整个环境能建立起一种良好的生态结构，形成一个良性循环的高效的物质、能量转换系统。人类在开展改造自然时，也必须从自然环境的整体出发，对自然环境实行综合治理，而不能“头痛治头，脚痛治脚”，使其整体上达到最优化，保证各个地区的自然优势得以持久地发挥。

（3）开发利用自然必须顺应自然环境的发展规划。自然环境是独立于人类意识之外的客观物质体系，它具有自身固有的发展变化规律，不以人们的意识为转移。人类只有通过深入研究，掌握自然环境的发展变化规律，并善于运用它来指导自己的实践活动，才能避免大自然的惩罚。按照自然界的客观发展变化规律，开展利用、改造自然的活动，最理想的途径是保持生态环境固有的发展趋势，或者说，对蕴藏在自然界固有的发展趋势和潜在可能性因势利导地利用和优化。这样，不仅可以使自然环境的潜力和优势得到充分发挥，取得最稳定的生态效果，而且可以花费最少的资金，获得最大的经济效益。当然，利用自然环境的固有趋势，并不一定都符合人类社会利益，如盐碱化的地区，往往朝着不利于人类生存与发展的方向发展。在这种情况下，需要建立有力的人工设施进行生态创新，改善自然环境固有的发展趋势，以较大的人力、物力和财力投入，以建立一种对人类生存发展有利的良好生态环境条件。应当指出，进行人工干预同样要顺应自然环境的演化规律，有针对性地采取适当的措施创造必要性转化条件，才能取得事半功倍的效果。

（4）各个地区的生产结构必须同自然环境与资源结构大体上吻合。一个地区的生产结构，反映着人类在该自然环境中经济活动的内容与规模，也反映着人类同自然界进行物质与能量交换的类别与数量。保持一个地区的生产结构与自然环境及其资源结构大体上吻合，有助于自然资源适宜性的合理选择，可以利用诸如小地貌变化形成的地方气候等局部性的资源优势，可以使工业企业接近原料地而减少运输费用成本，有益于减少对自然环境的干扰，有助于某些地方特有物种品质的保持，减缓自然演替的速度和强度，是维持该地区人类经济系统与自然系统之间平衡的关键，也是人类同地理环境之间保持稳定和协调的重要措施。当然，强调因地制宜、尊重自然环境结构复杂多样性，亦并非否定实现农业生产地域专门化、工业及其他产业企业规模经营、发挥集聚效益与规模经济效益的必要性。随着生产力的发展，人类对自然界限制性的克服，大自然提供的经济适宜性将越来越广，给现代化、社会化大生产提供了更为广阔的空间。经济结构同自然环境与资源结构相吻合，重在发挥地区优势，实现劳动地区合理分工，防止自然资源浪费或掠夺性开发。

（5）合理选择技术与工艺。人类要消除地理环境的消极影响，必须依靠全面正确地选择能源和其他资源的开发利用技术与工艺。人类社会生态系统在从低级阶段向高级阶段的发展过程中，为提高系统的有序性，以维持区域更高的生产力和系统的稳定性，必须依靠人类补充更多的能量。人类发展的过程，既是生产力发展的过程，也是能源种类选择与采用不断变换的过程。生产动力从薪炭到水力、煤、电力、核能的变化，摆脱了能源对生产布局中企业只能选择于燃料或动力基地的限制，扩大了人们支配和控制自然力的能力，更多地利用自然力增加剩余产品和多余劳动力，推动了经济和社会的发展。但不可否认，现在世界上面临的环境问题，与能源选择有关。煤炭燃烧不充分，造成了较严重的大气和粉尘污染。酸雨的形成也与以煤为主要燃料相关。现有农业的不可持续证明了石油农业以大量的化石能源换取农业产量的能量转换效率较低，农药、化肥、除草剂是土壤、水源与生物食物链污染物的主要来源。城市环境恶化与现代工业及交通运输中广泛以煤炭、石油为原料有关。因此，采用新的工艺与技术，选用无害能源，以可再生资源替代非再生资源，以资源的循环利用来减少污染物的排放，也是促进人与自然关系协调的一个重要方面。

（6）大力加强循环经济，以提高资源的利用效率和减少对生态环境的污染排放。循环经济是做到资源永续利用的一个极其重要的方面，也是保护生态环境的重要措施，是绿色生产最重要的组成部分之一。国家应该加强循环经济的立法和各种政策措施，鼓励各经济主体实施循环经济。例如，鼓励企业和个人回收各种能够再次利用的资源，如各种可重复利用的包装容器；对各种再生资源生产的产品实行税收等各方面的优惠；鼓励地区和企业利用循环经济原理来进行资源配置，以做到资源的最有效和持续利用。

（7）不断增加对自然资源和环境保护方面的投资。据发达国家的经验证明，以占国内生产总值 3%的比例用于环境保护，就可实现环境状况在经济发展过程中保持稳定，而占 5%的比例则可保证环境质量在经济发展过程中得到改善。对提高自然资源利用率方面的投资，则可明显降低经济发展对自然资源的消耗。所以在实际过程中，加强对自然资源利用和环境保护方面的投资，是增强社会可持续经济发展能力的最直接和有效的手段。

（8）加强自然资源利用和环境保护方面的科学研究、技术开发及推广。前面说到，人类在经济活动中产生的资源与环境问题，最终要靠在此过程中的科学技术进步来解决，因此要实现人类在与自然和谐相处的基础上，满足人类的各种需要，就必须加强这方面科学技术的研究、开发与推广，不断地进行技术创新与生态创新，以提高一定环境基础上经济承载能力。

（9）加强整个社会的生态文明建设。只有当全社会的人们都树立起保护资源和环境的生态意识的时候，这个社会才真正开始走上了可持续经济发展道路。“十年树木，百年树人”，生态文明的建设是一个长期的过程，必须在全社会不同阶层、不同年龄之间同时进行，必须从“娃娃抓起”。只有当生态文明扎根于整个社会的潜意识时，可持续性才有可能真正实现。

（10）加强生态消费的引导。人类社会生产的目的是满足人类的消费需要，生产是由消费观念和目标决定的，因此有什么样的生态观念和消费方式，也就决定了有什么样的生产方式，从而决定了自然资源和生态环境的利用方式。没有生态消费观念和行动的形成，绿色生产的目标是不可能真正实现的。如当人们在消费中极力追求更多的物质产品时，它必然会造成自然资源的过度消耗和生态环境的严重破坏，绿色生产的目标在这样的环境中是绝对不可能得到实现的。只有在生态消费所决定的“合理、适量、均衡、健康、环保”原则基础上，生态环境才可能得到有效的保护，自然资源才能够做到永续利用。所以说，要使绿色生产的目标得到实现，就必须大力加强决定生态消费的建设。

（11）大力加强生态环境自然资源相应方面的法制建设。随着我国经济发展水平的不断提高，我国在经济发展与生态环境保护方面必须进行相应的调整，即由原来的以自然资源和生态环境牺牲为代价的发展方式，转换到经济发展与生态环境保护并举，再到生态环境保护优先的战略上来，为此需要不断加强生态环境保护方面的法制建设。因为在人们之间存在利益差别或矛盾的市场经济中，由于自然资源与环境的社会性与对它们使用产生利益的私人性之间矛盾的存在，在经济利益的驱使下，不可避免地会出现人们在实际过程中以牺牲自然资源和环境来牟取私人利益的情况发生，所以，要防止这种情况的普遍发生，只有通过完善的立法和强有力的执法才能达到目标。在加强生态环境保护教育和引导的同时，对那些破坏生态环境的行为进行严厉的惩罚，不仅要使行为人遭受大于其获得的几倍甚至数百倍的经济损失，而且必须使他们承担刑事责任，使一切人不敢轻易破坏生态环境。对自然资源的开采、使用等一切行为，应由目前的鼓励转向节制，如开征资源开采税和使用税，对消耗大量资源而又污染环境的化肥、农药，由对产品生产、使用中的财政补贴，转向对农民的直接补贴等。

（12）进行整个社会经济制度的彻底变革。绿色生产是一种与传统生产方式完全不同的模式，与这种模式的转换相适应，要求相应的制度体制方面的转换。如要求社会政治更加民主，以保证反映绿色生产要求的可持续发展能够实现；要求建立反映人与自然和谐相处的社会伦理道德及与此相适应的制度，以实现可持续发展的资源与环境的可持续利用要求；改革各方面与绿色生产要求不相适应的管理体制和法律体系等；改革国际政治经济关系等。总之，绿色生产作为一种新兴的区别于传统生产方式的生产方式，客观要求变革各种与其发展要求不相一致的社会经济政治制度，建立在各方面“公平、公正与共同参与”的社会政治经济制度。

6.3 我国绿色生产的实现途径

绿色生产是一项需要全社会共同努力的系统工程，要使它在我国成为一种占支配地位的生产方式，就需要通过一定的途径来实现。

6.3.1 我国绿色生产的现实条件

从我国当前环境看，在实施绿色生产方面既存在诸多不利因素，但也存在一些积极因素。

6.3.1.1 我国实施绿色生产的不利因素

从整个社会看，我国绿色生产的条件是比较薄弱的，主要问题表现为以下几方面：

（1）与绿色生产相适应的伦理价值尚没有形成。虽然实施可持续发展战略已经作为我国的一项基本国策，绿色生产也成为国家重点的战略目标，但整个社会在这方面的价值观念和社会伦理仍然薄弱，制度安排也比较欠缺。追求经济数量的扩张和物质需求的满足，仍然是从各级政府到企业与个人的共同行为，公众保护生态环境和公共资源的意识仍然极为淡薄，以生态环境的破坏来换取经济发展的现象普遍存在。

（2）生态环境日趋恶化，资源短缺严重。由于历史、地理等方面的原因，我国生态环境的状况本来就比较脆弱，人均资源量低，且品质较差，在新中国成立以来盲目追求经济增长的过程中更是遭到严重的破坏，致使生态环境日益恶化，如 50%以上的河流被污染和严重污染，大气质量低下，沙化、盐碱化的土地面积不断扩大并呈加剧趋势，高质量的原始植被大幅度减少，水资源严重短缺，大部分重要矿藏资源不能满足经济发展的需要，对资源的利用基本上是粗放和低效率的，由于过度依赖煤炭及其利用的低效率等，致使生态环境日前恶化，严重雾霾天气已经成为常态，资源的短缺，尤其是水资源的短缺，已成为制约我国经济发展最重要的因素。

（3）技术创新能力低，技术转化的速度慢。改革开放以来我国较快的经济增长和技术进步，主要是通过引进方式实现的，这虽然加快了我国的技术进步速度，但也阻碍了我国技术创新能力的提高，产生了我国尤其是企业对引进技术的过分依赖，同时我国的企业体制和财税制度等也不利于企业的技术创新。我国产、学、研分离的体制，也阻碍了我国技术的创新及其转化，许多创新技术不能即时和有效地转化为生产力。一个缺乏技术创新能力的经济是没有竞争力的，而没有竞争力的经济是不可能实现持续发展目标的。从整体看，这方面我国落后于世界先进水平 20～30 年，技术落后已成为制约我国经济发展的主要瓶颈。

（4）劳动质量仍然不高，同时教育体制落后且投入不足。高级人才的不足，尤其是技术创新人才的不足，成为制约我国经济转型升级的最大阻碍。更主要的是，教育体制的落后，使得我国难以培养出社会需要的创新人才。

（5）经济结构不合理，资源配置效率低下。我国区域经济结构雷同现象严重，传统产业比重过大，高新技术产业的比重太小，第三产业落后，效率低下的国有企业占用积累资金的比例太大等。这些比例失调不可避免地会造成我国资源配置效率的低下，而且严重阻碍绿色生产的推行。

（6）收入分配两极分化的趋势越来越明显。改革开放以来，由于实行了效率优先的政策，同时忽视了对社会分配的调节或调节的力度不够，因此分配上的差距不断扩大，以致基尼系数超过 0.45 甚至更大，这种差距的扩大既表现在不同质量劳动力之间，也表现在不同行业与不同地区之间。可以说，收入分配差距扩大及其产生的社会问题，已成为我国当前最敏感、最突出、最尖锐、最棘手的问题，也是阻碍我国绿色生产推行的最大阻力。因为收入分配关系是社会生产关系中的核心，它的不完善，必然造成其他各个方面的不完善，如它会加强生态环境的破坏等，所以不解决收入分配问题，绿色生产的目标就难以实现。

（7）社会政治经济制度难以满足绿色生产的要求。可以说，以上一些问题均与我国现有的制度不尽符合绿色生产的要求密切相关。由于发展市场经济的时间还不长，各方面经验不足等，使我国的社会经济制度与绿色生产的要求相距甚大，如环境保护、资源利用的制度不健全，对它们的保护力度不够；有关市场经济制度的建设还很不完善；法制不完备，法律空白太多，有法不依，执法不严的情况普遍存在，司法腐败突出；社会保障制度和再分配制度建设落后等，因此制度建设落后成为阻碍绿色生产发展的重要因素。

我国当前各种不利于绿色生产发展的问题是多方面原因造成的，既有制度建设不完善的原因，也有一系列客观因素的原因。

我国经济发展水平和人民生活水平低，是造成我国伦理价值建设落后于绿色生产发展要求并产生其他问题的关键。因为生态环境的价值与社会对公平公正的理解等，都是与经济发展水平成正比的。因为从理论和历史进程看，当代绿色生产是经济发展达到一定程度后的产物，只有经济发展和人民生活水平达到一定高度后，在消费层次规律的作用下，人类才会关心生态环境保护与自身消费安全，绿色产品与生态环境的价值才能真正出现在人们的价值观念中，对社会公平与公正的理解和要求才会达到较高的水平，同时社会才有能力来重建人与环境和人与人之间的和谐关系。与此对照，改革开放以来，虽然我国经济得到很大发展，一些地方已经达到中等发展国家水平，但就总体而言，发展水平还是较低的，仍有相当部分人没有摆脱温饱的困扰，那些摆脱温饱困扰的人，也仍然没有摆脱物质需求的困扰，在这种条件下，人们对消费安全的要求还不是太高，对生态环境和自然资源的社会评价也必然较低，对社会公平与公正程度的认识也较肤浅，所以人们对绿色生产的认识也不会很高。经济发展水平的落后，是产生上面各种问题的基础。

历史上我国的生态环境形势就因地理条件和较高的人口压力而比较严峻，近几十年来，较快的人口增长和经济发展，则极大地加剧了其严峻的程度。人口压力，始终是造成我国生态环境面临高度压力的最主要原因。不当的制度安排，则加剧了生态环境的破坏。改革开放以前的均贫政策，改革开放以来的两极分化，都是造成生态环境破坏和自然资源浪费的重要原因。因为贫困是生态环境和自然资源的主要破坏力量。如果说我国东部地区的环境恶化，尤其是环境污染是由于制度失灵造成的结果，那么中西部地区的植被减少、土地沙化和荒漠化的不断加剧，则主要是贫困和人口增加的产物。

经济结构转换与经济发展本身，不可避免地会产生一些与可持续经济发展要求相矛盾的结果。如在生产方式转换中，城市的扩展、工业生产规模的扩大，必然会产生对土地资源的需求，从而导致耕地面积的减少；生产方式转换产生的能源需求结构的变化，则会产生相应的大气污染等，经济发展对资源需要的增加，会产生废弃物的增加，在经济发展水平较低、技术相对落后的情况下，不可避免地会对环境造成一定程度的破坏，这是任何一个国家都不可避免的过程。

不过，虽然造成这些问题的原因与客观因素有关，但最主要的还是我国制度方面的缺陷。因为一定的制度决定了人们经济活动的行为、方式和结果。如生产方式转换与人口增加，虽然会对生态环境造成破坏，但破坏程度如此之深则明显与制度缺陷有密切联系。如果我国的分配制度更加完善、两极分化的程度不如此严重、环境保护与环境受益之间有相应的补偿制度等，我国森林植被的减少和水土流失的程度就不会如此严重；如果我国的诸侯经济势力不如此大，同时在环境保护上的力度更大一些，我国的环境污染和资源破坏的程度也不会如此严重；如果我国在经济发展中不如此急功近利，更注重长期的发展战略和国家利益，我国的教育状况、劳动力素质状况等就不会像目前这样低下和落后，技术创新的能力会更高；如果我国的人口政策以国家利益为主，而不是追求单纯的数量控制，我国的人口状况，尤其是人口的质量结构也不会如此低劣等，所以导致我国以上问题存在的最主要原因是制度的缺陷。

在制度缺陷方面，分配制度的缺陷是其中最主要的一个方面。例如，前面讲到的劳动力素质问题、教育问题、技术创新问题、人口问题等，都与分配制度的不完善有密切关系。如在教育问题上，虽然我国是在并不发达的经济基础上承担世界上最大的教育体系，但这并不是产生教育投入不足的最主要问题。因为教育投入的足与不足，并不是看投入的绝对数，而是看其占 GDP 的比重，在这方面我国不仅低于与我国发展水平相当的国家，而且低于许多比我国经济发展落后的国家，所以这就决不是一个经济负担问题，而是一个分配问题，是我们不重视教育，不重视人力资本积累，追求短期经济增长的结果。科技投入不足是同样原因的结果。在人们之间的收入分配关系方面，在经济发展程度远比现在落后的改革开放之前尚能得到较好的处理，尤其是在区域分配关系方面更是如此，而在经济得到巨大发展，国家实力大幅度提高的今天，这些关系却日趋恶化，这同样是分配制度安排的结果，而不是经济负担或能力问题。在环境保护上，如果我们能适当增加一点这方面的投资力度，使其占到 GDP 的 2%～3%，就可实现经济发展与环境保护之间的平衡，而这种能力我国是具备的，只要对分配政策进行适当的调整就可满足这方面的需要。

诸侯经济体制与中央政府调控能力下降是造成以上问题的又一严重制度缺陷。诸侯经济体制的存在，为生态经济基本矛盾作用的发挥提供了必要的条件，从而是造成我国生态环境破坏和自然资源浪费的重要原因。因为在生态经济基本矛盾的作用下，各地区为了获得其中的利益，必须会加强对公共性生态环境和自然资源的掠夺式利用，由此加剧生态环境的破坏和自然资源的浪费；诸侯经济还造成市场的分割，阻碍资源的优化配置，并且滋长腐败等。诸侯经济的存在及其发展，必然伴随中央政府调控能力的下降。这种下降，使社会对生态经济基本矛盾的调节能力下降，使生态环境的破坏和自然资源的浪费现象得不到有效遏制，也使区域之间、阶层之间、城乡之间的分配关系得不到有效调节；重复建设现象得不到有效制止等许多与可持续经济发展要求的问题得不到有效解决。此外政府职责不清也是现存制度缺陷的一个方面。这种缺陷，导致了我国行政混乱、执法混乱、行政效率低下的后果。此外，政治体制、文化传统等方面的不足也是阻碍我国绿色生产顺利推进的部分原因。

令人不安的是，在内部环境恶劣的形势面前，我国的外部环境则更为严酷。这是因为，随着我国发展达到一定程度，当以美元衡量的人均收入水平超过 7 000 美元、东部地区超过 1 万美元时，改革开放中推动我国经济快速增长的传统产业已经失去竞争能力，受创新能力不足与西方发达国家的刻意打压，结构的转型升级难以有效进行，我国即将进入一切追赶型国家难以避免的“中等收入陷阱”过程，而且时间还会比较长，加之不完善的法制与生态环境保护制度，促使资本从我国大量外流，伴随资本外流的是更为严重的高级人才的大量外流，如近些年来，我国高级人才的外流在不断增加，一流学府高才生的外流更为突出，出国留学人员只有不到 30%的人员回国，大量有效需求也伴随规模不断的出国旅游、购物与投资等而向国外转移，致使国内产业的生存基础日益丧失；与此同时，新的以各国经济发展水平不同而产生的利益分配格局和贸易制度正在形成，这对我国的经济发展和在世界利益分配中的地位与作用将是十分不利的；新的国际分工正在形成，也就是西方发达国家主要从事附加值高和收入弹性大的高新技术产业和建立在这些基础之上的劳务分工，而发展中国家则主要从事附加值和收入弹性小的制成品的生产，我国则正快速地向这一角色转换，如我国目前是世界上最大的普通家用电器、轻纺产品、中低档钢铁生产国等，而这些产品的收入弹性和价格弹性都是极小的。这种分工格局一旦形成，对我国的经济发展将是十分不利的。笔者认为，这种分工格局一旦形成，对我国的不利影响，甚至要超过传统的发达国家与发展中国家之间工农业分工的影响。虽然农产品和矿产品的价格和收入弹性都很小，在与发达国家的制成品方面会处于不利地位，但受耕地和自然资源储量有限和人口增加的影响，这种不利的情况毕竟会被限制在一定的范围内，而在旧长波的传统产业与新长波的高新技术产业间，这种比价不利的结果则没有这种限制，所以会更严重。这是因为现代技术条件下传统工业产品的供应几乎是不受限制的，其收入和价格弹性又都是非常小或无弹性的，随着越来越多的发展中国家由传统的农业生产国转换为工业生产国，这些商品的供应必然会大量增加，它们与发达国家生产的收入弹性和价格弹性都非常高的高新技术产品的比价差距必须会不断扩大，所以这种国际分工对我国的不利影响，要比传统国际分工下的后果更严重。环境保护正成为一种世界性浪潮，发达国家正利用环境保护方式来限制发展中国家的传统产业生产与贸易，对生态环境极为恶劣的我国来说，这必然成为在国际贸易等各个方面阻碍我国经济发展的严重因素。

6.3.1.2 我国实现可持续经济发展的挑战与机遇

虽然存在以上许多不利于可持续经济发展的因素和问题，国际形势也对我们提出了严峻的挑战，但同时也存在一些有利的机遇。

从内部方面看，我国生态环境已恶劣到十分严重的程度，这虽然十分不利于绿色生产的进行，但它也迫使我国必须实行经济发展方式的转换，只有实行绿色生产发展战略，经济发展才能持续，这正是所谓的“置之死地而后生”。如再不进行水资源的保护，不仅北方传统缺水地区会因水资源短缺而制约经济发展，即使南方富水地区也会因水资源污染而产生水资源短缺并制约经济发展等。经过改革开放 30 多年快速的经济增长，人民的生活水平得到较大提高，对环境和资源保护的意识有了很大提高，爱护环境正成为越来越多人的自觉行为并愿意为环境保护付出代价；对绿色产品的需求不断提高，从而为绿色生产创造了良好的市场条件；资本积累有了较大增长，整体技术水平有了较大提高，国家整体经济实力得到加强，并且从政府到企业与个人的发展意识都正在改变，正由传统的追求经济的数量扩张，转变为追求经济效益的提高，同时正从原来以牺牲生态环境和自然资源来换取经济增长，转变为在保护生态环境和自然资源的前提下实现经济增长，甚至可以为保护生态环境和自然资源而牺牲一定的增长速度，或者是通过以物质资本和人力资本来换取生态资本和资源资本；经过几十年的努力，建立起了比较齐全的经济体系，虽然总体技术水平比发达国家要落后很多年，但也有部分达到或接近世界先进水平；有一支规模较大的科研队伍，有较强的基础科学研究能力，并在一些方面居于世界领先水平，这意味着我国有较强的吸收和消化世界先进技术和管理技能的能力，并具有一定的创新能力；正在对科技制度、教育体制、司法体制、干部体制、市场体制、财政金融体制、外贸体制、分配体制、政治体制等进行重大的改革，制度创新成为推动我国经济发展的主要动力；在这种制度创新中，中央政府的宏观调控能力开始得到加强，一些制约或阻碍我国可持续经济发展的问题，如区域经济发展和分配问题、社会保障问题等正开始着手解决等，都说明我国存在着许多有利于绿色生产发展的条件，或者说具备了进行发展方式转换的初始条件。

外部方面也存在许多有利于我国绿色生产顺利进行的条件。在国际生态环境和资源一体化的作用下，发达国家对环境保护和资源利用方面的技术转移条件会放松，会加强对发展中国家这些方面的援助，这会加强我国在这些方面的能力和节约技术开发的时间和资金。现代通讯技术和计算机网络技术，为我国在较短时间内提高全民族的文化水平提供了有效手段，它将使这一艰巨任务变得更简捷而有效，如它可极大地提高教育资源的利用效率和教育质量，以低成本完成庞大的教育任务等。国际经济一体化产生的发达国家对发展中国家的消费示范效应，虽然会对后者的传统文化产生巨大的冲击并降低其积累率，但由此产生的巨大绿色需求，也会加速这些国家产业结构的升级换代，推动经济快速增长。我国的绿色理念与绿色消费就是在国外示范下产生的。这些情况也说明，我国较强的技术力量，使我国在世界经济一体化过程中具备了一定的产业跳跃能力，这种能力为我国的一些产业赶超世界先进水平提供了可能。西方发达国家向新长波转移产生的结构调整，为我国传统产业的发展提供了良好的机会。我国巨大而有潜力的市场，成为吸引新技术和新产业在我国落户和发展的有利条件，如果利用好这个条件，将促进我国新产业的发展和传统产业的改造，推动我国绿色生产的发展，从而缩短我国与发达国家间的发展差距。我国是技术后进国家，可充分利用发达国家的成熟技术，缩短我国的发展时间，节约大量的技术开发资金，同时在经济发展过程中不必经历技术创新国那样长的经济衰退过程和技术创新过程。

虽然经济长波转换对我国来说是一个巨大的挑战或不利因素，但同时又是最大的机遇。这不仅因为与新长波对应的新兴技术，比之旧长波的基础技术有更强的扩散效应，如网络技术等新兴技术和产业，在西方发达国家建立的同时或不久，也在我国等这些发展中国家建立，而且更主要的是它使我国有进行长波跳跃的可能。虽然我国经济和技术的整体水平与西方发达国家相比落后 20～30 年，但我国是技术后进国，在经济长波的运动过程中，并不需要像发达国家那样经历约 20 年的长波衰退过程，而可以在完成目前所处长波的爬升后，立即从该位置跳跃到新长波的起点甚至更后一点的位置，从而可以缩小约 20 年的发展差距，甚至有可能在新长波的爬升过程中赶上发达国家。我国典型的二元经济特征，使得我国整体经济发展程度虽然还比较低，但却也存在着一些具有世界水平甚至先进水平的技术和产业，更主要的是，我国东部地区经过改革开放 30 多年快速的经济发展，已基本完成旧长波的爬升任务，如除了部分基础性产业仍存在一定的短缺外，绝大部分传统产业都出现了较大程度的过剩，就充分说明了这点，因此这些地区已基本具备了进入新长波的条件，只要我们有壮士断腕的勇气，不惜牺牲花费巨大气力刚刚建立起来的传统产业和对已积累的资本进行巨大的无形损耗，它们就能够从目前的位置进入新长波过程。同时，作为技术后进国，一些产业的建设和传统产业的改造，并不一定要采用旧长波中那些可能非常先进的技术，而可采用与新长波相适应的技术，如在通讯技术上，那些在有线通讯方面落后的国家，就并不需要经历发达国家那样的发展阶段，可直接利用当前最先进的无绳数字通讯技术，而且更经济；我国的农业产业也并不一定要经历西方国家那种大规模机械化和化学化的过程，而可采用最现代的生物工程技术和生态技术来对其进行改造；许多传统产业的建设与改造也并不一定要完成旧长波中的爬升，就可从当前的位置直接跳跃进入新的长波。我国较强的基础科学研究力量和在一些关键技术方面具有的自主开发能力，可以保证这种跳跃的进行，同时可以保证我国在新长波赶超发达国家的过程中不会落伍太大。这说明，在完成旧长波的爬升过程中，在发达国家进行产业结构调整、大力发展新兴技术产业和用新技术改造传统产业时，我国也可以进行这方面的工作，建立与新长波技术相适应的新兴产业，如信息高速公路和网络业、生物产业、新材料业等，同时用新技术改造传统产业。虽然因发展水平等方面的问题，我国不可能像发达国家那样进行全方位的变革，但使那些关系国计民生的主导产业跟紧世界技术发展的步伐，则是有可能做到的。如西方国家刚产生不久的信息网络技术就几乎同时在我国出现，并以很快的速度发展就证明了这一点。

这些情况说明，对后进国家来说，由于它能够利用世界上已有的先进技术，因而其产业发展是可以跳跃的，并不一定要经历技术开发国那样的自然过程。目前，除了美国在新的长波中前进了较长一段距离外，其他西方国家也只是刚进入该长波，我国尽管没有完成旧长波的爬升（它对我国是一个不可逾越的过程），但同样可以在此过程中，在一些条件好的地区和产业中开始进行新长波的跋涉。该过程虽然有可能强化中国的二元经济特征，但它对加快我国整体经济的现代化过程是极为难得的机遇。利用得好，是有可能在 30 年左右的时间内赶上西方发达国家的。但要特别注意的是，这种机会是稍纵即逝的，它是 21 世纪上半期给我国的唯一机会。因为等发达国家完成长波的转换，建立并巩固起了与新长波相适应的国际政治经济秩序后，我国经济发展的外部条件就会完全改变，我国与西方发达国家之间的差距就会重新扩大并不断加强，我国的强国之梦就无法实现，所以说这是我国在 21 世纪上半期面临的最后一次机会。

6.3.2 绿色生产的实现条件

绿色生产要得到实现，需要一系列的社会条件。

6.3.2.1 观念转变是绿色生产实现的前提

传统生产方式之所以会被绿色生产取代，最主要的原因就是它产生的一些弊端，如生态环境的严重恶化、资源的枯竭、分配上的两极分化、社会对抗、威胁人民生命健康甚至人类生存等，结果不仅使经济发展无法持续，而且使人类面临空前的危机，而产生这种结果的最主要原因就是传统地将人与自然、人与人对立起来的价值观。因为社会制度和经济体制及其经济系统中的技术、知识、组织、环境、分配、行动方式等，都是由一个社会占主导地位的价值观或价值取向决定的，所以价值观是决定一个社会经济发展方向的最主要因素。

传统经济发展方式中的价值观念，或者资本主义的价值观，是一种追求物质消费，并以物质消费的多少来衡量幸福大小的价值观。正是在这种价值观的指导下，促使人们竭尽全力地攫取自然资源来满足自己不可穷尽的物质欲望。从历史上看，资本主义的价值观是一种对中世纪价值观否定的产物，而中世纪的价值观则又是对古罗马价值观的否定。传统上人们一直认为中世纪的欧洲是黑暗的欧洲，其实这种认识是片面的。中世纪是一种重视精神文化或者宗教消费的社会，它是对古罗马社会过分重视物质消费而导致社会解体或没落、生态环境恶化的一种反思或否定的结果。作为一种生产方式和生活方式的选择，它本身是一种文化或价值选择的结果，这种选择虽然因抑制了人们的物质消费而阻碍了人民物质生活水平的提高，但它却更好地协调了人与自然的关系；在人与人之间的关系上，也更强调人们之间在结果上的平等。人是物质与精神的统一体，要使人性和社会得到发展，就必须同时满足这两方面的需要。中世纪社会的价值取向，由于抑制了人的物质需求，从古罗马社会的一个极端走向另一个极端，因此这种社会也是不能持续的，被长期压抑的物质消费需求，到一定时候必然会显露出来，并且往往会走向另一个极端。这正是矫枉必须过正一样。资本主义的价值伦理就是这种极端的后果，是历史过程中物质与精神否定之否定的产物。①

资本主义价值观的产生虽然促进了社会经济发展，但以追求物质消费为目标的价值观，必然是将人与自然对立起来的，将人类征服自然和改造自然作为人类的目标，以征服自然能力的大小作为衡量生产力发展水平的标志，并以这种能力的提高为自豪，因此它必然会导致人类对自然资源的掠夺式利用和对生态环境的破坏。正是在这种价值观的指导下，传统的生产力进步主要表现为对自然征服能力的提高，技术进步则主要表现为对自然资源攫取能力的加强，结果使大多数不可再生资源在短短的数百年间被消耗，再生性自然资源的更新与再生能力也日益下降，生态环境被严重破坏。由于经济的持续发展依赖于自然资源的供给与良好的生态环境，经济活动只是整个生态系统中能量转换的一部分，自然资源的枯竭与生态环境的破坏，必然会使传统经济发展方式不能持续，同时也使生存难以持续。

以物质消耗为追求目标的价值观，必然会造成人们在产品分配上的两极分化。中世纪的价值观是以机会的不公平为基础的，也就是世袭而严格的等级制度，但前面讲到，任何一种社会要维系自己的存在，都必须处理好公平与效率的关系，在机会不公平的情况下，要维持社会的稳定，就必须在结果上相对公平，自然经济的生产方式在一定程度上保证了这个要求的实现。因为人们对自产物质产品的消费是有

① 堺屋太一：《知识价值革命》，北京：东方出版社，1986 年版。

限的，所以尽管等级森严，但最终的分配结果却相对公平。作为对中世纪价值观否定的资本主义价值观，是以机会公平为公平标准的，比之中世纪这方面的价值观来说，无疑是个巨大的进步，但在财产继承、能力差别等因素的作用下，尤其是在市场竞争机制的作用下，机会的公平必然会产生人们之间在结果上的不公平。虽然这种价值取向促进了经济发展，或者说为经济发展提供了强大的动力，但它造成的社会内部矛盾及其引起的社会不稳定，却又时刻威胁着经济的持续发展。这意味着，传统资本主义在人与人之间关系上的伦理，是一种竞争而冷漠的价值观，即使到了现在，这种情况仍然十分突出。前面讲到，以物质消费为目标基础上的两极分化，是生态环境的最大破坏者。这说明，传统资本主义经济发展方式的人际社会价值，同样是不可持续的。因为，可持续发展是全人类共同的事业，需要人们的共同参与，而此必须建立在公平与公正的基础上，所以，缺乏公平与公正的社会经济发展是不可持续的。

传统的资本主义价值观，不仅产生了一系列严重阻碍经济持续发展的弊端，而且造成人类自身消费中的极端失衡，如造成人们片面地追求物质享受，生态消费与精神文化消费得不到很好的满足，使人的发展走向片面，与社会经济发展要求的人的全面发展这一基本目的相矛盾。

这些情况都说明，传统经济发展的价值观是与绿色生产要求不相符合的。要使可持续经济发展得到实现，就必须改变这种人与自然、人与人之间对立的价值理论，建立起人与自然、人与人之间和谐的新的伦理价值。这就是绿色生产或可持续发展的伦理价值。

建立与可持续发展要求相一致的价值观，并不是要像在这之前的各种社会形态对它前面的价值伦理进行完全否定那样，如中世纪从古罗马的单纯物质中心转向了单纯的精神中心，而资本主义则又完全回到了单纯的物质中心，绿色生产的伦理价值是要建立起与人的本质相一致并符合可持续发展要求，能实现人类最大福利的伦理价值，它是对以前各种社会形态伦理价值合理摒弃的结果。如对资本主义的伦理价值，它应该吸收其强调机会公平和效率的价值观念，对欧洲中世纪的伦理价值，应该吸收其注重精神生活的伦理价值；对中国古代的伦理价值，应该吸收其注重人与自然关系和强调公平的伦理价值，建立起与人的本质相一致的强调生态、物质、精神与社会相统一的价值观念，建立起人与自然和人与人之间和谐相处的社会伦理。所以说，绿色生产的伦理价值，并不是像资本主义那样对中世纪价值观的简单否定，而是对以前所有社会伦理价值的一种合理扬弃。这是人类文明进步的一种必然，也是人类回归本性的一种表现，是人类社会环境的必然与可能性的结果。

人是物质、精神、生态与社会的统一体，只有这四种需求都得到均衡的满足，才能实现人类社会的最大福利。传统社会由于只注重人的某一方面的需求，如中世纪只注重精神消费需求，资本主义则只重视物质消费需求，所以都是片面而注定要被否定的。可持续经济发展的伦理价值，就是要实现这四种需求的均衡性满足，在取得人类最大福利的过程中实现人性的回归。这不仅是人类发展的必然，也是人类生存环境的必然。因为在传统经济发展伦理观的作用下，生态环境遭到严重破坏，不仅使人的生态需求不能满足，而且使人类面临着严峻的生存危机，而人类作为一个物种来说，其最大福利就是种族的持续生存，所以拯救环境成为当前人类最为迫切的任务，它比自然资源的短缺更为紧迫。所以，维持良好的生态环境，不仅是满足人类生态需求的需要，而且是维持人类持续生存的需要，是生态环境现状压迫的结果。

满足在传统生产方式下被忽视的生态需要、精神需要与社会需要，既是环境压迫的产物，也是物质消费达到一定程度后的一种必然结果。因为从需求理论讲，任何一种物品的消费，随着其数量的增加，边际效用都会下降，而那些没有得到满足的物品的边际效用则会上升，当代人类在物质消费方面的需求得到空前的满足，而在此过程中，生态产品与精神文化产品的消费需求却不断下降或相对下降，尤其是生态产品的消费在不断下降，在这些此消彼长的变化过程中，必然会出现以一定量资源生产物质产品不如生产生态产品和精神产品的效用更大的情况发生，从而促使人类社会的生产结构发生变化。这说明，一种价值观念的产生，尤其是它被社会普遍接受，是一定社会环境的产物。实际需要的产生也往往是与满足的能力相一致的。经过几个世纪的积累，人类在物质生产方面的生产力达到空前的水平，资本积累也达到非常高的程度，知识和文化的积累也达到空前的程度，人类已经有较大的能力来满足生态和精神方面的需求。只要人类有足够的魄力，同时生态环境的不可逆性还没有达到使生命之网瓦解的程度，人类目前拥有的能力就能够扭转生态环境恶化的趋势，满足人类在四个方面的需要。

如前所述，生态环境的保护只能建立在人与人之间关系相对平等的基础上，这种平等不仅包括机会的平等，而且包括结果的平等。自然，结果的平等并不是绝对的，正如机会的公平并不是绝对的一样。所以要实现生态环境保护的目标，就必须建立比资本主义价值观念更为公平的价值观，建立起人与人之间和谐相处、相互协助的社会伦理。这是人类持续生存的重要条件。从茫茫宇宙看，我们这个星球就像漂浮在汪洋大海中的一艘小船，人类则是船上的乘客，只有同舟共济，才能维护船只的安全和大家的生存，任何相互的争斗，都会导致船只的倾覆而葬送人类。

虽然说一定的社会伦理是一定存在的产物，但如果让社会伦理价值自发地随着环境的变化而改变，那么伦理价值相对稳定性的特点将使它满足不了环境变化的迫切需要。如果说社会伦理价值自发地随环境变化这种情况多少适应于发达国家的话，那么它对广大的发展中国家来说就不适应了。发展中国家生态环境的恶化、资源的枯竭与经济发展的落后、人民物质消费水平的低下、二元经济所导致的严重两极分化及其产生的尖锐的社会矛盾，使这些国家虽然有保护生态环境、满足人民生态需求和精神文化需要的要求，但却缺乏这方面的能力。在这些社会，对个人来说，是物质产品效用大而生态产品和精神产品效用小，这会促使他们以效用低下的生态环境来换取效用大的物质产品，严重的两极分化分配结果更是会加强这点。由于物质产品的生产效率依赖于生态环境的质量，因此生态环境的破坏，必然会使人们在物质产品方面的努力和欲望难以实现。所以在这些社会，需要社会通过一切手段来改变传统的那种与可持续经济发展要求不相适应的价值观念。广大的发展中国家，必须改变那种模仿或追求传统资本主义伦理价值的倾向，保存自己良好的与自然和谐相处的传统价值，在此基础上吸收资本主义优秀的价值观念，只有这样才能保证本国绿色生产的顺利进行。

生态文明价值观的提出及其逐渐被人们接受，说明人类正在发生明显的价值观念的转变，知识经济的出现是这种转变最有力的证明，同时也是实现这种转变的手段。

工业经济向知识经济的转换，不仅意味着知识和智力劳动在经济发展中的作用越来越重要，以信息产业为主的高科技产业，在国民经济中的地位不断提高并不断地改造传统产业，使整个社会生产方式发生革命性的变化，而且也意味着人类社会的消费重心，将由物质文化转向精神文化产品等提高人的质量和享受方面的需要，从而消费方式正发生革命性的变化。它意味着人类社会由中世纪注重精神消费转到资本主义社会注重物质消费的几百年之后，人类社会将重新“回到”注重精神文化消费模式中，是人类社会物质与精神之间否定之否定的转换，是对资本主义生产方式和消费方式反思的结果，这种消费行为和由其决定的需求结构的变化，是导致经济形态变化的主要原因之一。因为人的消费行为，是由其所处的主客观条件决定的，生产的重心及生产方式的选择，则是由人的消费行为决定的，所以生产方式及由其决定的社会形态也受消费行为的决定。人的质量越高，在消费结构中对生态、精神文化等劳务产品，尤其是高智力产品的需求比重就越大。自然，随着整个社会劳动质量提高产生的需求重心转向高智力产品，社会满足这种需求的能力会同时具备。因为从整个社会来说，这方面产品的需求者，同时也就是这些产品的主要生产者。这说明知识经济，一方面是社会经济的发展越来越依赖于以高级智力劳动为基础的高科技知识，它们在产品价值构成中的比重会不断提高，另一方面则是人们对以满足精神文化方面的非物质智力产品的需求比重会不断提高，从而使非物质生产在国民经济中的比重不断提高。这是导致一国的经济发展水平越高，其经济的非物质化倾向就越突出的主要原因。

文化或社会价值观念的改变是一项非常艰巨的事业。因为它不仅仅是一种思想观念，而且是决定人们之间物质利益关系的核心，所以要改变它绝不是轻易的事，需要经过激烈的斗争才可达到目标。

6.3.2.2 制度变革是绿色生产的保证

这里的制度是一种相对狭义的制度，是实现价值观念的具体社会制度、经济制度等内容。这正如一定的战略目标需要一定的战术来实现一样，战术制定的好坏，对战略目标的实现是至关重要的。如果讲价值观决定了人们行为的方向，那么具体的行动过程却是由一定的制度安排来决定的，所以制度安排对可持续经济发展的实现是至关重要甚至是起决定作用的。

一定的制度安排是一定的文化价值观的结果，不符合绿色生产要求的价值观，必须会产生不符合绿色生产的制度安排，从而阻碍绿色生产的实现。

作为一种人与自然对立的文化观念，其相应的制度安排必然会将生态环境和公共性自然资源作为没有市场价值的东西来对待，以促使人们对它们的攫取和利用。即使那些被人们占有能给人们带来特殊利益的自然资源或土地，也是以获得当代人最大利益的方式来决定其市场价格的。如一定量耕地的价格，是以约 20 年的地租收入的贴现值来确定的，而该贴现值则又以当前的利息率为标准，利息率则是由当代人的利益行为决定的；其他资源的价格更是由市场的供求来决定，其是否能保证后代人的利益不受到严重损害，则不在现行制度的考虑范围之内，其结果是使绝大部分资源，如木材、矿藏、挪作他用的耕地等的市场价格，都远远小于它们的社会价值，从而促使人们以掠夺式的方式利用资源来获得最大利益，结果导致了生态环境的严重破坏和资源的严重浪费，极大地损害了后代人的利益。

作为制度集中体现的市场经济制度，虽然它有促进效率不断提高的动力机制，但却无法解决外部经济问题，或者说无法使个人价值与社会价值、个人成本与社会成本一致，因此也就产生了前面讲到的在市场经济条件下生态环境利用中的基本矛盾，这个矛盾必然会促使人们加强对生态环境和公共性自然资源的掠夺式利用来增加个人利益，其结果必然是生态环境和公共性自然资源的破坏和浪费。虽然从某种程度上看，自发的市场机制也有一定的调节生态环境和自然资源再生产的能力，但它只能调节那些能够明确产权关系的生态环境和自然资源的再生产，对公共性生态环境和自然资源的再生产则没有这种能力。正是在市场机制的作用下，公共性生态环境和自然资源遭到比私人性生态环境和自然资源更严重的破坏。由于现有公共性生态环境和自然资源对人类生存发展的重要性程度更大，因此它们的被破坏对绿色生产的阻碍也更大。

传统的强调机会公平的价值观念是通过市场经济来实现的。市场经济的核心原则之一，就是强调人们之间在机会上的相对公平。这种公平，在竞争机制的作用下，尤其是在人们之间因能力和生产条件不同等因素的作用下，不可避免地会造成实际结果的不公平或人们之间的两极分化。这种结果显然是不利于绿色生产的，它不仅会造成人们之间的对抗，引起社会的动荡，而且会进一步加剧生态环境和自然资源的破坏。

市场经济是个人主义制度安排的集中体现。这种制度安排能够调动人们的积极性和创造性，但如前面讲到的，人类目前面临的危机，既要发挥每个人的积极性和创造性，但更需要全体人民的同舟共济，才能使人类渡过险境。单纯的个人主义，必然会使这种要求难以实现，从而阻碍绿色生产目标的实现。

所以说，要使可持续经济发展得以实现，就必须对现行的制度安排进行变革，使其符合可持续经济发展的要求。

制度安排与行动结果的关系说明，虽然人类的行为决定了制度安排，但个人和集团的行为及其行动却是由制度决定的，这正如法律是人们制定的，但法律却规定了包括法律制定者本身在内的所有人的行为一样。从这个意义上讲，制度是决定一切的。好的制度可促进绿色生产的进行。

在发挥市场经济个人能动性和创造性的前提下，建立起更符合协作原则或集体主义的制度安排。这不仅因为现代社会面临的危机需要全体人民同舟共济，而且协作出剩余，良好的协作能够创造更多的社会剩余。良好的社会协作，需要建立更公平与公正的社会制度，没有公平与公正，社会就会走向对抗而不是合作，社会对抗则会造成船倾人亡。由于市场经济是强调机会公平的一种制度，而机会公平的前提是人们之间起始条件的公平，起始条件的公平则必须建立在原有分配结果的相对公平上；没有结果的公平，机会的公平就是一句空话，这正如让一个四肢不全的人与一个运动健将进行体育比赛一样是没有公平性的，因此要真正实现市场经济的机会公平原则，就必须首先做到结果的相对公平。为此，就必须对现有的市场经济制度进行调节，其中主要是对分配制度进行改革，通过再分配调节人们之间在初次分配方面过大的差别，为人们公平竞争提供条件。

绿色生产的制度安排，必须能够保证技术创新符合绿色生产的要求。因为技术本身是中性的，它对社会经济会造成什么后果，取决于人们如何利用它们，这又决定于社会在这方面的制度安排，所以一定的制度安排决定着技术创新的性质和技术的利用方式及其后果。绿色生产的制度安排，既应该有足够的动力推动技术进步，同时又使技术的利用符合人类的道德规范，不对人类社会造成大的损害或潜在的威胁。

从资源配置的角度看，绿色生产的制度安排，应该使个人或企业在再生产中的成本和收益，与社会在此过程中的成本和收益相等，并且资源配置均衡于边际成本与边际收入之处。

要使制度安排得到实施，就必须建立起完备的符合绿色生产要求并且具有高度可操作性能的司法体系。没有这样一种司法保证，绿色生产是不可能实现的。正由于此，司法体系的完备与公正程度，成为衡量一个社会绿色生产能力的重要条件。

6.3.2.3 政府调控是实现绿色生产目标的关键

绿色生产目标的实现需要观念的转变、制度的变革和市场机制的调节，这些内容都不会完全自发地实现，它需要政府的积极努力才有可能达到目标，这说明，政府调控是实现绿色生产目标的关键。

虽然说绿色经济思想是由于生态环境变化等原因而在社会中自发产生的，其中主要是社会精英的思想结果，其后得到社会的热烈响应而扩展开来，但要使这种思想观念为整个社会普遍接受并付诸实践，却不是自发能够实现的，即使能做到这点，所需要的时间也非常长，与绿色生产的迫切性要求不相符合。这是因为，社会意识转变的核心是利益关系的重新调整，这不仅需要复杂的制度变革来实现，而且它会遭到利益受损人们的反对，在这当中，即使一些人认识到绿色经济的重要性，但当这种变革会牺牲其切身利益时，他们也会由赞成变为反对。这时，就需要政府通过一系列政策措施，甚至包括一定的强制措施，来保证绿色生产要求的伦理价值成为社会占统治地位的伦理价值。这些情况在发展中国家更为突出。因为在发展中国家，由于生产力发展水平和人民生活水平较低，对生态环境的保护意识还不十分强烈，以生态环境和自然资源换取经济增长的愿望十分强烈，所以只有通过政府的强制性措施，才有可能改变人们的思想观念和行动方式。

如前所述，传统资本主义的价值观是以机会公平为核心的价值观，这种价值观虽然对提高短期效率有很大的促进作用，但在市场机制的作用下，不可避免地会产生结果的不公平，结果的不公平不仅会反过来导致机会的不公平，而且会破坏生态环境，会加剧社会的对抗和动荡，最终会阻碍效率的提高，这些都与绿色经济公平与公正、生态环境保护等要求不相符合，从而会阻碍绿色生产的实现。要使这些弊端得到克服，同样需要政府的调控，需要政府对产品分配进行调整，提高产品分配的公平程度，为机会公平作用的发挥创造更好的条件，促使全体人民自觉地保护生态环境和珍惜自然资源，这样才能促进绿色生产目标的实现。

如果说价值观受利益关系的影响而具有较强的刚性，难以适应绿色生产的要求而需要政府调节的话，那么实现这些利益关系的制度安排的刚性则更强。要变革这些与绿色生产要求不相符合的制度，除了不同利益集团的斗争外，同样需要政府的积极调节。

前面讲到，市场机制虽然是当代有效配置资源的一种方式或制度，但它也会产生许多阻碍绿色生产的弊端，如会导致分配上的两极分化，会导致生态环境的破坏和资源的浪费，会使再生产的比例失调等，这些也都需要政府的调节才能得到克服或缓解。一定量生态环境的价值，不同价值观念的人们对它的评价是不一样的，只有通过政府的调节才能使它们的使用成本与真实价值一致。同时，提高绿色生产能力的各方面，如要素建设、生产组织等，都需要借助政府的调节，才能满足绿色生产发展的要求，所以无论从哪个方面看，绿色生产都离不开政府的调控。虽然如众所周知的那样，政府调控也不是万能的，甚至在此过程中会出现“政府失灵”的现象，但没有政府调控，绿色生产将难以正常实现则是确信无疑的。

绿色生产需要政府调控，但只有符合绿色生产发展要求的政府调控才能起到应有的作用，不良的政府调控甚至会阻碍绿色生产目标的现实，如目前许多国家实行的对资源利用的补贴政策等就是例证，所以要使政府调控促进绿色生产目标的实现，就必须对它进行不断的完善，使其符合绿色生产的要求。

在现代经济中，政府行为渗透到再生产过程的每一个方面，从而政府的调控也体现在每一个方面，这意味着如同绿色生产是一项复杂的系统工程一样，完善政府调控也是一项复杂的系统工程。作为一项系统工程，要使其发挥有效的作用，各方面的完善工作就必须协调，因为协调出效率。但在这里，受篇幅和能力的影响，不可能进行如此复杂的分析，只提出几点原则性要求。

前面讲到，伦理价值是支配人们行为及其行动的灵魂，从而是决定绿色生产的核心，因此对伦理价值的调节自然也就成为完善政府调节的最主要内容。在这方面，政府应该根据社会经济发展规律和绿色生产的要求，结合本国国情和民族文化特点等，前瞻性地对社会价值伦理进行规划，并通过各种可利用的方式，如政策的、法律的、舆论的、经济的等手段进行引导，以建立起符合绿色生产要求并具有实践性的社会价值伦理，实现四个文明的统一。

完善社会制度。对那些与绿色生产要求不相符合的制度进行改革，建立起与绿色生产发展要求相一致的制度体系。如完善社会伦理价值制度，对那些与绿色生产发展不相符合的意识形态、道德规范等进行改革等，建立起与绿色生产要求相一致的精神文明机制；完善环境保护制度，建立起可利用市场机制调节的环境保护政策和措施，以法律保证环境保护资金的投入等；建立起与绿色生产要求相一致的生态文明制度；完善人口再生产政策，利用经济手段促使人口生产中的微观效益与宏观效益一致，鼓励宏观效益高人口的生产，抑制宏观效益差人口的生产，使人口生产的总量与结构符合可持续发展的要求；完善社会保障体制，使社会保障惠及全体人民而不是部分人；完善教育体制，制定强制性的多年义务教育制度，建立更具公平性的高等教育体制和终身教育制度，保证教育资金的投入；建立起有效率的科技进步制度，同时保证技术的利用符合社会的道德规范，不对人类造成重大的威胁或潜在威胁；完善社会分配政策，使产品分配既体现可持续经济发展的公平要求，又能促进效率的提高；完善市场经济制度，为市场机制的有效发挥提供良好的制度保证；完善司法体系，建立健全司法制度，使其符合绿色生产发展要求并具有高度的可操作性，建立公正严明的执法队伍；完善产权制度，使其符合绿色生产要求的产权清晰与合理规模要求等。良好的社会制度及其变革，是促进技术创新、生态创新的最有效手段，是实现绿色生产要求的公平、公正的重要保证。

改善经济调节方式，使市场机制的作用符合绿色生产发展的要求。由于市场经济的资源配置主要是通过企业和个人来完成的，或者说是由微观机制实现的，因此政府调节经济的方式也应该从微观机制着手，而不是当前这种以宏观变量为主的方式。这说明，要改善经济调节方式，就必须对现行占统治地位的调控方式进行改革。这一点对绿色生产来说是尤为重要的。因为市场机制所产生的一系列不符合可持续经济发展要求弊端的原因，都是其微观机制的结果，如产生的对生态环境的破坏和对公共自然资源的滥用等，所以只有通过对微观机制的调节才能起到应有的效果。如通过改变生态环境和公共性自然资源的使用成本，或提高它们的市场价格的方式，才可矫正这方面的问题，使资源配置符合绿色生产的要求；对使用自然资源征税，可提高自然资源的利用效率；对比例结构失调的调节，同样要采用同属微观性质的结构调节方法而不是总量方式来实现。

完善政治调节方式。如前面讲到的，市场经济的许多缺陷是不能通过对市场机制利用的本身来解决的，而必须通过一定的政治程序来解决。如产品分配的公平问题，生态环境和公共性资源的定价，公正标准的确定等，都只能通过一定价值观指导下的政治方式来解决。政治虽然是为经济服务的，但政治对经济的发展却往往有着决定性的作用，所以要使可持续经济发展顺利实现，就必须不断地完善政治体制，完善政治对绿色生产的调节方式。在这方面，建立社会大众共同参与的政治体制，是实现可持续发展要求的公平与共同参与的前提条件。没有政治上的民主，经济上的民主就没有保证，社会公平与公正就不可能真正实现，公众的共同参与也没有实现的可能。不完善的政治体制，不仅会阻碍绿色生产的发展，甚至会将原来发展良好的社会经济窒息；良好的政治体制，则会成为经济发展的有力保证。正是在这个意义上，最近党中央提出要加强政治文明建设，就体现了这种要求。

参考文献

[1] A. 迈里克・弗里曼. 环境与资源价值评估——理论与方法[M]. 北京：中国人民大学出版社，2002.

[2] D. 梅多斯，等. 增长的极限[M]. 北京：商务印书馆，1984.

[3] 埃里克・诺伊迈耶. 强与弱——两种对立的可持续性范式[M]. 上海：上海译文出版社，2001.

[4] 白玲. 环境核算体系研究[M]. 北京：中国财政经济出版社，2003.

[5] 包洛夫斯基赫，朱银城. 经济学中的生态问题[J]. 生态经济，1986（4）：43-46.

[6] 保罗・霍肯. 商业生态学——可持续发展的宣言[M]. 上海：上海译文出版社，2001.

[7] 蔡拓. 可持续发展——新的文明观[M]. 太原：山西教育出版社，1999.

[8] 陈大夫. 环境与资源经济学[M]. 北京：经济科学出版社，2001.

[9] 陈鸿清. 生存的忧患[M]. 北京：中国国际广播出版社，2000.

[10] 陈建辉. 论生态文明与可持续发展的关系[J]. 林业经济问题，2002（2）：112-114.

[11] 陈南岳. 城市生态贫困研究[J]. 中国煤炭经济学院学报，2002（5）：9-13.

[12] 陈南岳. 我国农村生态贫困研究[J]. 科学・经济・社会，2002（1）：3-6.

[13] 陈少英，苏世康. 论生态文明与绿色精神文明[J]. 江海学刊，2002（5）：44-48.

[14] 大茂男. 可持续经济发展的道路[M]. 北京：中国农业出版社，2000.

[15] 大卫・皮尔斯，杰瑞米・沃福德. 世界无末日——经济学、环境与可持续发展[M]. 北京：中国财政经济出版社，1996.

[16] 大卫・皮尔斯. 绿色经济的蓝图（1）[M]. 北京：北京师范大学出版社，1997.

[17] 大卫・皮尔斯. 绿色经济的蓝图（2）[M]. 北京：北京师范大学出版社，1997.

[18] 大卫・皮尔斯. 绿色经济的蓝图（3）[M]. 北京：北京师范大学出版社，1997.

[19] 大卫・皮尔斯. 绿色经济的蓝图（4）[M]. 北京：北京师范大学出版社，1997.

[20] 丹尼尔・A. 科尔曼. 生态政治——建设一个绿色社会[M]. 上海：上海译文出版社，2002.

[21] 刁晶辉，王淑芬. 生物圈：生命的呼救[M]. 沈阳：辽宁人民出版社，1991.

[22] 董锁成. 中国百年资源、环境与发展报告——1950—2050 年资源、环境与经济演变和对策[M]. 武汉：湖北科学技术出版社，2002.

[23] 范金. 可持续发展下的最优经济增长[M]. 北京：经济管理出版社，2002.

[24] 房龙. 人类的家园——我们生活的这个世界的故事[M]. 上海：东方出版社，1998.

[25] 弗雷德里克·巴师夏. 和谐经济论[M]. 北京：中国社会科学出版社，1995.

[26] 高长江. 生态文明：21 世纪文明发展观的新维度[J]. 长白学刊，2000（1）：7-9.

[27] 国家环境保护总局自然保护司. 中国生态问题报告[M]. 北京：中国环境科学出版社，1999.

[28] 韩强. 绿色城市——人类生存环境与重建家园[M]. 广州：广东人民出版社，1998.

[29] 何强，等. 环境学导论[M]. 2 版. 北京：清华大学出版社，1994.

[30] 赫尔曼·E. 戴利. 超越增长——可持续发展的经济学[M]. 上海：上海译文出版社，2001.

[31] 洪银兴. 可持续发展经济学[M]. 北京：商务印书馆，2000.

[32] 黄娟. 生态经济协调发展思想研究[M]. 北京：中国社会科学出版社，2008.

[33] 黄正夫. 可持续发展与生态经济学[M]. 北京：中国环境科学出版社，2000.

[34] 加勒特·哈丁. 生活在极限之内——生态学、经济学和人口禁忌[M]. 上海：上海译文出版社，2001.

[35] 贾华强、翁天真. 经济可持续发展的人力资源开发[M]. 北京：中国环境科学出版社，2002.

[36] 贾华强. 可持续发展经济学导论[M]. 北京：知识出版社，1996.

[37] 杰瑞米·里夫金. 氢经济[M]. 海口：海南出版社，2003.

[38] 堺屋太一. 知识价值革命[M]. 上海：东方出版社，1986.

[39] 克尼斯，等. 经济学与环境——物质平衡方法[M]. 上海：生活·读书·新知三联书店，1991.

[40] 莱斯特·R. 布朗. B 模式[M]. 上海：东方出版社，2003.

[41] 莱斯特·R. 布朗. 生态经济——有利于地球的经济构思[M]. 上海：东方出版社，2002.

[42] 莱斯特·布朗. 环境经济革命[M]. 北京：中国财政经济出版社，1999.

[43] 赖德胜. 关注浪费[M]. 北京：中国财政经济出版社，2001.

[44] 雷毅. 深层生态学思想研究[M]. 北京：清华大学出版社，2001.

[45] 李成勋. 可持续发展理论的先声——马克思论人与自然之间的物质变换[J]. 当代经济研究，2000（11）：1-5.

[46] 李金昌. 试论资源可持续利用的评价指标[J]. 中国人口·资源与环境，1997（3）：39-41.

[47] 李欣广. 可持续区域经济发展论[M]. 北京：中国环境科学出版社，2002.

[48] 李云才. 塑造未来——中国 21 世纪可持续发展之路[M]. 北京：气象出版社，1997.

[49] 梁琦. 构建生态消费经济观——兼评我国适度消费理论[J]. 经济学家，1997（3）：30-34.

[50] 廖福霖. 生态文明建设理论与实践[M]. 北京：中国林业出版社，2001.

[51] 林卿. 农地利用问题研究[M]. 北京：中国农业出版社，2003.

[52] 林卿. 农地制度与农业可持续发展[M]. 北京：中国环境科学出版社，2000.

[53] 林卿. 世贸组织框架下闽台农业资源整合与优化配置[M]. 北京：中国农业出版社，2004.

[54] 林卿，等. 可持续农业经济发展论[M]. 北京：中国环境科学出版社，2002.

[55] 凌亢. 中国城市可持续发展评价理论与实践[M]. 北京：中国财政经济出版社，2000.

[56] 刘传江. 经济可持续发展的制度创新[M]. 北京：中国环境科学出版社，2002.

[57] 刘大椿，岩佐茂. 基于中国传统与现实的回应[M]. 北京：中国人民大学出版社，1998.

[58] 刘培哲，等. 可持续发展理论与中国 21 世纪议程[M]. 北京：气象出版社，2001.

[59] 刘仁胜. 生态马克思主义概论[M]. 北京：中央编译出版社，2007.

[60] 刘思华. 当代中国的绿色道路——市场经济条件下的生态经济协调发展论[M]. 武汉：湖北人民出版社，1994.

[61] 刘思华. 可持续发展经济学[M]. 武汉：湖北人民出版社，1997.

[62] 刘思华. 理论生态经济学若干问题研究[M]. 南宁：广西人民出版社，1989.

[63] 刘思华. 刘思华文集[M]. 武汉：湖北人民出版社，2003。

[64] 刘思华. 刘思华文集——可持续经济文集[M]. 北京：中国财政经济出版社，2007.

[65] 刘思华. 刘思华选集[M]. 南宁：广西人民出版社，2000.

[66] 刘思华. 绿色经济论——经济发展理论变革与中国经济再造[M]. 北京：中国财政经济出版社，2001.

[67] 刘思华. 论可持续发展的客观依据与深层逻辑[J]. 生态经济，1999（2）：1-5.

[68] 刘思华. 论生态经济需求[J]. 经济研究，1988（4）：77-79.

[69] 刘思华. 马克思再生产理论与可持续经济发展[J]. 马克思主义研究，1999（3）：53-58.

[70] 刘思华. 企业经济可持续发展论[M]. 北京：中国环境科学出版社，2002.

[71] 刘思华. 生态经济价值问题初探[J]. 学术月刊，1987（11）.

[72] 刘思华. 生态马克思主义经济学原理[M]. 北京：人民出版社，2006.

[73] 刘思华. 生态文明与可持续发展问题的再探讨[J]. 东南学术，2002（6）：60-66.

[74] 刘思华. 我国经济和社会发展战略目标理论的新发展[J]. 生态经济，1986（2）：13-18.

[75] 刘思华. 中国经济的可持续发展道路——论社会主义市场经济与生态环境协调[J]. 中南财经大学学报，1995（4）：61-65.

[76] 刘燕华，李秀彬. 脆弱生态环境与可持续发展[M]. 北京：商务印书馆，2001.

[77] 刘燕华，周宏春. 中国资源环境形势与可持续发展[M]. 北京：经济科学出版社，2001.

[78] 柳杨青. 生态需要的经济学分析[M]. 北京：中国财政经济出版社，2004.
[79] 绿色工作室. 绿色消费[M]. 北京：民族出版社，1999.
[80] 罗伯特・艾尔斯. 转折点——增长范式的终结[M]. 上海：上海译文出版社，2001.
[81] 马传栋. 城市生态经济学[M]. 济南：山东人民出版社，1989.
[82] 马传栋. 可持续发展城市经济发展论[M]. 北京：中国环境科学出版社，2002.
[83] 马传栋. 可持续发展经济学[M]. 济南：山东人民出版社，2002.
[84] 马传栋. 资源生态经济学[M]. 济南：山东人民出版社，1995.
[85] 米海娄・梅萨罗维克，爱德华・佩斯特尔. 人类处于转折点[M]. 上海：生活・读书・新知三联书店，1987.
[86] 聂晓阳. 保卫 21 世纪——关于自然与人的笔记[M]. 成都：四川人民出版社，2000.
[87] 牛文元. 2000 中国可持续发展战略报告[M]. 北京：科学出版社，2000.
[88] 牛文元. 持续发展导论[M]. 北京：科学出版社，1997.
[89] 欧阳志远. 生态化——第三次产业革命的实质与方向[M]. 北京：中国人民大学出版社，1994.
[90] 潘家华. 持续发展的经济学分析[M]. 北京：中国人民大学出版社，1997.
[91] 潘云. 中国大地的压力[M]. 太原：山西经济出版社，1996.
[92] 蒲勇健. 可持续发展指标的一种理论构造方法[J]. 数量经济技术经济研究，1998（4）：25-29.
[93] 钱存瑞，丁勋民. 世纪之光[M]. 北京：京华出版社，1998.
[94] 钱阔，等. 自然资源资产化管理——可持续发展的理想选择[M]. 北京：经济管理出版社，1996.
[95] 钱易，唐孝炎. 环境保护与可持续发展[M]. 北京：高等教育出版社，2000.
[96] 阮敏. 和谐社会的经济学解释[J]. 当代经济管理，2008（5）：15-18.
[97] 沈国明. 国外环保概览[M]. 成都：四川人民出版社，2002.
[98] 沈满洪，等. 经济可持续发展的科技创新[M]. 北京：中国环境科学出版社，2002.
[99] 沈满洪. 生态经济学[M]. 北京：中国环境科学出版社，2008.
[100] 沈满洪. 资源与环境经济学[M]. 北京：中国环境科学出版社，2007.
[101] 石士钧，等. 可持续国际经济发展论[M]. 北京：中国环境科学出版社，2002.
[102] 世界环境与发展委员会. 我们共同的未来[M]. 北京：世界知识出版社，1989.
[103] 世界银行. 1992 年世界发展报告——发展与环境[M]. 北京：中国财政经济出版社，1992.
[104] 世界银行环境局，J. 迪克逊，等. 扩展衡量财富的手段[M]. 北京：中国环境科学出版社，

1998.
[105] 苏贤贵. 生态危机与西方文化的价值转变[J]. 北京大学学报，1998（1）：62-69.
[106] 苏志平、徐淳厚. 消费经济学[M]. 北京：中国财政经济出版社，1997.
[107] 孙怀智. 生态经济与持续发展[M]. 北京：中国统计出版社，1992.
[108] 孙彦泉. 儒家生态伦理思想的现代价值[J]. 前沿，2002（2）：73-77.
[109] 唐纳德・沃斯特. 自然的经济体系——生态思想史[M]. 北京：商务印书馆，1999.
[110] 唐奈德・H. 梅多斯，丹尼斯・L. 梅多斯，约恩・兰德斯. 超越极限——正视全球性崩溃，展望可持续的未来[M]. 上海：上海译文出版社，2001.
[111] 陶在朴. 生态包袱与生态足迹——可持续发展的重量及面积观念[M]. 北京：经济科学出版社，2003.
[112] 滕藤. 中国可持续发展研究[M]. 北京：经济管理出版社，2001.
[113] 王冰冰，等. 循环经济：企业运行与管理[M]. 北京：企业管理出版社，2005.
[114] 王丽红，龙保正，沉痾. 中国生存的悲歌[M]. 北京：中华工商联合会出版社，1999.
[115] 王松霈. 走向 21 世纪的生态经济管理[M]. 北京：中国环境科学出版社，1997.
[116] 王沅，等. 黑色绿色的岔口[M]. 太原：山西经济出版社，1996.
[117] 王泽应. 生态经济伦理学论纲[J]. 江苏社会科学，2001（2）：166-171.
[118] 威廉・福格特. 生存之路[M]. 北京：商务印书馆，1988.
[119] 魏全平，童适平，等. 日本的循环经济[M]. 上海：上海人民出版社，2006.
[120] 吴季松. 循环经济——全面建设小康社会的必由之路[M]. 北京：北京出版社，2003.
[121] 向玉乔. 生态经济伦理学导论[J]. 湖南师范大学社会科学学报，2001（1）：20-25.
[122] 肖序. 环境成本论[M]. 北京：中国财政经济出版社，2002.
[123] 许涤新. 生态经济学[M]. 杭州：浙江人民出版社，1987.
[124] 许晓峰，等. 资源资产化管理与可持续发展[M]. 北京：社会科学文献出版社，1999.
[125] 亚当・斯密. 国民财富的性质和原因的研究[M]. 北京：商务印书馆，1981.
[126] 亚立冬，等. 绿色农业生态发展论[M]. 北京：人民出版社，2008.
[127] 严立冬，等. 绿色农业导论[M]. 北京：人民出版社，2008.
[128] 严立冬. 经济可持续发展的生态创新[M]. 北京：中国环境科学出版社，2002.
[129] 严行方. 和谐经济[M]. 北京：中华工商联合出版社，2008.
[130] 杨家栋，秦兴方. 可持续消费引论[M]. 北京：中国经济出版社，2000.
[131] 杨文进，柳杨青. 人口再生产的经济行为分析[J]. 当代财经，1998（3）：15-20.

[132] 杨文进. 持续发展经济学教程[M]. 北京：中国环境科学出版社，2005.
[133] 杨文进. 关于资本本质与内涵的一种解说[J]. 经济评论，2003（2）：23-27.
[134] 杨文进. 经济可持续发展论[M]. 北京：中国环境科学出版社，2002.
[135] 杨文进. 论宏观公平与效率的关系[J]. 当代财经，1997（6）：7-14.
[136] 杨文进. 论马克思的宏观经济学[M]. 北京：中国财政经济出版社，2004.
[137] 杨文进. 生态经济学的现状及发展对策[J]. 生态经济，2001（3）：7-9.
[138] 杨文进. 投资经济学[M]. 北京：中国财政经济出版社，1998.
[139] 杨文进. 政治经济学批判导论[M]. 北京：中国财政经济出版社，2006.
[140] 杨云彦. 人口、资源与环境经济学[M]. 北京：中国经济出版社，1999.
[141] 杨志. 对循环经济研究的理论思考[J]. 教学与研究，2007（11）：22-31.
[142] 姚愉芳，贺菊煌. 中国经济增长与可持续发展——理论、模型与应用[M]. 北京：社会科学文献出版社，1998.
[143] 叶文虎，仝川. 联合国可持续发展指标体系述评[J]. 中国人口·资源与环境，1997（3）：83-87.
[144] 伊恩·莫法特. 可持续发展——原则、分析和政策[M]. 北京：经济科学出版社，2002.
[145] 尹德洪. 和谐社会的经济学分析[J]. 东华理工大学学报（社会科学版），2008（3）：212-215.
[146] 尹世杰. 略论生态文明与构建和谐社会[J]. 湖南商学院学报，2008（5）：5-8.
[147] 尹世杰. 论生态需要与生态产业[J]. 湖南师范大学社会科学学报，1998（5）：2-6.
[148] 尹世杰. 论知识经济与生态消费[J]. 经济评论，1999（6）：17-19.
[149] 尹世杰. 生态需要与后工业社会[J]. 求索，1998（2）：9-12.
[150] 尹世杰. 消费需要论[M]. 长沙：湖南出版社，1993.
[151] 余谋昌. 生态哲学[M]. 西安：陕西人民教育出版社，2000.
[152] 俞海山. 可持续消费模式论[M]. 北京：经济科学出版社，2002.
[153] 约翰·A. 狄克逊，等. 开发项目环境影响的经济分析[M]. 北京：中国环境科学出版社，1999.
[154] 臧立. 绿色浪潮——中国企业面临环境挑战[M]. 广州：广东人民出版社，1998.
[155] 詹姆斯·格莱克. 混沌：开创新科学[M]. 上海：上海译文出版社，1990.
[156] 张兵生. 绿色经济学探索[M]. 北京：中国环境科学出版社，2005.
[157] 张春霞. 绿色经济发展论[M]. 北京：中国林业出版社，2002.
[158] 张帆. 环境与自然资源经济学[M]. 上海：上海人民出版社，1998.

[159] 张坤民. 可持续发展论[M]. 北京：中国环境科学出版社，1997.

[160] 张耀辉. 消耗经济学——中国工业化过程中的消耗战略[M]. 北京：经济管理出版社，2002.

[161] 赵云君，文启湘. 我国发展循环经济的理论研究综述[J]. 经济学动态，2006（1）：64-68.

[162] 中关村国际环保产业促进中心. 循环经济：国际趋势与中国实践[M]. 北京：人民出版社，2005.

[163] 中国 21 世纪议程管理中心，中国科学院地理科学与资源研究所. 可持续发展指标体系的理论与实践[M]. 北京：社会科学文献出版社，2004.

[164] 中国科学院可持续发展研究组. 2002 中国可持续发展报告[M]. 北京：科学出版社，2002.

[165] 中国科学院可持续发展研究组. 2003 中国可持续发展战略报告[M]. 北京：科学出版社，2003.

[166] 中华人民共和国政府. 中国 21 世纪议程——中国 21 世纪人口、环境与发展白皮书[M]. 北京：中国环境科学出版社，1994.

[167] 周长城. 中国生活质量：现状与评价[M]. 北京：社会科学文献出版社，2003.

[168] 周海林，谢高地. 人类生存困境[M]. 北京：社会科学文献出版社，2003.

[169] 周宏春，刘燕华. 循环经济学[M]. 北京：中国发展出版社，2005.

[170] 周毅. 中国经济与可持续发展[M]. 长春：吉林教育出版社，1998.

[171] 朱利安·罗威，大卫·路易士. 环境管理经济学[M].贵阳：贵州人民出版社，1985.

[172] 朱其训. 和谐经济论[M]. 北京：人民出版社，2007.

[173] 朱启贵. 可持续发展评估[M]. 上海：上海财经大学出版社，1999.

[174] 朱幼棣，胡若隐. 我们家园的紧急报告[M]. 北京：时代出版社，2000.

后　记

虽然绿色生产作为一种新的并且能够有效解决我国当前问题的生产方式而被整个社会所关注，但对它的研究却严重滞后，由此本书在写作过程中，作者难以找到有价值的参考文献，从而极大地增加了本书的写作难度。

最初预定的任务是绿色投资，后被改为绿色生产。相对于“投资”来说，传统意义上的“生产”，也就是狭义的“生产”，对作者是一个较为“陌生”的领域，从专业角度看也是一个更为“狭隘”的领域。这是因为，生产过程主要涉及两个方面的问题，一是技术，二是管理。前者属于工程技术人员的职责范围，可供经济学着力的地方很少；后者则是管理学与技术相互重叠的范围，留给经济学研究的范围是不大的，除了进行原则性的分析外，可供深入研究的内容是比较有限的。这种情况，增加了完成任务的困难，同时也迫使作者将“生产”定义为广义的“再生产”。

在一个全新且缺乏有效参考文献的研究领域，要完成一项系统研究是一个十分困难的工作，加之近些年来因年龄增长而出现的创新激情的消失，完成本项工作变成十分艰难的任务。这也导致在交稿的最后期限才勉强完成的原因。

由于绿色生产与可持续经济发展、和谐生态经济等存在着许多相似和共同的地方，因此本书一些内容与作者以前完成的有关可持续经济发展、和谐生态经济、生态市场经济等方面论著的内容有些重叠的部分。

虽经努力得以交稿，但作为在一个全新领域进行探索的著作，本书无疑会在各方面都显得粗糙与不成熟，甚至会有不少错误，为此希望专家读者批评指正。

本书在写作过程中得到刘思华先生的指导；我所在单位（浙江工商大学经济学院）为本书的写作提供了资助[被列为“浙江省高校人文社会科学重点研究基地（浙江工商大学应用经济学研究基础）重大资助项目”]；我夫人柳杨青帮助收集、整理了大量资料并为本书写作提供了良好的参考意见；陈金华、宾银平编辑认真和专业的编辑工作为本书增色不少，在此向他们表示衷心的感谢。